中国应对老龄化探索与实践丛书

长者服务规范

Zhangzhe Fuwu Guifan

总 主 编　王洪林　陈雪萍

ZHEJIANG UNIVERSITY PRESS

浙江大学出版社

国家一级出版社
全国百佳图书出版单位

长者服务规范

编委会名单

总 主 编　王洪林　陈雪萍

总副主编　俞　立　白　巍

编写秘书　王圣甲

编写委员会（按姓氏笔画排序）

马　晖　王圣甲　王洪林　白　巍

孙　娟　陈雪萍　俞　立

指导专家（按姓氏笔画排序）

方桂珍　孙香爱　杜丽萍　胡叶文

洪少华　黄文红

第一篇　医疗护理技术规范与评分标准

主　编　白　巍　万　娟

编写人员　白　巍　吴海玉　万　娟　夏　雪
　　　　　丁菊梅　陈雪萍

第二篇　常见意外事件应急处置及
　　　　健康问题护理常规

主　　编　吴海玉　王花玲

编写人员　吴海玉　王花玲　丁菊梅　郑佳映
　　　　　刘炳炳　刘　欣　陈咪娜

第三篇　照护服务规范与评分标准

主　　编　陈雪萍

编写人员　陈雪萍　王花玲　王洪林　俞　立

前　言

我国已经成为全球唯一老年人口数逾 2 亿的国家,预计到 2050 年,60 岁以上人口数将激增至 4.4 亿,占全国总人口的 30％以上。快速发展的老龄化、高龄化已事关国计民生。

党的十九大报告提出,中国特色社会主义进入新时代,我国社会主要矛盾已经转化为人民日益增长的美好生活需要和不平衡不充分的发展之间的矛盾。作为国有企业,作为"老人美好生活服务商",中大金石集团把满足中国长者日益增长的美好生活需求,做好"国家所需、社会所求、百姓所愿"的事,当作自己肩负的历史使命、秉承的市场追求。

因此,中大金石集团联合杭州师范大学钱江学院汇泉护理学院和浙江省时代养老服务评估与研究中心团队,依照民政部、国家卫生健康委员会、教育部相关意见和大纲,参阅国内外养老护理学相关专业书籍,最关键的是结合了中大金石集团自营医养机构大量实操经验,编写了这本《长者服务规范》。

此番将企业技术机密、心血集成公开付梓,实希望抛砖引玉,共勉同行。因中国老龄化发展之迅猛,行业同盟亟须勠力同心、互通有无、携手并进,共同推进产业高效率、可持续发展。计利当计天下利,中大金石不揣一己之利。

人有云:一流企业做标准,二流企业做品牌,三流企业做产品。中大金石集团刊发此书也非为树"一流企业"形象,而只求以"形而下"的规范,树"形而上"之意识。没有规矩,不成方圆;唯其恭敬,方显至诚。长者是家之根、国之源,孝文化于中国传统具有至高无上之地位,所谓"孝道",孝即"道",大道无形,重在一"心"。张居正曾说:"天下之事,不难于立法,而难于法之必行;不难于听言,而难于言之必效。"所以,中大金石集团以"长者第一,超越期待"为全员立"心",唯其心正,方能"法必行"、"言

必效"。长者服务的至高境界一定不唯规范在脑，更有孝道在心。

　　本书力求科学性、规范性、指导性、可操作性，然作为第一版首次印刷，不足之处想必难免，恳请广大读者批评指正。

2019 年 9 月 2 日

目 录 CONTENTS

目 录

第一章 医疗护理技术规范

第一节 注射技术

一、皮内注射

目的 将少量药液或生物制品注射于表皮与真皮之间,达到测定长者有无过敏或预防疾病的目的。

适用 主要用于药物过敏试验和疫苗接种。

用物 治疗车上层:①注射盘:75%酒精、棉签、0.1%盐酸肾上腺素、砂轮;②无菌盘:准备好的注射器与皮试液;③医嘱卡;④快速手消毒液。治疗车下层:锐器盒、医用垃圾桶、生活垃圾桶。

1.服务要求

(1)操作前洗手,不留长指甲,仪容仪表端庄。环境整洁。

(2)操作过程严格按照无菌技术要求,实行一人一针一筒。

(3)做皮试前,详细询问用药史、过敏史,如长者有过敏史,则不可做皮试。

(4)做好"三查八对",正确选择注射部位,用75%酒精棉签消毒皮肤,待干后再注射。勿使用碘酊消毒。

(5)皮试前消毒皮肤时,避免反复用力涂擦。

(6)进针角度不能过大(不能大于5°),以针头斜面全部进入皮内即可,以免将药液注入皮下。

(7)注入的剂量要准确,叮嘱勿按揉及覆盖注射部位。

(8)嘱长者在注射后20分钟内不可离开规定地点,注意观察长者有无不良反应,如长者有恶心、呕吐、呼吸困难、皮疹等现象,则应立即报告医生。备相应抢救设备(氧气、气管切开包),及时处理过敏反应。

(9)20分钟后,两位照护者共同判断结果。如有可疑,可做对照试验,将皮试结果告知长者。

(10)于病历上记录并双签名,阴性用蓝或黑笔标记"－",阳性用红笔标记"＋"。对于阳性者,在病历、床头卡等处做好标识,并嘱其记住在以后就医时要告知医护人员。

(11)关爱长者,与长者有较好的沟通。

2.服务流程

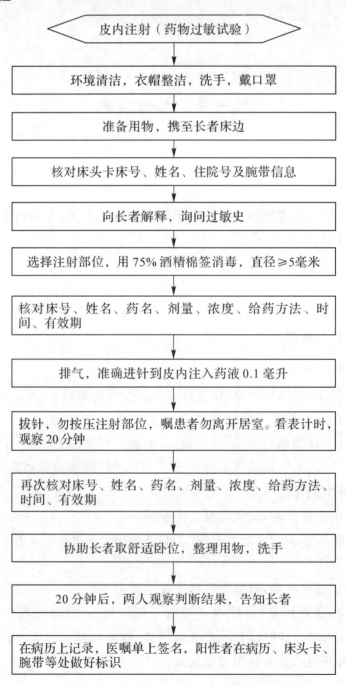

皮内注射(药物过敏试验)

环境清洁,衣帽整洁,洗手,戴口罩

准备用物,携至长者床边

核对床头卡床号、姓名、住院号及腕带信息

向长者解释,询问过敏史

选择注射部位,用75%酒精棉签消毒,直径≥5毫米

核对床号、姓名、药名、剂量、浓度、给药方法、时间、有效期

排气,准确进针到皮内注入药液0.1毫升

拔针,勿按压注射部位,嘱患者勿离开居室。看表计时,观察20分钟

再次核对床号、姓名、药名、剂量、浓度、给药方法、时间、有效期

协助长者取舒适卧位,整理用物,洗手

20分钟后,两人观察判断结果,告知长者

在病历上记录,医嘱单上签名,阳性者在病历、床头卡、腕带等处做好标识

二、皮下注射

目的　将少量药液或生物制剂注入皮下组织,达到治疗、预防疾病的目的。

适用　主要适用于:①不宜口服给药而需在一定时间内发生药效者,如胰岛素注射;②预防接种;③局部麻醉用药。

用物　治疗车上层:①注射盘:复合碘消毒棉签、无菌干棉签;②无菌盘、准备好的注射器与药液(按医嘱准备);③医嘱卡;④快速手消毒液。治疗车下层:锐器盒、医用垃圾桶、生活垃圾桶。

1.服务要求

(1)操作前洗手,戴口罩,不留长指甲,不戴戒指,仪容仪表端庄。环境整洁。

(2)评估长者病情和治疗效果,向长者解释,取得合作。

(3)评估注射部位,一般选择上臂三角肌下缘、两侧腹壁、后背、大腿前侧和外侧等部位。长期注射者,要注意有序更换注射部位。避开炎症、破损或有肿块的部位。

(4)熟练注射技巧,针头斜面以 30°～40°快速进针,推药速度缓慢,用力均匀。

(5)注射过程中观察长者反应,观察用药后反应及病情变化。

(6)操作过程严格按照无菌技术要求,严格执行"三查八对"。

(7)进针、拔针快,拔针时用干棉签按压片刻。

(8)一次性注射器按医疗垃圾处理,严格执行消毒隔离制度。

(9)关爱长者,与长者有较好的沟通。动作稳重,操作熟练。

(10)交代用药后的注意事项,如注射胰岛素后及时进餐等。

2.服务流程

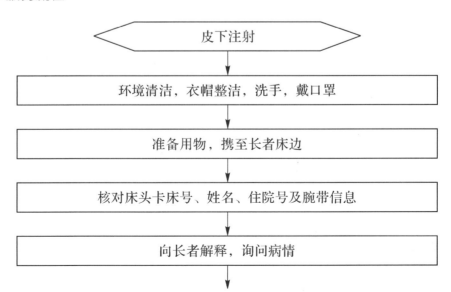

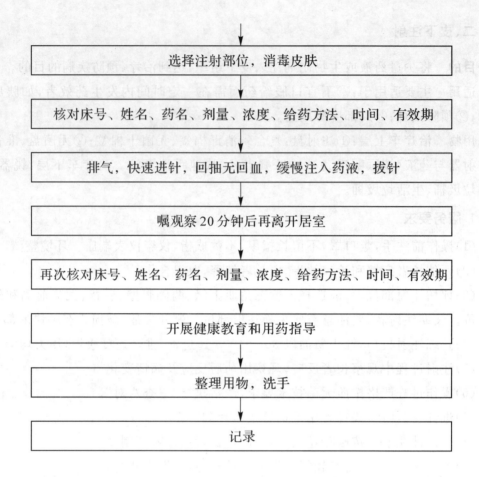

选择注射部位，消毒皮肤

核对床号、姓名、药名、剂量、浓度、给药方法、时间、有效期

排气，快速进针，回抽无回血，缓慢注入药液，拔针

嘱观察20分钟后再离开居室

再次核对床号、姓名、药名、剂量、浓度、给药方法、时间、有效期

开展健康教育和用药指导

整理用物，洗手

记录

三、肌内注射

目的　将一定量的药液注入肌肉组织内，达到治疗疾病的目的。

适用　主要适用于不宜口服、不宜或不能静脉注射的药物。

用物　治疗车上层：①注射盘：复合碘消毒棉签、无菌干棉签；②无菌盘、准备好的注射器与药液（按医嘱准备）；③医嘱卡；④快速手消毒液。治疗车下层：锐器盒、医用垃圾桶、生活垃圾桶。

1.服务要求

（1）操作前洗手，戴口罩，不留长指甲，仪容仪表端庄。环境整洁。

（2）评估长者病情及用药反应，检查注射部位，是否适宜注射。

（3）向长者解释肌内注射的方法、注意事项、药物作用和副作用，观察用药后反应。

（4）用腕部力量迅速垂直进针，深度为针梗的 2/3。进针位置准确，避免损伤血管、神经。拔针时用干棉签按压片刻。

（5）严格遵守查对制度。严格按无菌操作原则执行，实行一人一针一筒，一次性注射器按医疗垃圾处理。

(6)取合适体位放松肌肉,注射过程中嘱长者放松,缓慢推注药液,观察长者情况。

(7)需长期注射者,应交替更换注射部位,减少硬结发生。

(8)关爱长者,与长者有较好的沟通。动作稳重、操作熟练。

2.服务流程

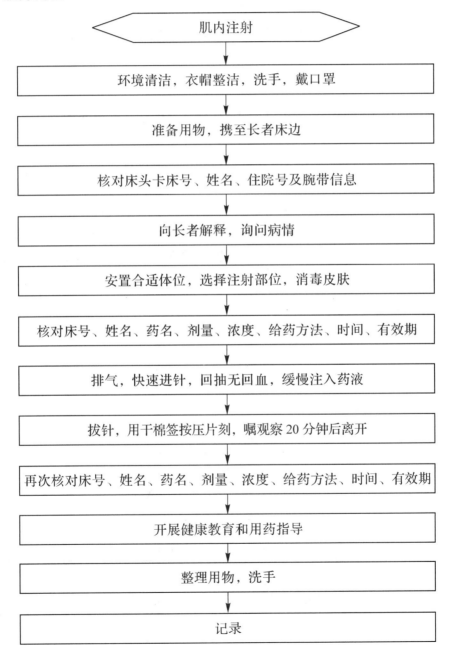

肌内注射

环境清洁,衣帽整洁,洗手,戴口罩

准备用物,携至长者床边

核对床头卡床号、姓名、住院号及腕带信息

向长者解释,询问病情

安置合适体位,选择注射部位,消毒皮肤

核对床号、姓名、药名、剂量、浓度、给药方法、时间、有效期

排气,快速进针,回抽无回血,缓慢注入药液

拔针,用干棉签按压片刻,嘱观察20分钟后离开

再次核对床号、姓名、药名、剂量、浓度、给药方法、时间、有效期

开展健康教育和用药指导

整理用物,洗手

记录

四、静脉注射

目的 自静脉注入药液,迅速发挥药效,达到治疗疾病的目的。

适用 主要适用于:①药物不宜口服、皮下注射、肌内注射或需迅速发挥药效时;②药物因浓度高、刺激性大、量多而不宜采取其他注射方法;③注入药物做某些诊断性检查;④静脉营养治疗。

用物 治疗车上层:①注射盘:复合碘消毒棉签、无菌干棉签、弯盘;②无菌盘、准备好的注射器与药液(按医嘱准备)、头皮针;③医嘱卡;④快速手消毒液。治疗车下层:锐器盒、医用垃圾桶、生活垃圾桶。

1.服务要求

(1)操作前洗手,戴口罩,不留长指甲,仪容仪表端庄。环境整洁。

(2)严格按无菌操作原则执行,实行一人一针一筒。

(3)评估长者病情,询问用药情况,向长者解释,取得合作。

(4)严格遵守查对制度,操作规范。

(5)观察注射过程中长者反应,观察用药后反应及病情变化。

(6)长期静脉注射要注意保护血管,有计划地由远心端向近心端选择静脉,必要时留置静脉针,避免反复穿刺,同时做好留置针护理。留置针避开关节和静脉瓣。

(7)确认针头在静脉内再推注药液,特别是刺激性强的药液,避免外溢刺激组织甚至导致组织坏死。

(8)注射宜缓慢,避免过快,必要时连接微量注射泵以匀速、精确地注射药物。

(9)记录注射的药物及时间。

(10)动作稳重,操作熟练。关爱长者,与长者有较好的沟通。

2.服务流程

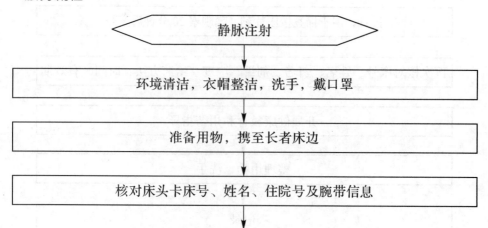

静脉注射

↓

环境清洁,衣帽整洁,洗手,戴口罩

↓

准备用物,携至长者床边

↓

核对床头卡床号、姓名、住院号及腕带信息

↓

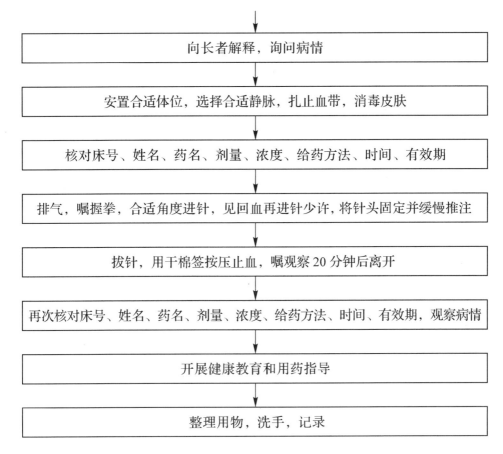

向长者解释，询问病情

安置合适体位，选择合适静脉，扎止血带，消毒皮肤

核对床号、姓名、药名、剂量、浓度、给药方法、时间、有效期

排气，嘱握拳，合适角度进针，见回血再进针少许，将针头固定并缓慢推注

拔针，用干棉签按压止血，嘱观察20分钟后离开

再次核对床号、姓名、药名、剂量、浓度、给药方法、时间、有效期，观察病情

开展健康教育和用药指导

整理用物，洗手，记录

五、静脉输液

目的　自外周静脉输液，将无菌溶液或药物直接输入静脉，达到补充血容量、调节酸碱平衡、改善微循环、输入抗生素控制感染、补充营养等治疗疾病的目的。

适用　主要适用于水电解质失衡、不能经口进食、严重感染或者疾病危重阶段需要从静脉用药和补充水、电解质及营养素等。

用物　①治疗车上层：注射盘、消毒碘伏棉签、无菌干棉签、污物杯、配好的液体（按医嘱准备）、止血带、胶布（输液敷贴）、输液器、输液巡视卡、快速手消毒液。静脉留置针输液法需另备静脉留置针一套、封管液（无菌生理盐水或稀释肝素溶液）。②治疗车下层：锐器盒、医用垃圾桶、生活垃圾桶。③输液架，必要时备小夹板、棉垫及绷带、输液泵、瓶套。

1.服务要求

（1）操作前洗手，戴口罩，不留长指甲，仪容仪表端庄。环境整洁。

（2）评估长者身体情况，协助如厕，做好解释。

（3）严格执行无菌操作原则，严格遵守查对制度，注意药物配伍禁忌，科学安排输液顺序，输液途径合适，静脉选择合理。

（4）扎止血带不宜过紧、过久，消毒液干后再穿刺，做好固定。昏迷、躁动长者输液，用夹板和绷带加以固定。

（5）调整滴速，长者输液不宜过快，先以每分钟20滴左右输液，观察15分钟没反应后，以每分钟40～60滴为宜。特殊药物及心肺功能不良者严格控制输液速度，必要时用输液微泵控制速度。

（6）输液过程中加强巡视，特殊药物和液体量小的要求每10～20分钟巡视一次，一级护理和危重病长者每15～30分钟巡视一次，二、三级护理每30～60分钟巡视一次。观察长者全身反应，局部有无肿胀、疼痛等，及时调整滴速，处理故障，及时换瓶，防止空气进入。

（7）抗生素必须现用现配，配药要注意剂量准确。

（8）连续静脉滴注者需每日更换输液器。在每瓶输注前记录输注时间并签名。对长期输液长者应注意保护和合理使用静脉。

（9）挂上输液巡视卡，记录输液、换瓶、巡视时间和相关情况。

（10）关爱长者，与长者有较好的沟通。

2. 服务流程

静脉输液

↓

环境整洁，衣帽整洁，洗手，戴口罩

↓

准备用物，携至长者床边

↓

核对床头卡床号、姓名、住院号及腕带信息

↓

向长者解释，询问病情，协助如厕

↓

核对床号、姓名、药名、剂量、浓度、给药方法、时间、有效期

↓

挂好输液瓶（袋），连接输液器

↓

安置合适体位，选择合适静脉，扎止血带，消毒皮肤（直径≥5毫米）

↓

准备输液敷贴、排气

↓

再次核对床号、姓名、药名、剂量、浓度、给药方法、时间、有效期

↓

```
┌─────────────────────────────────────────────────────────┐
│          嘱握拳，合适角度进针，见回血再进针少许                      │
└─────────────────────────────────────────────────────────┘
                              ↓
┌─────────────────────────────────────────────────────────┐
│     松止血带，嘱松拳，松输液开关，固定针头，调整滴速，安置体位            │
└─────────────────────────────────────────────────────────┘
                              ↓
┌─────────────────────────────────────────────────────────┐
│   再次核对床号、姓名、药名、剂量、浓度、给药方法、时间、有效期              │
└─────────────────────────────────────────────────────────┘
                              ↓
┌─────────────────────────────────────────────────────────┐
│  填写并挂好输液巡视卡，记输液时间并签名，开展健康教育，放              │
│  好呼叫铃                                                    │
└─────────────────────────────────────────────────────────┘
                              ↓
┌─────────────────────────────────────────────────────────┐
│  定期巡视，观察输液情况及病情变化，用个人数字助理（PDA）            │
│  扫腕带条码或输液袋条码，填写巡视卡                              │
└─────────────────────────────────────────────────────────┘
                              ↓
┌─────────────────────────────────────────────────────────┐
│   输液完毕，拔除针头，用干棉签压迫止血，敷贴粘穿刺处                   │
└─────────────────────────────────────────────────────────┘
                              ↓
┌─────────────────────────────────────────────────────────┐
│               整理用物，洗手，记录                             │
└─────────────────────────────────────────────────────────┘
```

六、静脉采血

目的　自静脉抽取血标本,供实验室检查,为临床诊断及治疗护理提供依据。

适用　主要用于各类血液指标的检测和细菌培养。①全血标本:指抗凝血标本,主要用于临床血液学检查;②血浆标本:抗凝血经离心所得上清液称为血浆,血浆里含有凝血因子;③血清标本:不加抗凝剂的血,经离心所得上清液称为血清,血清里不含有凝血因子;④血培养标本:培养检测血液中的病原菌。

用物　治疗车上层:注射盘、检验申请单、标签或条形码、消毒棉签、干棉签、敷贴、无菌手套、止血带、快速手消毒液、一次性密闭式双向采血针、密封瓶及真空采血管。治疗车下层:锐器盒、医用垃圾桶、生活垃圾桶。

1.服务要求

(1)操作前洗手,戴口罩,戴无菌手套,不留长指甲,仪容仪表端庄。环境整洁。

(2)评估长者身体情况,做好解释。

(3)严格执行无菌操作原则,严格遵守查对制度。

(4)血培养标本,必须在抗生素使用之前采集,采血时严格执行无菌操作原则,按常规消毒瓶盖,待干,将血注入密封瓶中,轻轻摇匀。

(5)采集抗凝血标本,抽血后及时将采血管放掌中来回搓动5~10次,不要用力过大。血清标本:不可摇动,以免溶血。

(6)采血结束,局部用干棉签按压5分钟,预防出血或血肿。

(7)多个标本采集,先取血培养标本,后取抗凝血标本,再取血清标本。

（8）动作规范，操作熟练。关爱长者，与长者有较好的沟通。

2.服务流程

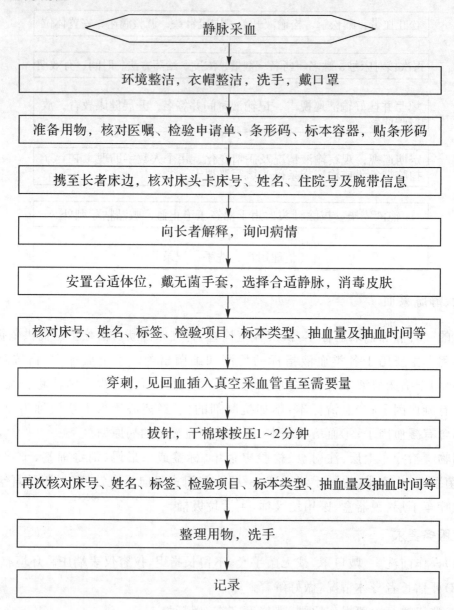

```
        静脉采血

环境整洁，衣帽整洁，洗手，戴口罩

准备用物，核对医嘱、检验申请单、条形码、标本容器，贴条形码

携至长者床边，核对床头卡床号、姓名、住院号及腕带信息

向长者解释，询问病情

安置合适体位，戴无菌手套，选择合适静脉，消毒皮肤

核对床号、姓名、标签、检验项目、标本类型、抽血量及抽血时间等

穿刺，见回血插入真空采血管直至需要量

拔针，干棉球按压1~2分钟

再次核对床号、姓名、标签、检验项目、标本类型、抽血量及抽血时间等

整理用物，洗手

记录
```

七、动脉采血

目的 采集动脉血标本，供血液气体分析，为临床诊断、治疗提供依据。

适用 主要适用于心肺功能衰竭、水电解质紊乱等而需要做血液气体分析，判断酸碱平衡情况的长者。

用物 治疗车上层：①注射盘：动脉血气针、无菌干棉签、消毒棉签、无菌纱布、弯盘、一次性治疗巾；②快速手消毒液；③无菌手套；④检验申请单、条形码。治疗车下层:锐器盒、医用垃圾桶、生活垃圾桶。

1.服务要求

(1)操作前洗手,戴口罩,不留长指甲,仪容仪表端庄。环境整洁。

(2)严格遵守无菌操作和查对制度。

(3)评估长者身体情况,做好解释,征得长者同意。

(4)长者取舒适体位,选择合适的穿刺部位,一般选桡动脉、肱动脉或者股动脉。

(5)将一次性治疗巾垫于穿刺部位下方,取一块无菌纱布放于治疗巾之上。

(6)消毒穿刺部位皮肤,直径至少 8 厘米。操作者戴无菌手套或者消毒左手食指和中指。

(7)将动脉血气针的针栓推至底部,拉到预设的位置,除去护针帽,左手食指和中指指腹触到动脉搏动后定位,采血针与皮肤成 45°～90°进针,见血后固定针栓,待血液到预设液面后,拔出采血器。

(8)用纱布加压止血 5～10 分钟,必要时用沙袋加压止血。有出血倾向者慎用动脉采血,如必须时应按压至少 10 分钟,以免出血或形成血肿。

(9)拔针后应立即将针头刺入橡皮塞内,若注射器内有气泡,应立即排出。

(10)颠倒混匀 5 次,手搓针管 5 秒,使肝素稀释液与血标本充分混合,防止凝血。

(11)应将血气化验单填写完整,立即送检(若外送检查,路途时间>15 分钟需用冰浴)。

(12)动作规范,操作熟练。关爱长者,与长者有较好的沟通。

2.服务流程

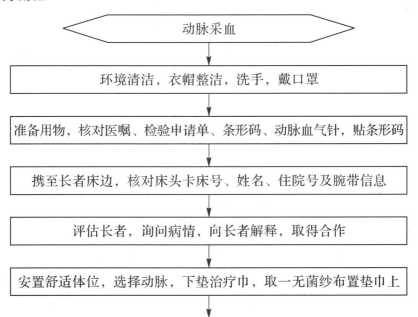

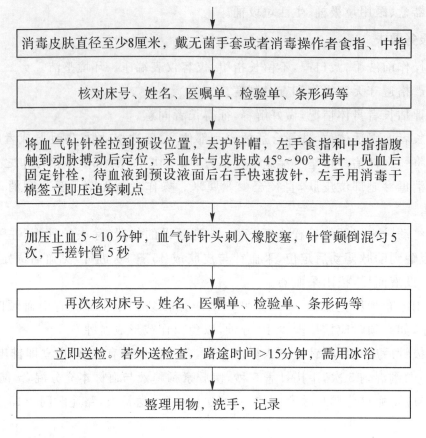

消毒皮肤直径至少8厘米，戴无菌手套或者消毒操作者食指、中指

核对床号、姓名、医嘱单、检验单、条形码等

将血气针针栓拉到预设位置，去护针帽，左手食指和中指指腹触到动脉搏动后定位，采血针与皮肤成45°～90°进针，见血后固定针栓，待血液到预设液面后右手快速拔针，左手用消毒干棉签立即压迫穿刺点

加压止血5～10分钟，血气针针头刺入橡胶塞，针管颠倒混匀5次，手搓针管5秒

再次核对床号、姓名、医嘱单、检验单、条形码等

立即送检。若外送检查，路途时间>15分钟，需用冰浴

整理用物，洗手，记录

八、微量法血糖测定

目的 监测长者的血糖水平，评价代谢指标，为临床治疗、护理提供依据。

适用 主要适用于糖尿病长者。

用物 治疗车上层：①注射盘：血糖仪、血糖试纸、酒精棉签、干棉签、采血针；②快速手消毒液；③医嘱卡；④记录单。治疗车下层：锐器盒、医用垃圾桶、生活垃圾桶。

1.服务要求

（1）操作前洗手，不留长指甲，仪容仪表端庄。环境整洁。

（2）评估长者病情、进食情况及穿刺处皮肤情况，检查手指处有无红肿和瘀斑、皮肤破损等情况。与长者解释，取得合作。

（3）严格按无菌操作原则执行，严格遵守查对制度。

（4）用75%酒精消毒，干透后采血，勿使用碘酊（碘剂）消毒。

（5）正确采血：①常选手指（中指、无名指、小指）外缘"n"字形区域处采血，尽量避免食指和拇指，必要时也可选用脚趾；②指端末梢循环差的，可将手下垂摆动；③采血针头快速刺入皮肤，控制深度，以血自然流出为佳，不可挤压采血部位，弃去第一滴血;④用血糖试纸取血测试,确保采血量(注意仪器与测试方法匹配);⑤读取测试结果,告知长者,记录血糖值。

（6）餐后2小时血糖应从进食开始时计算。

（7）妥善保存试纸,避免试纸被污染及受潮。打开后有效期为3个月。

（8）熟悉影响血糖值的因素,熟悉异常数值和错误操作后的显示和处理。

（9）按要求校对血糖仪,保证测试值的准确。血糖仪每日按生产商使用要求进行标准液检测。

（10）关爱长者,与长者有较好的沟通。

2. 服务流程

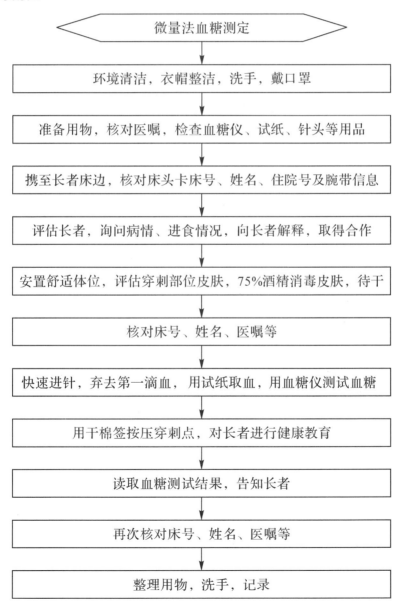

第二节　给药技术

一、口服给药

目的　协助长者遵照医嘱安全、正确地服下药物，以减轻症状、治疗疾病、维持正常生理功能、协助诊断和预防疾病。

适用　主要适用于护理院内入住的长者，养老公寓内入住长者根据需要统一管理药物。

用物　药车、服药本、小药卡、饮水管、水壶（内盛温开水）。

1. 服务要求

（1）操作前洗手，不留长指甲，仪容仪表端庄。环境整洁。

（2）严格按照"三查八对"原则进行配药，药丸放入药杯，液体药用清洁量杯盛放并准备好药匙、滴管。

（3）根据药物性状正确服用。①健胃及增进食欲的药物宜饭前服，对胃黏膜有刺激的药物宜饭后服；②对呼吸道黏膜起安抚作用的止咳糖浆，服后不宜立即饮水；③对牙齿有腐蚀作用或染色的药物，如酸剂、铁剂可用吸水管服用，以免药物与牙齿接触，服药后及时漱口；④服用磺胺类药物后宜多饮水，以免因尿液不足而致磺胺结晶析出，引起肾小管堵塞；⑤有相互作用的药物不宜同时或短时间内服用，宜间隔服用；⑥强心苷类药物服用前应先测脉率及心率，心率低于 60 次/分者暂停服用，告知医师处理。

（4）给卧床长者喂药时，应将床头摇高或将其抱起，用小匙盛药，从长者嘴角慢慢喂入；不能吞服片剂者将药片碾碎后服用。

（5）发药时长者暂时不在或因故未服药者取回药并做好交接。

（6）做好护理员的培训，交代服药方法及注意事项，督促、协助长者按时正确服药。

（7）做好健康教育，讲明药物的作用及注意事项，使长者能配合按时、按量正确服药。

2.服务流程

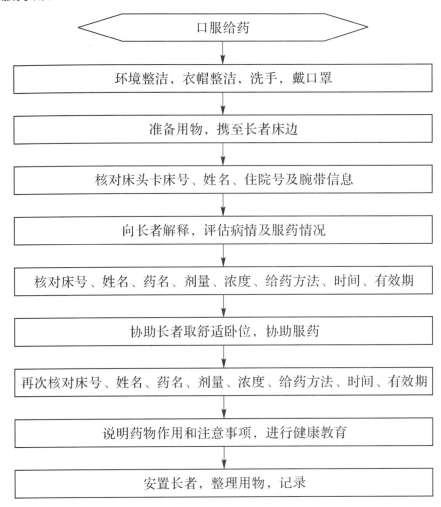

```
口服给药
    ↓
环境整洁，衣帽整洁，洗手，戴口罩
    ↓
准备用物，携至长者床边
    ↓
核对床头卡床号、姓名、住院号及腕带信息
    ↓
向长者解释，评估病情及服药情况
    ↓
核对床号、姓名、药名、剂量、浓度、给药方法、时间、有效期
    ↓
协助长者取舒适卧位，协助服药
    ↓
再次核对床号、姓名、药名、剂量、浓度、给药方法、时间、有效期
    ↓
说明药物作用和注意事项，进行健康教育
    ↓
安置长者，整理用物，记录
```

二、氧气雾化吸入

目的 氧气雾化吸入是借助高速气流,使药液呈雾状,随呼吸进入呼吸道的一种给药方式,达到湿化气道、解除支气管痉挛、控制感染、改善通气、祛痰镇咳的作用。

适用 主要适用于呼吸道炎症引发的气喘、咳嗽、痰多而黏、声嘶、咽痛等症状的长者。

用物 治疗车上层:氧气雾化器、吸氧装置一套(湿化瓶勿放水)、弯盘、药液(遵医嘱准备)、生理盐水。治疗车下层:锐器盒、医用垃圾桶、生活垃圾桶。

1.服务要求

(1)操作前洗手,不留长指甲,仪容仪表端庄。环境整洁。

(2)评估长者病情及呼吸情况,向长者解释,取得合作。

(3)教会长者深呼吸和有效咳嗽的方法。雾化吸入时用面罩罩住口鼻,嘱深呼吸。或者口含雾化器吸气口,嘱长者用嘴深而慢吸气,再用鼻呼气,增强疗效。

(4)使用前检查雾化器的性能,各部件连接是否完好,检查有无漏气等情况,检查氧气雾化面罩的有效期及性能。

(5)严格执行"三查八对",遵医嘱用药,将药液稀释到5毫升,注入雾化器的药杯内。

(6)将雾化器的接气口接于输氧管上(氧气筒或者中心吸氧装置的输氧管),调节流量为6~8升/分。氧气湿化瓶中不放水。

(7)雾化过程中观察长者的反应,调整氧气流量以控制雾量,若有不适暂停吸入并告知医师处理。

(8)雾化结束移开雾化器,再关氧气开关。

(9)协助清洁口腔,嘱长者休息,30分钟内尽量不外出,以防受凉。嘱长者多饮水,有效咳嗽,促进排痰。

(10)关爱长者,与长者有较好的沟通。

2.服务流程

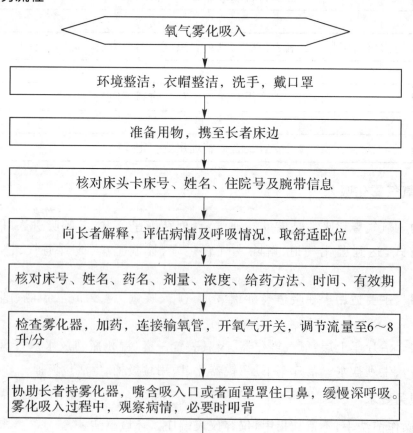

再次核对床号、姓名、药名、剂量、浓度、给药方法、时间、有效期

雾化结束，移开雾化器，关氧气开关

协助清洁口腔、面部，30分钟内不外出，嘱长者多饮水，开展相关健康教育

安置长者，整理用物，记录病情及排痰情况

三、舌下含服

目的　通过舌下黏膜丰富的毛细血管吸收而达到治疗疾病的目的。舌下含服药物可避免胃肠刺激、吸收不全和首过消除作用，生效快。

适用　主要用于冠心病长者舌下含服硝酸甘油等药物。

用物　药车、服药本、小药卡、血压计、脉氧夹。

1.服务要求

(1)操作前洗手，不留长指甲，仪容仪表端庄。环境整洁。

(2)评估长者病情、心理状态，查看长者口腔、舌下黏膜，是否适宜舌下含服。

(3)将长者安置舒适的体位，将药物置于舌下部位含化吸收，不要将药物咀嚼、吞咽。

(4)监测生命体征、血氧饱和度等。

(5)用药过程中观察长者的反应，观察用药后反应、心绞痛有无缓解。若心绞痛不能缓解或者血压下降、病情加重，应立即通知医师处理。

(6)舌下含服不适用于味道强烈、刺激性大的药物。

(7)操作过程中严格遵守查对制度。

(8)动作规范、操作熟练。关爱长者，与长者有较好的沟通。

2.服务流程

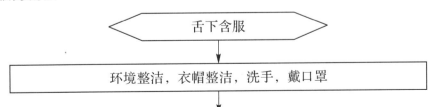

舌下含服

环境整洁，衣帽整洁，洗手，戴口罩

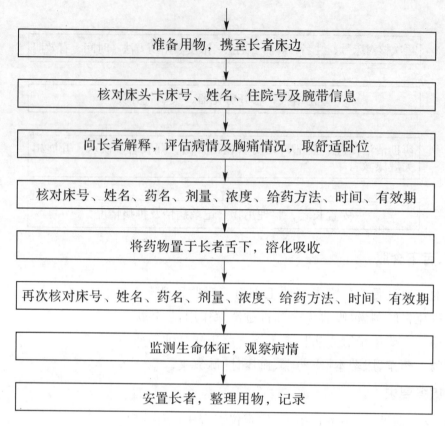

准备用物，携至长者床边

核对床头卡床号、姓名、住院号及腕带信息

向长者解释，评估病情及胸痛情况，取舒适卧位

核对床号、姓名、药名、剂量、浓度、给药方法、时间、有效期

将药物置于长者舌下，溶化吸收

再次核对床号、姓名、药名、剂量、浓度、给药方法、时间、有效期

监测生命体征，观察病情

安置长者，整理用物，记录

四、管饲给药

目的　通过鼻胃管或者胃肠造瘘管灌入药物达到治疗疾病的目的。

适用　主要用于不能自行经口进食者，如昏迷、口腔疾患或口腔手术后、上消化道肿瘤引起吞咽困难等。

用物　药车、服药本、小药卡、药物、研钵、温开水、水杯、灌注器、药杯、纱布、别针。

1.服务要求

(1)操作前洗手，不留长指甲，仪容仪表端庄。环境整洁。

(2)评估长者情况，询问病情，向长者解释，取得长者的理解和合作。

(3)检查鼻胃管插入深度，有无堵塞、滑脱，是否在胃内（验证在胃内的方法：①用注射器抽吸，抽出胃液；②注入10毫升空气，用听诊器在胃部能听到气过水声；③将胃管末端放入盛水的碗中，无气体逸出）。

(4)将药物研碎，倒入药杯，加温开水溶解。

(5)协助长者取半卧位，卧床者抬高床头。

(6)先用灌注器缓慢灌注5毫升温开水，观察长者反应，无咳嗽等反应后，将药液灌入，然后再灌100毫升左右温开水，管端塞好塞子或者反折夹住，用纱布包裹，用别针固定于肩部衣服上。

(7)灌注速度宜缓慢,给药过程中观察长者反应。

(8)用药后保持半卧位 30 分钟,观察长者用药后反应。

(9)注意药物之间的配伍禁忌,不宜一起研碎的药物分次灌注。注意:一些缓释剂不宜研碎服用。

(10)严格遵守查对制度。关爱长者,与长者有较好的沟通。

2.服务流程

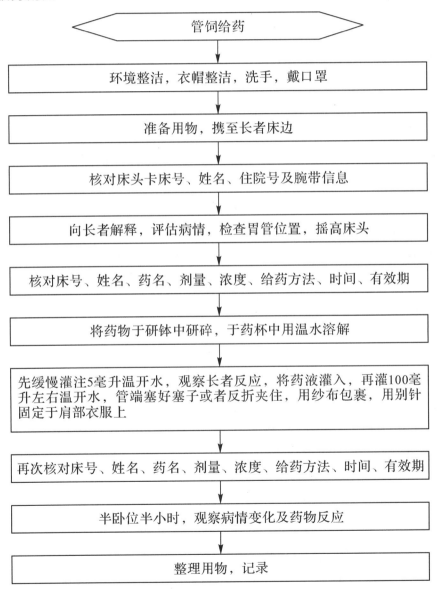

```
┌─────────────────────────────────────┐
│              管饲给药                 │
└─────────────────────────────────────┘
                  ↓
┌─────────────────────────────────────┐
│   环境整洁,衣帽整洁,洗手,戴口罩       │
└─────────────────────────────────────┘
                  ↓
┌─────────────────────────────────────┐
│        准备用物,携至长者床边          │
└─────────────────────────────────────┘
                  ↓
┌─────────────────────────────────────┐
│   核对床头卡床号、姓名、住院号及腕带信息  │
└─────────────────────────────────────┘
                  ↓
┌─────────────────────────────────────┐
│  向长者解释,评估病情,检查胃管位置,摇高床头 │
└─────────────────────────────────────┘
                  ↓
┌─────────────────────────────────────┐
│ 核对床号、姓名、药名、剂量、浓度、给药方法、时间、有效期 │
└─────────────────────────────────────┘
                  ↓
┌─────────────────────────────────────┐
│   将药物于研钵中研碎,于药杯中用温水溶解   │
└─────────────────────────────────────┘
                  ↓
┌─────────────────────────────────────┐
│ 先缓慢灌注5毫升温开水,观察长者反应,将药液灌入,再灌100毫 │
│ 升左右温开水,管端塞好塞子或者反折夹住,用纱布包裹,用别针 │
│ 固定于肩部衣服上                       │
└─────────────────────────────────────┘
                  ↓
┌─────────────────────────────────────┐
│ 再次核对床号、姓名、药名、剂量、浓度、给药方法、时间、有效期 │
└─────────────────────────────────────┘
                  ↓
┌─────────────────────────────────────┐
│   半卧位半小时,观察病情变化及药物反应    │
└─────────────────────────────────────┘
                  ↓
┌─────────────────────────────────────┐
│           整理用物,记录               │
└─────────────────────────────────────┘
```

五、胰岛素注射

目的 注射胰岛素,控制血糖。

适用 主要适用于患糖尿病的长者。

用物 治疗车上层:注射盘、75%酒精、无菌干棉签、胰岛素注射笔、胰岛素笔芯。治疗车下层:锐器盒、医用垃圾桶、生活垃圾桶。

1.服务要求

(1)操作前洗手,不留长指甲,仪容仪表端庄。环境整洁。

(2)评估长者身体情况,查看血糖,做好解释。

(3)严格执行无菌操作和查对制度,有计划地安排注射和长者就餐的时间,注射后30分钟内必须进食。

(4)注射部位以选腹部、大腿外侧、上臂三角肌下缘等部位为宜。

(5)胰岛素在冰箱中低温保存。

(6)笔芯中剩余的药量,至少在12个单位以上,才能保证药液能被混匀,如果不足应更换一支新的注射笔芯。

(7)每次注射前宜将笔芯上下摇动,保证药液混匀。

(8)每次注射前捏起皮肤注射,注射后停留10秒再拔出针头。

(9)拔出针头后,用棉签轻压局部,注意不要按摩和揉搓,防止皮下出血。下次注射应更换注射部位,避免同一部位反复注射,导致皮下硬块。

(10)关爱长者,与长者有较好的沟通。

2.服务流程

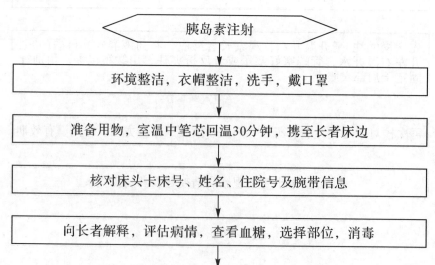

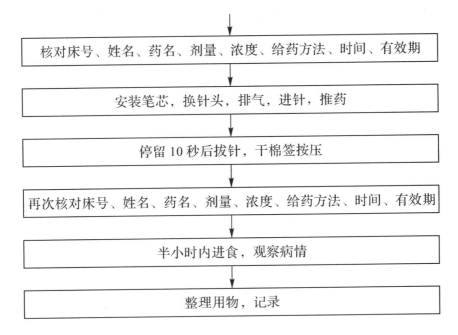

核对床号、姓名、药名、剂量、浓度、给药方法、时间、有效期

安装笔芯，换针头，排气，进针，推药

停留10秒后拔针，干棉签按压

再次核对床号、姓名、药名、剂量、浓度、给药方法、时间、有效期

半小时内进食，观察病情

整理用物，记录

六、直肠给药

目的　通过肛门将药物送入肠管,药物通过直肠黏膜的吸收进入血液循环发挥药效以治疗全身疾病或者在肠腔内发挥作用治疗局部疾病。常用方法有保留灌肠法、栓剂塞入法(详见第三篇)。

适用　常用于患有大肠慢性炎症、便秘等疾病的长者,也适用于解热镇痛类药物的应用。

用物　治疗车上层:灌注器及药液、肛管(20号以下)、治疗碗、温开水、止血钳、润滑油、棉签、手套、弯盘、一次性治疗巾、快速手消毒液。治疗车下层:便盆、卫生纸、生活垃圾桶、医用垃圾桶。

1.服务要求

(1)操作前洗手,不留长指甲,仪容仪表端庄。环境整洁。

(2)按医嘱准备药液,灌肠液液量不超过200毫升,温度为38℃。镇静催眠、中药、抗生素类药物按医嘱准备。

(3)保留灌肠宜在排便后、晚上睡眠前进行,以促进药液的吸收。

(4)灌肠时左侧卧位便于操作,灌肠后可根据疾病部位选择卧位,如慢性细菌性痢疾,病变多在乙状结肠和直肠,宜左侧卧位;阿米巴痢疾病变多在回盲部,宜取右侧卧位。

(5)镇静催眠、抗生素类药物一般药液量不多,灌注后再灌5～10毫升温开水,使肛管内药液全部灌入。

(6)宜选择细些的肛管,插入深度要深一些,液量宜少,灌入速度宜慢,必要时可采用滴注。用小垫枕抬高臀部,尽量保留药液在1小时以上。

（7）肛门、直肠、结肠手术的长者和大便失禁者,不宜做保留灌肠。

（8）与长者做好解释、沟通,评估长者病情,开展相关健康教育。

（9）严格遵守查对制度,操作熟练。

2.服务流程

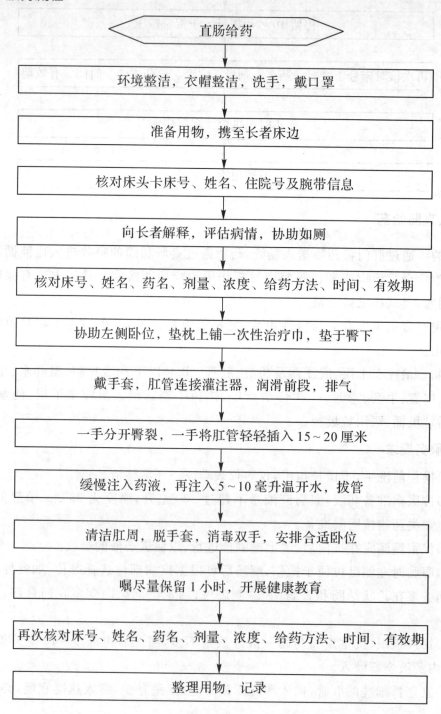

直肠给药

环境整洁,衣帽整洁,洗手,戴口罩

准备用物,携至长者床边

核对床头卡床号、姓名、住院号及腕带信息

向长者解释,评估病情,协助如厕

核对床号、姓名、药名、剂量、浓度、给药方法、时间、有效期

协助左侧卧位,垫枕上铺一次性治疗巾,垫于臀下

戴手套,肛管连接灌注器,润滑前段,排气

一手分开臀裂,一手将肛管轻轻插入15~20厘米

缓慢注入药液,再注入5~10毫升温开水,拔管

清洁肛周,脱手套,消毒双手,安排合适卧位

嘱尽量保留1小时,开展健康教育

再次核对床号、姓名、药名、剂量、浓度、给药方法、时间、有效期

整理用物,记录

七、皮肤给药

目的　将药物直接涂于皮肤,起局部治疗或者通过局部皮肤吸收起到全身治疗的作用。皮肤用药有溶液、糊剂、软膏、乳剂、酊剂、贴剂等多种剂型。

适用　主要适用于局部皮肤炎症或者疼痛等情况,少数也用于全身用药,如激素贴剂、硝酸甘油贴剂等。

用物　皮肤用药物、棉签、弯盘,需要时备清洁皮肤用物、一次性垫布。

1.服务要求

(1)操作前洗手,不留长指甲,仪容仪表端庄。环境整洁。

(2)与长者沟通,做好解释,评估长者身体情况,清洁局部皮肤。

(3)用药前对患侧皮肤进行简单热敷,可加强用药效果。

(4)可根据不同剂型的药物,直接用棉签于干燥、清洁的皮肤上涂药,也可涂于纱布上敷于局部,外加包扎。

(5)使用皮肤贴剂时应使药膜平整,充分与皮肤接触,并按压2分钟,必要时可用胶带加固,以免药膜因活动而卷曲、脱落。粘贴时注意技巧,如贴剂较大,可先撕开保护膜一端,平整贴于皮肤,再慢慢撕下保护膜,边撕边将贴剂粘在皮肤上。保持贴剂处干燥,避免潮湿致脱落。除了使用于伤口的贴剂外,避免于破损、感染、皮疹等部位使用,避免贴于皮肤皱褶处。

(6)注意观察局部皮肤及全身反应,如出现局部红、肿、痛、痒等症状或全身异常症状,应立即停止,及时报告医师处理。

(7)记录用药情况。

2.服务流程

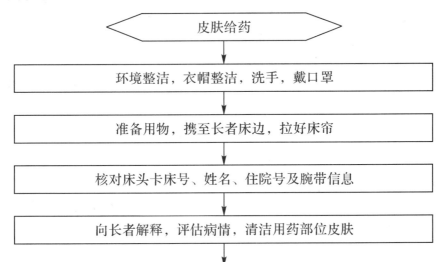

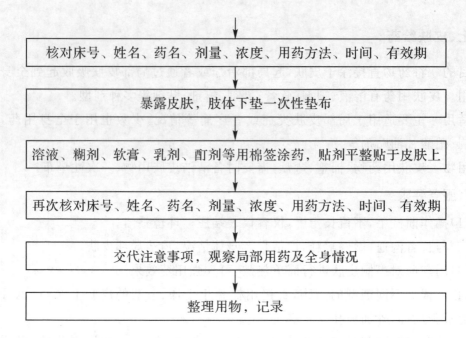

核对床号、姓名、药名、剂量、浓度、用药方法、时间、有效期

↓

暴露皮肤，肢体下垫一次性垫布

↓

溶液、糊剂、软膏、乳剂、酊剂等用棉签涂药，贴剂平整贴于皮肤上

↓

再次核对床号、姓名、药名、剂量、浓度、用药方法、时间、有效期

↓

交代注意事项，观察局部用药及全身情况

↓

整理用物，记录

八、静脉高营养

目的　机体不能通过胃肠道摄取食物营养时，通过静脉输入营养素，以满足机体代谢需要。

适用　主要适用于：①无法通过胃肠道摄食的长者；②胃肠道严重创伤、患严重炎症的长者；③胃肠道严重功能损害的长者。

用物　治疗车、治疗盘、配制好的营养液、高精输液器、碘伏棉签、医嘱单、输液卡、注射器、生理盐水。

1.服务要求

(1)操作前洗手，不留长指甲，仪容仪表端庄。环境整洁。

(2)与长者沟通，评估长者身体情况，做好解释。

(3)严格执行无菌操作和查对制度。

(4)对长期静脉高营养的长者，保护好中心静脉，每周更换透明敷贴，保证置管通畅。

(5)注意正确的混合顺序配制液体：加入氨基酸和葡萄糖混合液后，肉眼检查一下袋内有无沉淀产生，如确认没有沉淀再加入脂肪乳液体。避免电解质、微量元素直接加入脂肪乳中，否则会导致水油分层。

(6)滴速宜慢，营养液输注过程加强巡视，观察长者全身反应，及时调节滴速，防止空气进入静脉，造成气栓。

(7)密切观察穿刺点有无渗漏、红肿。

(8)每天输注前要检查中心静脉导管是否在静脉内。

(9)每次更换输液袋,在每袋营养液袋上记录输注时间并签名。

2.服务流程

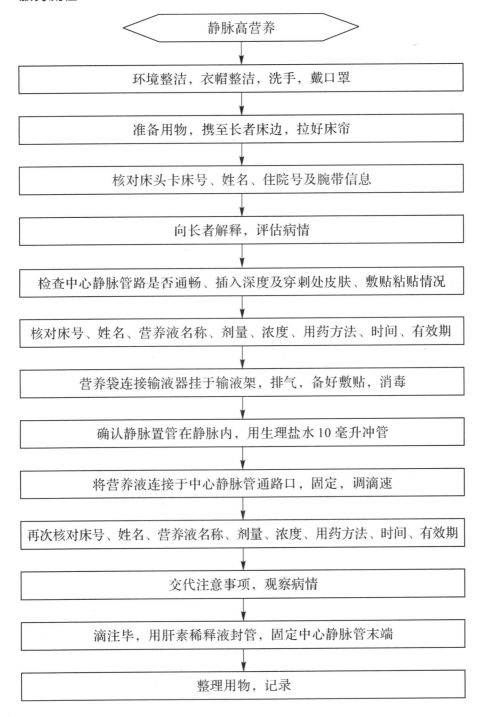

静脉高营养

环境整洁，衣帽整洁，洗手，戴口罩

准备用物，携至长者床边，拉好床帘

核对床头卡床号、姓名、住院号及腕带信息

向长者解释，评估病情

检查中心静脉管路是否通畅、插入深度及穿刺处皮肤、敷贴粘贴情况

核对床号、姓名、营养液名称、剂量、浓度、用药方法、时间、有效期

营养袋连接输液器挂于输液架，排气，备好敷贴，消毒

确认静脉置管在静脉内，用生理盐水10毫升冲管

将营养液连接于中心静脉管通路口，固定，调滴速

再次核对床号、姓名、营养液名称、剂量、浓度、用药方法、时间、有效期

交代注意事项，观察病情

滴注毕，用肝素稀释液封管，固定中心静脉管末端

整理用物，记录

九、微量泵使用

目的 使用微量注射泵,将药物精确、均匀、持续注入静脉,达到治疗疾病的目的。

适用 主要适用于需要严格控制输注量和药量的长者,如升压药、抗心律失常药。

用物 微量泵及电源线、专用延长管、50毫升或20毫升注射器、药液、注射卡、治疗盘(铺无菌巾)、快速手消毒液、生理盐水、消毒棉签、敷贴、医用垃圾桶、生活垃圾桶。

1. 服务要求

(1)操作前洗手,戴口罩,不留长指甲,仪容仪表端庄。环境整洁。

(2)评估长者身体情况,做好解释,取得长者的理解和配合。

(3)严格执行无菌操作和查对制度。注意药物配伍禁忌,正确配制药液,有计划地安排用药顺序。

(4)确保静脉通路通畅下使用,按医嘱调节输注速度。

(5)输液过程中加强巡视(确保持续给药)。观察长者病情变化及穿刺处有无渗漏,严防渗出皮下。及时正确处理仪器报警及故障,防止空气进入,造成气栓。

(6)确保输液器和延长管连接紧密,接口处无气泡。

(7)正确处置静脉回血。有回血时,不可随意推注药物,以免进入体内的药量太大而引发严重后果,可用注射器抽取生理盐水直接接针头进行推注;回血量大时需要更换延长管。

(8)将注射卡贴在注射器可视处,便于紧急情况下的及时正确处置。

(9)定期清洁、消毒、检查微量泵,熟练掌握微量泵的使用方法。

(10)关爱长者,与长者有较好的沟通。

2. 服务流程

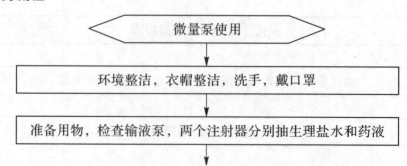

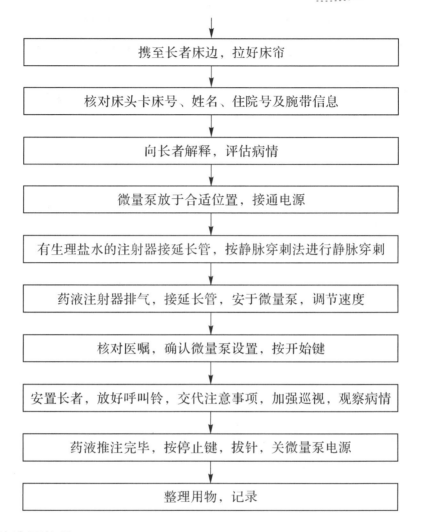

携至长者床边，拉好床帘

核对床头卡床号、姓名、住院号及腕带信息

向长者解释，评估病情

微量泵放于合适位置，接通电源

有生理盐水的注射器接延长管，按静脉穿刺法进行静脉穿刺

药液注射器排气，接延长管，安于微量泵，调节速度

核对医嘱，确认微量泵设置，按开始键

安置长者，放好呼叫铃，交代注意事项，加强巡视，观察病情

药液推注完毕，按停止键，拔针，关微量泵电源

整理用物，记录

十、输液泵使用

目的 控制静脉输液的速度和量，使药物剂量精确、均匀、持续地输入体内，产生最理想的效果，避免药物浓度波动过大而产生副作用。

适用 适用于需要严格控制输液速度和药量者。

用物 输液泵及连接线、治疗车、医嘱单、输液卡及全套输液用物。

1. 服务要求

(1)操作前洗手，不留长指甲，仪容仪表端庄。环境整洁。

(2)评估长者身体情况，做好解释，取得长者理解并配合操作。

(3)严格执行无菌操作和查对制度，注意药物配伍禁忌，有计划地安排输液顺序，按输液法完成静脉穿刺。

(4)熟悉输液泵的类型和工作原理，熟练掌握输液泵的使用方法。

(5)输液过程中加强巡视，做好输液的正常管理，同时及时处置输液泵的异常情

况。若输液泵报警,检查是否有气泡、管道堵塞或输液结束,及时处理。

(6)告知长者及护理员,在护士不在场时若发生输液泵报警,应及时打床头呼叫铃求助护士处理。

(7)不随意搬动输液泵,避免输液肢体活动过大,防止输液管道因牵拉而脱出或输液泵电源线因牵拉而脱落。

(8)输液泵定期清洁、消毒和检查,保证仪器"五净",性能完好,电量充足。

(9)做好病情观察和记录。

(10)关爱长者,与长者有较好的沟通。

2.服务流程

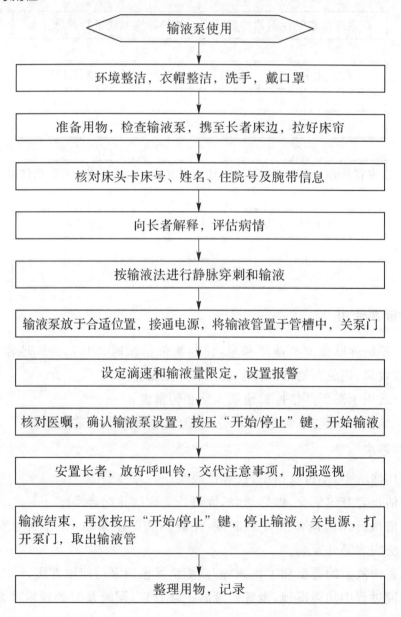

第三节　置管与灌注技术

一、鼻饲

目的　对不能自行经口进食长者用鼻胃管供给食物和药物,以维持长者营养和治疗的需要。

适用　主要适用于口腔疾患或口腔手术后患者、脑梗死后引起吞咽困难患者、昏迷患者及吞咽功能障碍者。

用物　治疗车上层:治疗盘、无菌鼻饲包〔内有治疗碗、镊子、止血钳、压舌板、纱布、胃管、50毫升注射器(或灌注器)、治疗巾〕、液体石蜡、棉签、弯盘、水杯、温开水、胶布、别针、手电筒、听诊器、鼻饲流食(温度38～40℃)、快速手消毒液。治疗车下层:医用垃圾桶、生活垃圾桶、固定带。

1.服务要求

(1)操作前洗手,不留长指甲,仪容仪表端庄。环境整洁。

(2)与长者沟通,解释插管过程和配合要求,取得合作。

(3)评估长者病情,评估鼻腔黏膜有无肿胀、炎症、息肉及鼻中隔弯曲等情况。取下活动性义齿,用棉签清洁鼻腔。

(4)安置长者取于坐位或半坐卧位,或者右侧卧位,昏迷长者去枕平卧位,头后仰。

(5)长期鼻饲者,选择刺激性小的硅胶胃管或者DRW型胃管,插入长度为45～55厘米,一般为长者自身前额发际到剑突处或者由鼻尖经耳垂到剑突处的距离。若需灌入一些刺激性药物者,可将胃管再插入10厘米。

(6)先用液体石蜡或生理盐水润滑胃管,一手持纱布托胃管,一手持镊子夹住胃管,从一侧鼻腔轻轻插入,注意镊子勿损伤鼻部。

(7)胃管插入10～15厘米时,嘱长者做吞咽动作,趁长者做下咽动作时推送胃管经过咽喉部。对于昏迷长者,将头部托起使下颌靠近胸骨,顺势插入胃管。

(8)确认胃管在胃内后,用胶布固定胃管于鼻翼及颊部。确认胃管在胃内的方法:①注射器连接胃管末端,抽出胃液;②听诊器置胃部,用注射器快速将10毫升空气注入胃管,听到气过水声;③胃管末端置于盛水的治疗碗中,无气泡逸出。

(9)正确灌注食物和药物。每次灌注前确认胃管在胃内,再缓慢注入5毫升温开水观察反应,然后灌注食物和药物,灌注结束再灌注10～20毫升温开水冲洗胃管,再将胃管反折夹紧或管塞塞紧,用纱布包好,用别针固定于衣领处。

（10）鼻饲时抬高床头以半卧位为宜，鼻饲后保持半卧位20～30分钟。

（11）灌注器（或注射器）每次用后清洗，放于治疗碗内，纱布盖之，每天更换。

（12）合理固定管端，翻身、护理操作前先固定管道，防止拔出。

（13）鼻饲者每日做口腔护理2次。

（14）对长期鼻饲的长者，要定期更换胃管，硅胶胃管可以每月换一次。一般于晚间鼻饲后拔管，次晨从另一鼻腔插入。

（15）拔管时长者头侧转，颌下置弯盘，夹紧末端，揭去胶布，用纱布包住胃管，嘱长者深呼吸，在呼气时边拔管边用纱布擦胃管，到咽喉处快速拔出，置于弯盘内，放于治疗车下层。

（16）清洁口鼻、面部，整理用物，记录。

2.服务流程

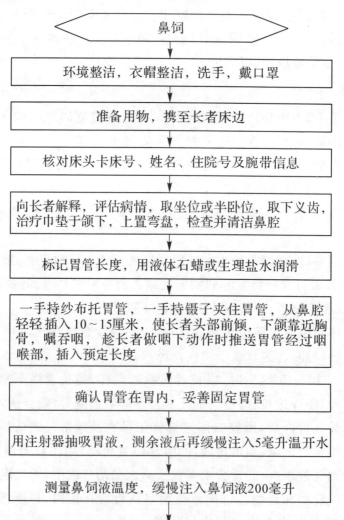

鼻饲

环境整洁，衣帽整洁，洗手，戴口罩

准备用物，携至长者床边

核对床头卡床号、姓名、住院号及腕带信息

向长者解释，评估病情，取坐位或半卧位，取下义齿，治疗巾垫于颌下，上置弯盘，检查并清洁鼻腔

标记胃管长度，用液体石蜡或生理盐水润滑

一手持纱布托胃管，一手持镊子夹住胃管，从鼻腔轻轻插入10～15厘米，使长者头部前倾，下颌靠近胸骨，嘱吞咽，趁长者做咽下动作时推送胃管经过咽喉部，插入预定长度

确认胃管在胃内，妥善固定胃管

用注射器抽吸胃液，测余液后再缓慢注入5毫升温开水

测量鼻饲液温度，缓慢注入鼻饲液200毫升

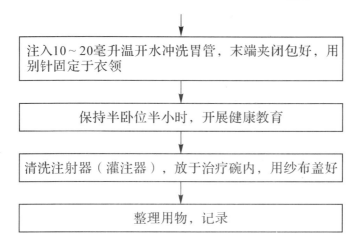

注入10~20毫升温开水冲洗胃管，末端夹闭包好，用别针固定于衣领

保持半卧位半小时，开展健康教育

清洗注射器（灌注器），放于治疗碗内，用纱布盖好

整理用物，记录

二、肠内营养泵使用

目的 对不能经口进食的长者以鼻胃管、鼻肠管或者造瘘管匀速地供给营养液，以维持长者营养和治疗需要。

适用 主要适用于不能经口进食而需要准确控制营养输入的管饲长者。

用物 治疗车上层：治疗盘、肠内营养液、肠内营养泵、专用输注器、肠内营养液卡、50毫升注射器、温开水、听诊器、输注卡。治疗车下层：医用垃圾桶、生活垃圾桶。

1.服务要求

(1)操作前洗手，不留长指甲，仪容仪表端庄。环境整洁。

(2)评估长者情况，向长者解释，取得合作。

(3)评估胃管、鼻肠管、造瘘管是否通畅，是否在胃肠内。

(4)正式管饲前先缓慢灌注5毫升温开水，观察反应。泵入过程中如果长者出现呛咳、呼吸困难、发绀等，应立即停止泵入并报告医生处理。

(5)长者取半卧位，告知管饲及营养泵使用的注意事项，对长者和照护者进行健康教育。

(6)首次输注开始时为20~50毫升/小时，逐渐增加，一般为50~100毫升/小时。营养液温度控制在37℃左右为佳。观察长者病情和胃肠道症状，若有腹胀、恶心呕吐等情况，减慢管饲速度并报告医生处理。

(7)熟悉肠内营养泵的工作原理，熟练掌握操作方法，每天用75%酒精棉球擦拭。

(8)关爱长者，与长者有较好的沟通。

2.服务流程

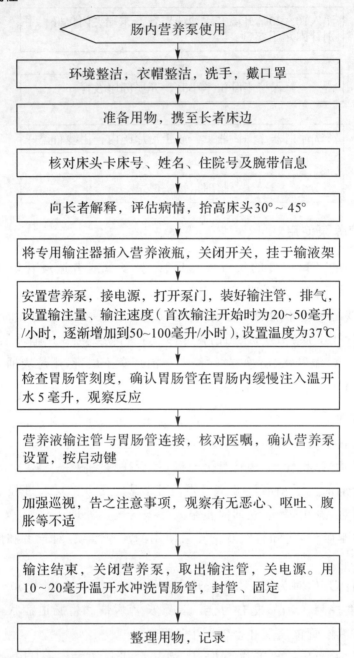

```
                      ⟨ 肠内营养泵使用 ⟩
                              │
                              ▼
        ┌─────────────────────────────────────────┐
        │   环境整洁，衣帽整洁，洗手，戴口罩            │
        └─────────────────────────────────────────┘
                              │
                              ▼
        ┌─────────────────────────────────────────┐
        │        准备用物，携至长者床边               │
        └─────────────────────────────────────────┘
                              │
                              ▼
        ┌─────────────────────────────────────────┐
        │   核对床头卡床号、姓名、住院号及腕带信息       │
        └─────────────────────────────────────────┘
                              │
                              ▼
        ┌─────────────────────────────────────────┐
        │  向长者解释，评估病情，抬高床头30°~45°        │
        └─────────────────────────────────────────┘
                              │
                              ▼
        ┌─────────────────────────────────────────┐
        │ 将专用输注器插入营养液瓶，关闭开关，挂于输液架  │
        └─────────────────────────────────────────┘
                              │
                              ▼
        ┌─────────────────────────────────────────┐
        │ 安置营养泵，接电源，打开泵门，装好输注管，排气，│
        │ 设置输注量、输注速度（首次输注开始时为20~50毫升│
        │ /小时，逐渐增加到50~100毫升/小时），设置温度为37℃│
        └─────────────────────────────────────────┘
                              │
                              ▼
        ┌─────────────────────────────────────────┐
        │ 检查胃肠管刻度，确认胃肠管在胃肠内缓慢注入温开  │
        │ 水5毫升，观察反应                           │
        └─────────────────────────────────────────┘
                              │
                              ▼
        ┌─────────────────────────────────────────┐
        │ 营养液输注管与胃肠管连接，核对医嘱，确认营养泵  │
        │ 设置，按启动键                              │
        └─────────────────────────────────────────┘
                              │
                              ▼
        ┌─────────────────────────────────────────┐
        │ 加强巡视，告之注意事项，观察有无恶心、呕吐、腹  │
        │ 胀等不适                                    │
        └─────────────────────────────────────────┘
                              │
                              ▼
        ┌─────────────────────────────────────────┐
        │ 输注结束，关闭营养泵，取出输注管，关电源。用    │
        │ 10~20毫升温开水冲洗胃肠管，封管、固定         │
        └─────────────────────────────────────────┘
                              │
                              ▼
        ┌─────────────────────────────────────────┐
        │          整理用物，记录                     │
        └─────────────────────────────────────────┘
```

三、大量不保留灌肠

目的　　主要目的是：解除便秘、肠胀气；术前准备，清洁肠道；高热者降低体温。

适用　　主要用于便秘、高热及需要进行术前肠道清洁的长者。

用物　　治疗车上层：一次性灌肠包（灌肠筒及管道、肛管、孔巾、垫巾、手套）、纱布、液体石蜡、医嘱执行本、弯盘、水温计、卫生纸、手套、快速手消毒液、灌肠液、输液架。治疗车下层:便盆、生活垃圾桶、医用垃圾桶。

1. 服务要求

(1)操作前洗手,戴口罩,不留长指甲,仪容仪表端庄。环境整洁。

(2)评估长者身体及腹部情况,测量血压,向长者解释操作过程、注意事项和配合方法,取得合作。灌肠时拉好床帘,保护隐私。

(3)遵医嘱选用灌肠溶液,常用灌肠溶液为 0.1%～0.2%肥皂液、生理盐水。注意灌肠溶液的温度、浓度、剂量。肝昏迷者禁用肥皂液灌肠;充血性心力衰竭和水钠潴留患者禁用生理盐水灌肠;用于降温时灌肠液温度以 28～32℃ 为宜。

(4)肛管插入深度为 7～10 厘米,高度 40～60 厘米,灌肠量为 500～1000 毫升。高龄长者的用量宜小,灌注速度宜慢(高度宜低些)。

(5)灌肠过程中注意观察长者反应,若感觉腹胀、便意,嘱张口深呼吸,以放松腹部肌肉,并降低灌肠筒的高度以减慢流速;如出现脉速、面色苍白、出冷汗、剧烈腹痛、心慌气急等应立即停止灌肠并报告医生处理。

(6)尽量保留 5～10 分钟再排便,以软化大便易于排出。降温灌肠时,尽量保留30 分钟,排便后 30 分钟测量体温并记录。

(7)正确记录,灌肠后排便次数记录为"n/E"。

(8)急腹症、消化道出血、严重心脑血管疾病患者禁忌大量灌肠。

(9)动作稳重、熟练、关爱长者。

2. 服务流程

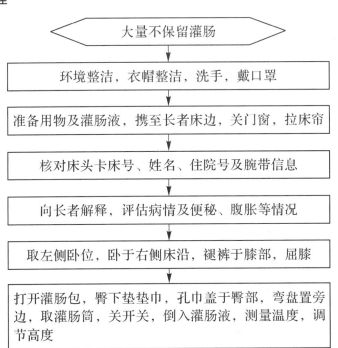

```
┌─────────────────────────────────────────────────┐
│ 戴手套，润滑肛管，排气，嘱长者深呼吸放松，一手拿 │
│ 卫生纸分开臀部暴露肛门，一手插肛管，插入7～10厘米 │
└─────────────────────────────────────────────────┘
                        ↓
┌─────────────────────────────────────────────────┐
│ 打开开关，灌入灌肠液，观察长者反应                │
└─────────────────────────────────────────────────┘
                        ↓
┌─────────────────────────────────────────────────┐
│ 灌毕，用卫生纸包住拔出肛管，脱手套、消毒手，保     │
│ 留5～10分钟后协助排便                             │
└─────────────────────────────────────────────────┘
                        ↓
┌─────────────────────────────────────────────────┐
│ 整理用物，记录                                    │
└─────────────────────────────────────────────────┘
```

四、胃肠减压

目的 帮助排出胃肠内积液、积气，缓解胃肠胀气，减轻症状，协助诊断治疗，增加长者舒适度。

适用 主要适用于幽门梗阻、单纯性肠梗阻、麻痹性肠梗阻、胃十二指肠穿孔的非手术治疗及其他严重状态下临终长者的姑息性治疗。

用物 治疗车上层：治疗盘、胃管、弯盘（内放纱布2块、镊子1把）、20毫升注射器、石蜡棉球、一次性无菌手套、治疗巾、棉签、胶布、别针、听诊器、治疗卡、管道标识、胃肠减压器。治疗车下层：生活垃圾桶、医用垃圾桶。

1. 服务要求

（1）操作前洗手，戴口罩，不留长指甲，仪容仪表端庄。环境整洁。

（2）评估长者情况，向长者解释，取得合作。

（3）按鼻饲插管法插入胃管，插管动作轻柔。在插管过程中若长者出现呛咳、不适、误插等情况要及时停止。必要时选择双腔管，插入小肠肠腔内，气囊内注入20毫升空气，增强减压效果。

（4）进行负压引流前，检查减压装置是否密闭，吸引管与排水管连接是否正确。电动吸引器的收集瓶内吸出的液体应及时倒掉，液面不可超过瓶子的2/3，严防将水吸入抽气机内而损坏马达。

（5）妥善固定引流管，防止滑脱，保持负压引流状态，引流通畅。为保持减压管的通畅，应定时用温开水冲洗胃管，以免堵塞。

（6）观察并记录引流液颜色、性状、量。

（7）每日更换负压吸引瓶，观察胃肠功能恢复情况。

（8）保持口腔清洁，每日口腔护理至少2次。

（9）减压期间应禁食禁饮，如必须经口服药者，应在服药后停止减压2小时。

(10)拔管时,应停止负压吸引后再拔出,以防损伤消化道黏膜。

(11)关爱长者,与长者有较好的沟通。

2.服务流程

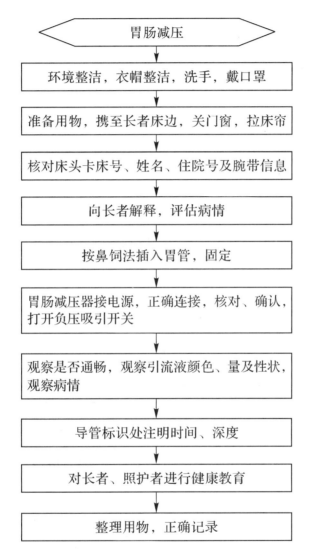

```
┌─────────────────────────────┐
│          胃肠减压            │
└─────────────────────────────┘
              ↓
┌─────────────────────────────┐
│  环境整洁,衣帽整洁,洗手,戴口罩  │
└─────────────────────────────┘
              ↓
┌─────────────────────────────┐
│ 准备用物,携至长者床边,关门窗,拉床帘 │
└─────────────────────────────┘
              ↓
┌─────────────────────────────┐
│ 核对床头卡床号、姓名、住院号及腕带信息 │
└─────────────────────────────┘
              ↓
┌─────────────────────────────┐
│     向长者解释,评估病情       │
└─────────────────────────────┘
              ↓
┌─────────────────────────────┐
│    按鼻饲法插入胃管,固定      │
└─────────────────────────────┘
              ↓
┌─────────────────────────────┐
│ 胃肠减压器接电源,正确连接,核对、确认, │
│      打开负压吸引开关          │
└─────────────────────────────┘
              ↓
┌─────────────────────────────┐
│ 观察是否通畅,观察引流液颜色、量及性状, │
│        观察病情              │
└─────────────────────────────┘
              ↓
┌─────────────────────────────┐
│   导管标识处注明时间、深度      │
└─────────────────────────────┘
              ↓
┌─────────────────────────────┐
│   对长者、照护者进行健康教育     │
└─────────────────────────────┘
              ↓
┌─────────────────────────────┐
│     整理用物,正确记录        │
└─────────────────────────────┘
```

五、结肠造口灌洗

目的 促进形成正常的排便规律;刺激肠蠕动,治疗便秘;结肠给药;等等。

适用 适用于结肠造口术后的长者。

用物 治疗车上层:治疗盘、一件式造口灌洗套件(内含灌注袋、锥形灌洗头、袖状引流袋、夹子、腰带)、液体石蜡、温水1000毫升(温度为38～40℃)、清洁手套2双、纱布数块、尿垫、贴造口袋用物1套、卫生纸。治疗车下层:便盆、医用垃圾桶、生活垃圾桶。

1.服务要求

(1)操作前洗手,戴口罩,不留长指甲,仪容仪表端庄。环境整洁。

(2)评估长者身体情况及造口情况,做好解释,取得合作。

(3)避免辛辣、刺激性、易产气、易激惹的食物与饮料。

(4)注意造口处皮肤护理,更换造口袋时清洗、保护皮肤。正确安装造口袋。清洗造口时动作轻柔,避免损伤造口处肠黏膜。如有皮疹、糜烂、出血等情况,及时告知医生,及时处理。

(5)造口灌洗,每次灌入温开水600～1000毫升,灌洗袋高度45～60厘米,一般连灌2次,使短时间内排尽结肠内粪便,灌后较长时间内减少排便。每天定时灌洗,以促进排便规律形成。

(6)长者结肠造口灌洗速度不宜过快,量不宜过大,感到腹胀时即应停止。

(7)结肠造口术拆线后可进行造口功能训练:持续收缩腹肌以达到紧闭腹壁造口,防止粪便排泄。每小时训练数次,以达到控制排便的作用。

(8)关爱长者,与长者有较好的沟通。

2.服务流程

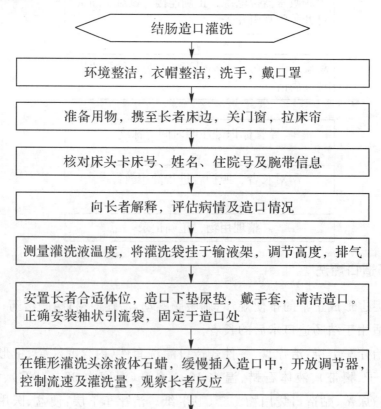

结肠造口灌洗

环境整洁,衣帽整洁,洗手,戴口罩

准备用物,携至长者床边,关门窗,拉床帘

核对床头卡床号、姓名、住院号及腕带信息

向长者解释,评估病情及造口情况

测量灌洗液温度,将灌洗袋挂于输液架,调节高度,排气

安置长者合适体位,造口下垫尿垫,戴手套,清洁造口。正确安装袖状引流袋,固定于造口处

在锥形灌洗头涂液体石蜡,缓慢插入造口中,开放调节器,控制流速及灌洗量,观察长者反应

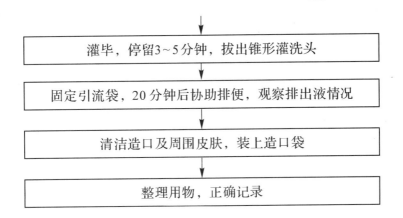

灌毕，停留3~5分钟，拔出锥形灌洗头

固定引流袋，20分钟后协助排便，观察排出液情况

清洁造口及周围皮肤，装上造口袋

整理用物，正确记录

六、更换肠造口袋

目的　及时清除造口袋粪便，清洁造口及周围皮肤，保持清洁，保护皮肤，减少刺激。

适用　主要适用于各类肠造口长者。

用物　治疗车上层：治疗盘、造口袋、棉棒、手套、小脸盆(内盛温水)、小毛巾、纸巾、造口尺、剪刀、弯盘、尿垫、防漏膏、快速手消毒液。治疗车下层：生活垃圾桶、医用垃圾桶。

1.服务要求

(1)操作前洗手，戴口罩，不留长指甲，仪容仪表端庄。环境整洁。

(2)评估长者身体情况，评估造口情况，做好解释，拉好床帘，保护隐私。

(3)操作过程应动作轻柔、耐心细致，尊重、爱护长者。

(4)选择大小、材质合适的造口袋，尽量选择透明造口袋，便于观察。

(5)清洁并保护造口周围皮肤，用纸巾由外到内清除造口排出物，再以温水棉球清洁皮肤；要轻拍造口黏膜，勿用力擦拭，以免黏膜出血；让皮肤充分干燥后，根据皮肤情况遵嘱涂保护膜或者护肤粉。

(6)观察造口及周围皮肤情况，造口袋底盘有渗漏时要及时更换，发现造口及周围皮肤异常时应及时处理。根据大便情况调整饮食结构，避免刺激性食物。

(7)坚持训练造口控便能力，提高生活质量。

(8)每次更换底板时，要测量造口大小，避免造口裁剪过大或过小，过大则皮肤与排泄物接触引起粪溢性皮炎；过小则会压迫造口，不断刺激肠壁，易引起肉芽增生。

(9)关爱长者，与长者有较好的沟通。

2.服务流程

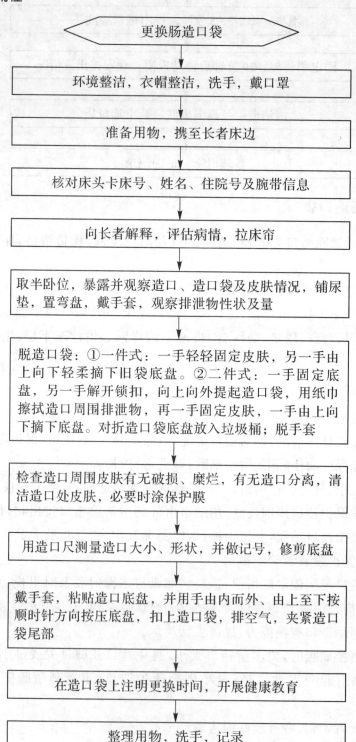

更换肠造口袋

环境整洁，衣帽整洁，洗手，戴口罩

准备用物，携至长者床边

核对床头卡床号、姓名、住院号及腕带信息

向长者解释，评估病情，拉床帘

取半卧位，暴露并观察造口、造口袋及皮肤情况，铺尿垫，置弯盘，戴手套，观察排泄物性状及量

脱造口袋：①一件式：一手轻轻固定皮肤，另一手由上向下轻柔摘下旧袋底盘。②二件式：一手固定底盘，另一手解开锁扣，向上向外提起造口袋，用纸巾擦拭造口周围排泄物，再一手固定皮肤，一手由上向下摘下底盘。对折造口袋底盘放入垃圾桶；脱手套

检查造口周围皮肤有无破损、糜烂，有无造口分离，清洁造口处皮肤，必要时涂保护膜

用造口尺测量造口大小、形状，并做记号，修剪底盘

戴手套，粘贴造口底盘，并用手由内而外、由上至下按顺时针方向按压底盘，扣上造口袋，排空气，夹紧造口袋尾部

在造口袋上注明更换时间，开展健康教育

整理用物，洗手，记录

七、膀胱冲洗

目的　通过留置导尿管或者膀胱造瘘管冲洗膀胱,保持其尿液引流通畅,清除膀胱内的血凝块、黏液、细菌,治疗某些膀胱疾病等。

适用　主要用于留置导尿或者膀胱造瘘的长者。

用物　治疗车上层:膀胱冲洗液、冲洗装置、一次性引流袋、尿布、手套及血管钳、碘伏消毒液、棉签、快速手消毒液。治疗车下层:便盆、生活垃圾桶、医用垃圾桶。

1.服务要求

(1)操作前洗手,不留长指甲,仪容仪表端庄。环境整洁。

(2)评估长者身体情况,向长者解释,征得长者同意,积极配合。

(3)引流袋每天更换,严格遵守无菌操作原则,避免引流液逆流。

(4)留置导尿者每天进行会阴护理,用碘伏消毒液消毒尿管周围。

(5)遵医嘱选择冲洗溶液,常用的膀胱冲洗液有生理盐水、0.02%呋喃西林溶液、3%硼酸溶液、0.1%新霉素溶液等。每次冲洗量在200～300毫升,观察引流液颜色及量,并注意冲洗液温度,冬季冲洗溶液应加温(38～40℃)。如引流液浑浊,可增加冲洗次数。

(6)冲洗速度不宜过快,在冲洗过程中注意观察长者的生命体征,有不适应及时处理。

(7)操作稳重,关爱长者,与长者有较好的沟通。

2.服务流程

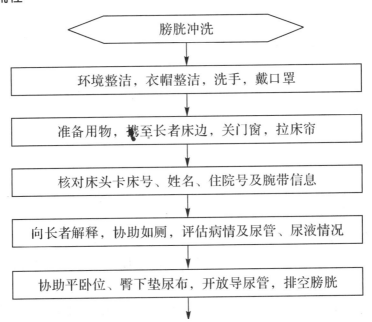

39

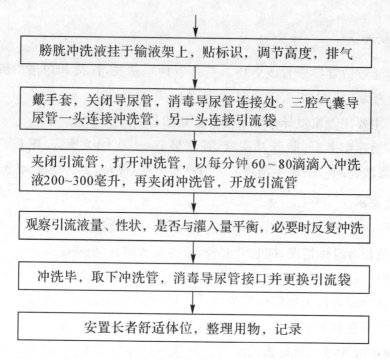

膀胱冲洗液挂于输液架上，贴标识，调节高度，排气

戴手套，关闭导尿管，消毒导尿管连接处。三腔气囊导尿管一头连接冲洗管，另一头连接引流袋

夹闭引流管，打开冲洗管，以每分钟60~80滴滴入冲洗液200~300毫升，再夹闭冲洗管，开放引流管

观察引流液量、性状，是否与灌入量平衡，必要时反复冲洗

冲洗毕，取下冲洗管，消毒导尿管接口并更换引流袋

安置长者舒适体位，整理用物，记录

八、导尿

目的 为尿潴留长者引流出尿液,减轻痛苦;留取未受污染的尿标本做细菌培养,协助临床诊断;测量膀胱容量、压力及检查残余尿液;进行尿道或膀胱造影;等等。

适用 需密切观察尿量的危重症长者;昏迷、尿失禁或会阴部有伤口需要保持局部干燥、清洁者;尿失禁需行膀胱功能训练者。

用物 治疗车上层:一次性导尿包(内有:①外阴消毒包:小方盘、内盛数个消毒液棉球袋、镊子、纱布、手套;②导尿包:手套、洞巾、弯盘、气囊导尿管、内盛4个消毒液棉球袋、镊子2把、自带无菌液体的10毫升注射器、润滑油棉球袋、标本瓶、纱布、集尿袋、方盘、外包治疗巾)、快速手消毒液、一次性垫巾、浴巾。治疗车下层:生活垃圾桶、医用垃圾桶、便盆。

1.服务要求

(1)操作前洗手,不留长指甲,仪容仪表端庄。环境整洁。

(2)评估长者身体情况,做好该操作的解释,征得长者同意,积极配合。

(3)严格执行无菌操作原则和查对制度。

(4)给女性导尿初步消毒方法:持镊子夹消毒棉球消毒阴阜、大阴唇,另一戴手套的手分开大阴唇,消毒小阴唇和尿道口,消毒顺序由上至下,由外向内,每个棉球只用一次。再次消毒时一手分开并固定小阴唇,一手持镊子夹消毒棉球,按顺序消毒尿道口、两侧小阴唇、尿道口,消毒顺序由内→外→内,自上而下,每个棉球限用一次。男性导尿消毒方法:先消毒阴阜、阴茎、阴囊;再后推暴露尿道口,自尿道口旋转擦拭消毒尿道口、龟头及冠状沟。

(5)当给男性导尿时,提起阴茎与腹壁成60°,插入导尿管20~22厘米,见尿再进1~2厘米。当给女性导尿时,插入导尿管4~6厘米,见尿再进1~2厘米。

(6)膀胱高度膨胀者,第一次导尿量不应超过1000毫升,以防腹压突然下降引起虚脱,膀胱黏膜充血,发生血尿。

(7)留置导尿管时须妥善固定;尿管不扭曲,保持通畅;引流袋低于膀胱位;保持会阴部清洁,每天会阴护理;观察尿液情况,鼓励长者多饮水。

(8)长期留置导尿管每周更换一次,防止感染。根据病情进行夹管以训练膀胱功能。

(9)拔管后注意观察长者排尿情况。

(10)动作规范、操作熟练。关爱长者,与长者有较好的沟通。

2.服务流程

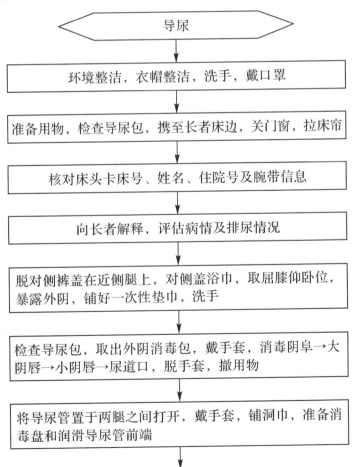

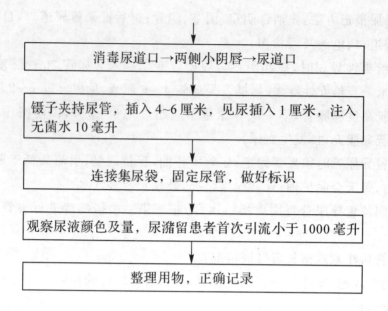

消毒尿道口→两侧小阴唇→尿道口

镊子夹持尿管，插入 4~6 厘米，见尿插入 1 厘米，注入无菌水 10 毫升

连接集尿袋，固定尿管，做好标识

观察尿液颜色及量，尿潴留患者首次引流小于 1000 毫升

整理用物，正确记录

九、更换引流袋

目的 主要目的是引流组织或体腔内液体、气体至体外，解除梗阻，降低局部压力，减少感染因素，促进愈合。

适用 主要适用于护理院内有体液引流的长者。

用物 治疗车、治疗盘、棉签、碘伏消毒液、血管钳 1 把、一次性引流袋 1 只、消毒弯盘 2 只（内放消毒纱布 1 块、镊子 1 把）、医用垃圾桶、生活垃圾桶。

1.服务要求

（1）操作前洗手，不留长指甲，仪容仪表端庄。环境整洁。

（2）做好解释工作，安置长者半卧位或平卧位，注意保暖。

（3）评估病情，检查引流处皮肤。更换引流管时检查引流管是否通畅。

（4）严格遵守无菌操作，用三根碘伏棉签分别消毒：①引流管连接处，以接口为中心环形消毒；②向接口以上引流管环形消毒 2.5 厘米；③向接口以下引流管环形消毒 2.5 厘米。用无菌纱布包裹引流管，脱开连接时，再消毒引流管管口。

（5）检查无菌引流袋是否密闭、过期，打开外包装，检查引流袋有无破损、引流管有无变形。引流袋可一周更换 1~2 次（特殊情况下可每日更换）。

（6）卧位时将引流袋挂于床沿以下，保持引流袋位置低于引流部位；翻身、活动时暂时夹闭引流管，操作结束及时开放，防止逆流。

（7）保持引流管通畅，定时挤压（朝引流袋方向挤压，禁向组织端和体腔端挤压），留置导尿者可遵医嘱进行膀胱冲洗。避免引流管折叠、扭曲。翻身、活动时先妥善固定引流管，以防滑脱和拉出。

(8)观察病情及引流液的量、性状、色泽变化,每天记录,发现异常及时与医生联系。

2.服务流程

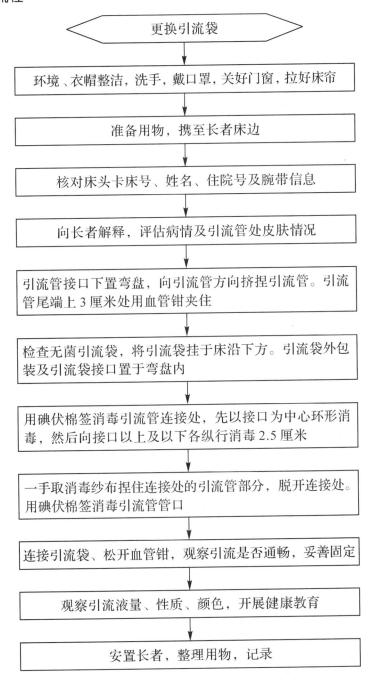

```
          ⬡ 更换引流袋 ⬡

  环境、衣帽整洁,洗手,戴口罩,关好门窗,拉好床帘

         准备用物,携至长者床边

     核对床头卡床号、姓名、住院号及腕带信息

      向长者解释,评估病情及引流管处皮肤情况

  引流管接口下置弯盘,向引流管方向挤捏引流管。引流
  管尾端上3厘米处用血管钳夹住

  检查无菌引流袋,将引流袋挂于床沿下方。引流袋外包
  装及引流袋接口置于弯盘内

  用碘伏棉签消毒引流管连接处,先以接口为中心环形消
  毒,然后向接口以上及以下各纵行消毒2.5厘米

  一手取消毒纱布捏住连接处的引流管部分,脱开连接处。
  用碘伏棉签消毒引流管管口

  连接引流袋、松开血管钳,观察引流是否通畅,妥善固定

      观察引流液量、性质、颜色,开展健康教育

         安置长者,整理用物,记录
```

第四节　急救技术

一、心肺复苏

目的　通过实施基础生命支持技术,建立长者的循环、呼吸功能,保证重要脏器的血液供应,尽快促进心跳、呼吸功能的恢复。

适用　适用于各种原因导致心搏骤停长者的现场急救。

用物　听诊器、血压计、心脏按压板、纱布、除颤仪。

1.服务要求

(1)遇长者突发意识丧失,立即评估意识和颈动脉搏动情况,评估环境是否安全,将长者卧于硬的平面,床上垫上按压板。

(2)若未触及颈动脉搏动,立即行胸外心脏按压和人工呼吸。按压部位为剑突上二横指或者双乳头连线中心,按压深度为5~6厘米,按压频率为100~120次/分,胸外心脏按压与人工呼吸的比例为30∶2。

(3)急救的同时呼叫医护人员,尽可能地边急救边将长者移至抢救室,建静脉通路,准备除颤仪,保持呼吸道通畅,及时清除口鼻分泌物。

(4)按压心脏部位要准确,压力要适当,过轻无效,过重易造成损伤。按压时双肘关节伸直,利用身体重量,垂直朝下按压,放松时使胸廓充分回弹。

(5)操作过程中换人应在人工呼吸2次后的间隙进行,不得使抢救中断,更换时间不超过10秒。

(6)5个循环过后评估急救效果,急救成功则进一步生命支持。做好转院准备。

2.服务流程

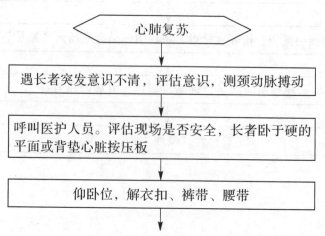

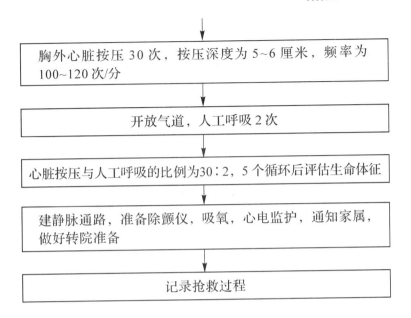

胸外心脏按压 30 次，按压深度为 5~6 厘米，频率为 100~120 次/分

开放气道，人工呼吸 2 次

心脏按压与人工呼吸的比例为30∶2，5 个循环后评估生命体征

建静脉通路，准备除颤仪，吸氧，心电监护，通知家属，做好转院准备

记录抢救过程

二、心脏电除颤仪使用

目的　通过电击心脏除颤,纠正、治疗心律失常,恢复窦性心律。

适用　主要适用于抢救机构内严重的室性心律失常患者或者配合心肺复苏的心脏除颤。

用物　除颤仪、导电糊、干毛巾、其他抢救用物。

1.服务要求

(1)仪容仪表整洁,关门窗,拉好床帘。

(2)评估长者病情、除颤部位皮肤、体重、心律失常类型、意识状态。做好意识清醒长者及家属的解释工作。

(3)定期检查除颤仪性能,保持随时待用状态,使用前检查除颤仪充电情况,各部位按键、旋钮、电极板是否完好。

(4)定期培训,熟练掌握除颤仪使用方法。除紧急情况外,体外除颤由医生操作。

(5)根据医嘱选择合适的放电能量,非同步电复律:单相波 360 焦,双相波 150 焦。

(6)除颤前应去除长者身体上所有金属物件,嘱周围人离开床边。

(7)除颤电极均匀涂上导电糊,分别置于左腋前线第五肋间(乳头外下方)、胸骨右缘第二肋间,稍按压(约 98 牛),不留空隙,防止皮肤灼伤。

(8)必须保持两个电极板之间干燥,用干毛巾擦干长者皮肤,避免因导电糊或盐水相连而造成短路。保持操作者两手干燥及电极板把手的干燥,不能被导电糊或盐水污染,以免伤及操作者。

(9)除颤放电前,调节除颤仪至监护位置,观察心电波形,确定为室颤。放电前必须确定周围无人员直接或间接与长者接触。除颤仪显示可以除颤信号时,双手同时协调按压手控电极两个放电按钮进行电击。放电结束不移开电极,观察电击除颤后心律,若仍为室颤,则选择第二次除颤。

(10)电击除颤时断开电源,去除监护电极。

(11)如长者佩有起搏器,除颤电极板应离该装置至少5厘米。

(12)电复律后严密心电监护,遵医嘱做好其他抢救工作。

(13)用后仔细擦净电极板,水及消毒液不可渗入仪器内部。

2.服务流程

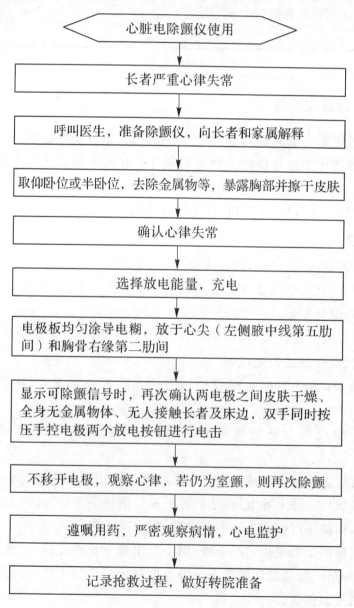

三、多功能监护仪使用

目的　持续测量长者心率、心律、心电、血压、血氧饱和度等指标,监测病情,为治疗、护理提供依据。

适用　主要适用于急危重症、心律失常、休克、严重电解质紊乱等长者。

用物　监护仪、监护仪连接线、酒精棉球、电极片。

1.服务要求

(1)操作前洗手,不留长指甲,仪容仪表端庄。环境整洁。

(2)评估长者病情、电极片粘贴处的皮肤、心理状态、合作程度。

(3)监护仪性能良好,各导连线、配套血压计袖带、脉氧夹正确连接。

(4)连接前清洁皮肤,保证传导性。

(5)正确安放电极位置。①三电极:负极为右锁骨中点下缘,正极为左腋前线第四肋间或左锁骨中点下缘,接地电极为剑突下偏右;②五电极:右上(RA)—胸骨右缘锁骨中线第一肋间,左上(LA)—胸骨左缘锁骨中线第一肋间,右下(RL)—右锁骨中线剑突水平处,左下(LL)—左锁骨中线剑突水平处,胸导(C)—胸骨左缘第四肋间。

(6)定期更换电极片安放位置,防止皮肤过敏和破溃。

(7)安放监护仪电极时,必须留出一定范围的心前区,以不影响在除颤时放置电极板。

(8)平时加强培训,熟练掌握使用方法。设定报警界值,注意报警声音设置,避免影响长者休息。

(9)定期检查监护仪性能。

2.服务流程

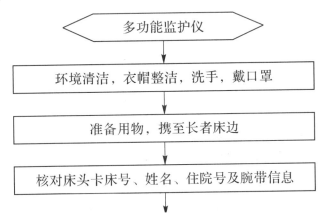

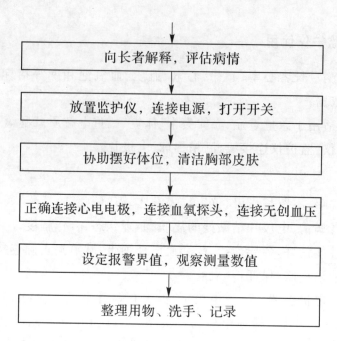

向长者解释，评估病情

放置监护仪，连接电源，打开开关

协助摆好体位，清洁胸部皮肤

正确连接心电电极，连接血氧探头，连接无创血压

设定报警界值，观察测量数值

整理用物、洗手、记录

四、简易呼吸囊使用

目的　维持和增加机体通气量，纠正威胁生命的低氧血症。

适用　各种原因所致的呼吸停止或呼吸衰竭的抢救。

用物　呼吸囊、面罩、连接管、氧气及流量表。

1.服务要求

(1)操作环境整洁，呼吸囊性能完好。

(2)每周对呼吸囊进行检查、维护，清洁消毒，组装备用。保持活瓣功能良好，球囊弹性好，进气阀完好、无漏气，压力限制阀功能正常，压力接近45厘米水柱时气体从压力限制阀泄漏。面罩充盈度适中。

(3)评估确认长者需要呼吸复苏，开放气道并确认气道通畅。

(4)手法正确，呈"EC"手法。按紧不漏气，并保持气道通畅，必要时插入口咽通气管。右手挤压球囊。

(5)心肺复苏时，胸外心脏按压与人工呼吸以30∶2的比例进行。单纯呼吸复苏时，频率10～12次/分，即5～6秒送气一次。潮气量大约500～600毫升，吸气相用时1秒，若是1升球囊，挤压1/2～2/3，若是2升球囊，挤压1/3。

(6)挤压过程中观察长者胸廓有无抬起，必要时听诊呼吸音，观察皮肤颜色、氧饱和度、腹部有无膨隆，监测生命体征。

(7)配合其他抢救，做好转院准备。高龄长者有抢救协议的按协议执行。

(8)关爱长者，注意保护长者隐私。

2.服务流程

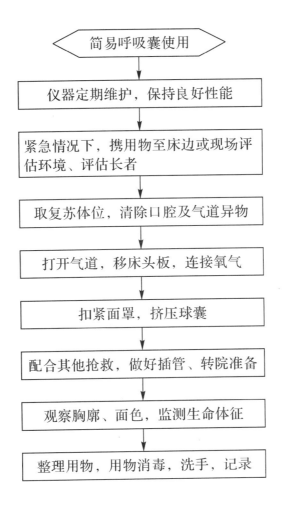

简易呼吸囊使用

↓

仪器定期维护，保持良好性能

↓

紧急情况下，携用物至床边或现场评估环境、评估长者

↓

取复苏体位，清除口腔及气道异物

↓

打开气道，移床头板，连接氧气

↓

扣紧面罩，挤压球囊

↓

配合其他抢救，做好插管、转院准备

↓

观察胸廓、面色，监测生命体征

↓

整理用物，用物消毒，洗手，记录

五、吸氧

目的　纠正各种原因造成的缺氧状态,提高动脉血氧分压和血氧饱和度,增加血氧含量,促进组织新陈代谢,维持机体生命活动。

适用　主要适用于不同程度呼吸功能不全或者各种原因导致的组织呈缺氧状态的长者。

用物　治疗车上层:治疗盘及试气杯(内盛冷开水)、弯盘、纱布、一次性鼻导管、棉签、中心供氧流量表、湿化瓶、氧气记录单。治疗车下层:生活垃圾桶、医用垃圾桶。

1.服务要求

(1)操作前洗手,不留长指甲,仪容仪表端庄。环境整洁。

(2)评估长者身体情况,做好解释,取得长者合作。

(3)注意用氧安全,筒装氧气瓶切实做好"四防":防火、防油、防热、防震。

(4)使用及停止氧气时严格执行操作程序,使用氧气时,先调后用,停止氧气时,

先拔后关。

(5)使用过程中观察长者缺氧改善情况。排除影响用氧效果的因素,按需调节流量,慢性阻塞性肺疾病(COPD)患者持续低流量吸氧。

(6)湿化瓶内装灭菌蒸馏水至1/3~1/2处,湿化瓶及氧气管每天更换一次。

(7)湿棉签清洁鼻腔,鼻氧管的鼻塞插入1厘米,长者无不适,鼻氧管固定良好。

(8)关爱长者,与长者有较好的沟通。

(9)交代用氧注意事项,随时关注鼻氧管是否反折、漏气。

2.服务流程

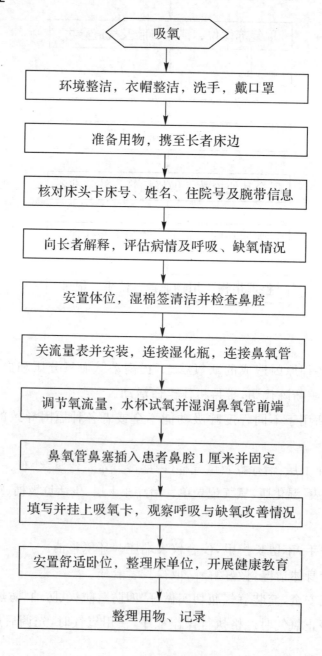

吸氧

环境整洁,衣帽整洁,洗手,戴口罩

准备用物,携至长者床边

核对床头卡床号、姓名、住院号及腕带信息

向长者解释,评估病情及呼吸、缺氧情况

安置体位,湿棉签清洁并检查鼻腔

关流量表并安装,连接湿化瓶,连接鼻氧管

调节氧流量,水杯试氧并湿润鼻氧管前端

鼻氧管鼻塞插入患者鼻腔1厘米并固定

填写并挂上吸氧卡,观察呼吸与缺氧改善情况

安置舒适卧位,整理床单位,开展健康教育

整理用物、记录

六、吸痰

目的　清除呼吸道分泌物,保持呼吸道通畅,改善呼吸功能和缺氧状况,预防肺部感染。

适用　主要适用于痰多而无法咳出,或者建有人工气道行机械通气者需要清除气道痰液的长者。

用物　治疗车上层:治疗盘及有盖罐2只(试吸罐、冲洗灌,内盛无菌生理盐水)、一次性无菌吸痰管数根、无菌手套、听诊器、纸巾、中心负压吸引器装置、快速手消毒液,必要时备压舌板、张口器、舌钳、电插板等。治疗车下层:医用垃圾桶、生活垃圾桶。

1.服务要求

(1)操作前洗手,戴口罩,不留长指甲,仪容仪表端庄。环境整洁。

(2)评估长者身体情况,评估呼吸道及痰液情况,做好解释,取得合作。

(3)气道内吸痰,严格遵守无菌操作原则。

(4)每次吸痰时间一般不超过15秒/次,间隔数秒再吸。

(5)先经鼻吸痰,后吸口腔分泌物。吸过口腔的吸痰管不可再经鼻吸痰。气管切开吸痰者,先吸气管切开处气道内痰液,再吸口鼻部,吸过口鼻部的吸痰管不得再用于气道内吸痰。

(6)吸引器贮存瓶液面不要过2/3,及时更换。

(7)调节吸引负压,一般成人调至300～400毫米汞柱。

(8)插吸痰管时不可用负压吸引,应插入到位后边退边负压吸引,退时注意轻轻旋转吸痰管。

(9)痰液黏稠者先雾化吸入以稀释痰液,再配合叩背,以提高吸痰效果。

(10)一根吸痰管只使用一次。吸痰用物每日更换,必要时每班更换。

(11)关爱长者,与长者有较好的沟通。

2.服务流程

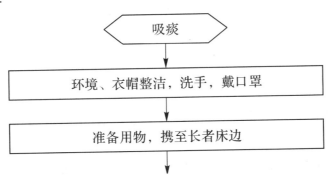

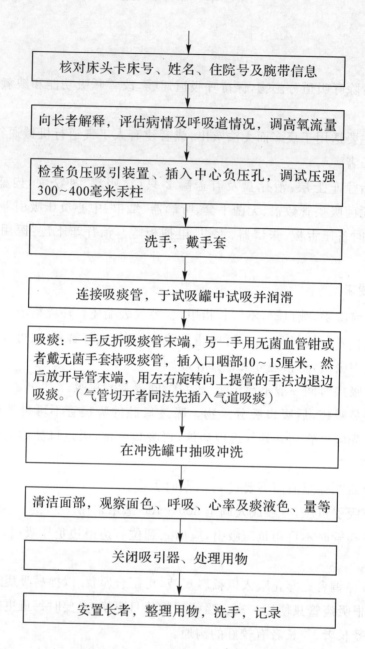

核对床头卡床号、姓名、住院号及腕带信息

向长者解释，评估病情及呼吸道情况，调高氧流量

检查负压吸引装置、插入中心负压孔，调试压强
300～400毫米汞柱

洗手，戴手套

连接吸痰管，于试吸罐中试吸并润滑

吸痰：一手反折吸痰管末端，另一手用无菌血管钳或
者戴无菌手套持吸痰管，插入口咽部10～15厘米，然
后放开导管末端，用左右旋转向上提管的手法边退边
吸痰。（气管切开者同法先插入气道吸痰）

在冲洗罐中抽吸冲洗

清洁面部，观察面色、呼吸、心率及痰液色、量等

关闭吸引器、处理用物

安置长者，整理用物，洗手，记录

第五节　其他护理技术

一、口腔护理

目的　去除口腔异味，保持口腔清洁，促进食欲，增进舒适，预防口腔感染等并发症。

适用　主要适用于无法自行清洁口腔者，如瘫痪、昏迷、鼻饲等长者。

用物　治疗车上层:治疗盘及口腔护理包(弯盘2个、棉球、弯止血钳2把、压舌板)、水杯(内盛漱口溶液)、吸水管、棉签、液体石蜡、手电筒、纱布数块、治疗巾、生理盐水、快速手消毒液,必要时备开口器和口腔内用药。治疗车下层:生活垃圾桶、医用垃圾桶。

1.服务要求

(1)操作前洗手,戴口罩,不留长指甲,仪容仪表端庄。环境整洁。

(2)评估长者情况,向长者解释,取得合作。

(3)擦洗顺序为:门齿→左外侧面→右外侧面→左上内侧面→左上咬合面→左下内侧面→左下咬合面→左侧颊部→右侧外侧面→右上内侧面→右上咬合面→右下内侧面→右下咬合面→硬腭→舌面→舌下→口腔底部。从内到门齿方向擦洗。

(4)一个棉球擦拭一次,棉球不过湿,防止遗留口中。有活动性义齿者取出。昏迷者禁止漱口,开口器从臼齿放入,擦洗时头侧转,防止误吸。

(5)口腔护理一般一天两次,一般长者进食后温开水漱口,尽量协助长者刷牙。

(6)动作轻,勿伤牙齿、口腔黏膜及牙龈。

(7)关爱长者,与长者有较好的沟通。

2.服务流程

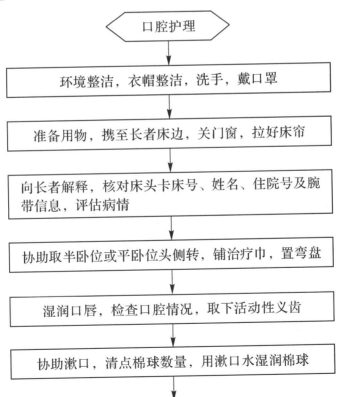

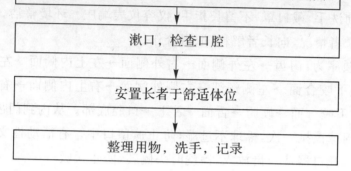

血管钳夹棉球,拧干,从内到门齿方向擦拭牙齿,清洁口腔。顺序:门齿→左外侧面→右外侧面→左上内侧面→左上咬合面→左下内侧面→左下咬合面→左侧颊部→右侧外侧面→右上内侧面→右上咬合面→右下内侧面→右下咬合面→硬腭→舌面→舌下→口腔底部

漱口,检查口腔

安置长者于舒适体位

整理用物,洗手,记录

二、会阴护理

目的 保持会阴部清洁,促进伤口愈合,预防感染,增进舒适。

适用 主要适用于留置导尿管、会阴有伤口、留取尿培养标本等长者。

用物 治疗车上层:无菌治疗碗、棉球、镊子、水壶、热水、水温计、5‰聚维酮碘消毒液、一次性手套、防水垫、毛巾、棉棒、卫生纸、快速手消毒液。治疗车下层:便盆和便盆巾、生活垃圾桶、医用垃圾桶。

1. 服务要求

(1)操作前洗手,戴口罩,不留长指甲,仪容仪表端庄。环境整洁。

(2)评估长者情况,向长者解释,取得合作。

(3)擦洗顺序自上而下、自外向内,必要时可根据长者情况增加擦洗次数,直到擦净,最后擦干。

(4)会阴部无伤口时可用冲洗法,有伤口时避免冲洗,预防伤口污染,根据伤口情况选择合适的消毒液清洗和消毒。

(5)擦洗时注意观察会阴部及伤口有无红肿、分泌物性质和伤口愈合情况。发现异常及时向医生汇报。

(6)留置导尿者注意保持尿道口清洁,女性用消毒棉球擦拭尿道口及外阴,男性擦拭尿道口、龟头及包皮,每天2次。排便后及时清洁肛门及会阴部皮肤。

(7)注意保暖,保护隐私。温水冲洗时先测量水的温度(与体温相近,38~40℃为宜),冲洗前先冲少量水于操作者前臂内侧皮肤试温,再少量冲洗长者会阴试温,再冲洗,严防烫伤。

(8)关爱长者,与长者有较好的沟通。

2.服务流程

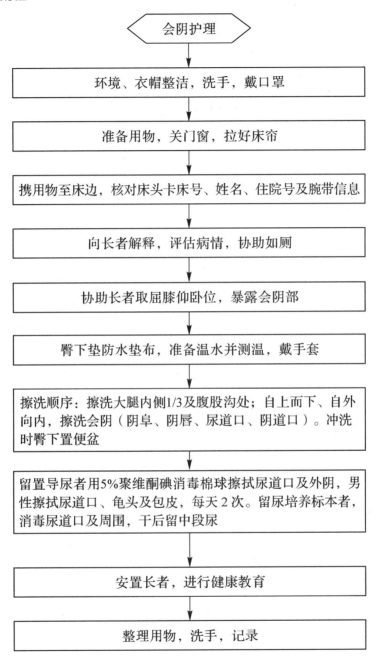

会阴护理

环境、衣帽整洁，洗手，戴口罩

准备用物，关门窗，拉好床帘

携用物至床边，核对床头卡床号、姓名、住院号及腕带信息

向长者解释，评估病情，协助如厕

协助长者取屈膝仰卧位，暴露会阴部

臀下垫防水垫布，准备温水并测温，戴手套

擦洗顺序：擦洗大腿内侧1/3及腹股沟处；自上而下、自外向内，擦洗会阴（阴阜、阴唇、尿道口、阴道口）。冲洗时臀下置便盆

留置导尿者用5%聚维酮碘消毒棉球擦拭尿道口及外阴，男性擦拭尿道口、龟头及包皮，每天2次。留尿培养标本者，消毒尿道口及周围，干后留中段尿

安置长者，进行健康教育

整理用物，洗手，记录

三、冷湿敷

目的 减轻局部组织充血、出血，减轻疼痛，控制炎症扩散，降低体温等。

适用 主要适用于高热、中暑、炎症早期、软组织损伤及烫伤初期。

用物 治疗车上层:治疗盘、敷布、纱布、棉签、一次性治疗巾、手套、水盆、冰水、快速手消毒液、冰袋。治疗车下层:生活垃圾桶、医用垃圾桶。

1.服务要求

(1)操作前洗手,不留长指甲,仪容仪表端庄。环境整洁。

(2)评估长者身体情况,是否适宜进行冷敷,向长者解释,取得合作。

(3)忌于后项部、胸前、腹部、足底等处冷敷,伤口处禁止冷湿敷。若用于降温,可于颈部、腋下、腹股沟、腘窝等大血管通过处进行冷敷并适当按摩,促进散热。

(4)降温者冷敷 30 分钟后测量体温并记录,体温降至 38℃ 左右时停止使用。

(5)随时观察长者的反应,如有畏寒不适,应及时停止用冷。

(6)局部有伤口时,禁止冷湿敷。若需要冷敷,伤口用敷料包扎后,再用布、巾等包裹冰袋。

(7)使用冰袋时,避免冰袋直接与皮肤接触,应外包布套,冷敷部位垫毛巾,随时观察局部皮肤情况,防冻伤。

(8)持续用冷时间不宜过长,以 15~20 分钟为宜,避免引起不良的继发效应。

(9)若是烫伤应急处置,应尽快对局部皮肤进行冷水冲洗或冷敷。软组织损伤 48 小时以后不宜进行冷敷。

(10)关爱长者,与长者有较好的沟通。

2.服务流程

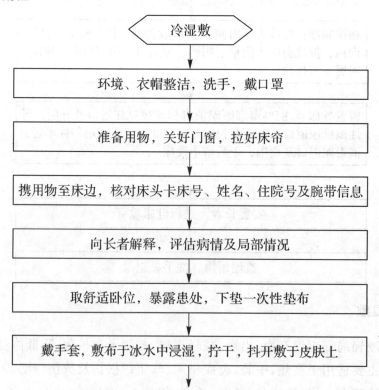

环境、衣帽整洁,洗手,戴口罩

准备用物,关好门窗,拉好床帘

携用物至床边,核对床头卡床号、姓名、住院号及腕带信息

向长者解释,评估病情及局部情况

取舒适卧位,暴露患处,下垫一次性垫布

戴手套,敷布于冰水中浸湿,拧干,抖开敷于皮肤上

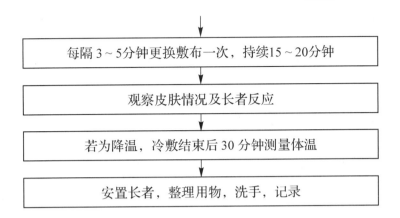

每隔 3～5 分钟更换敷布一次，持续 15～20 分钟

观察皮肤情况及长者反应

若为降温，冷敷结束后 30 分钟测量体温

安置长者，整理用物，洗手，记录

四、热湿敷

目的 解痉、消炎、消肿、止痛。

适用 主要适用于软组织损伤后期康复及慢性炎症、慢性疼痛的辅助治疗。

用物 治疗车上层：治疗盘、敷布 2 块、凡士林、纱布、棉签、一次性垫布、棉垫、水温计、手套、水盆、热水、快速手消毒液，必要时备热水袋、大毛巾、换药用物。治疗车下层：医用垃圾桶、生活垃圾桶。

1.服务要求

(1)操作前洗手，不留长指甲，仪容仪表端庄。环境整洁。

(2)评估长者病情及受敷部位皮肤情况，向长者解释，取得合作。

(3)受敷部位涂凡士林，上盖纱布，敷布浸湿拧干以不滴水为度，水温以 50～60℃、热敷持续时间 15～20 分钟为宜。

(4)有伤口者不可直接热湿敷，可于伤口敷料外干热敷或者按无菌技术方法进行热敷。

(5)面部三角区的炎症禁止热敷，预防感染向颅内扩散。面部热敷后，30 分钟内不外出，预防感冒。

(6)急性损伤 48 小时内禁止热敷。

(7)热敷时每隔 3～5 分钟更换一次敷布，也可在敷布外用热水袋，上盖大毛巾持续热敷，以保持温度，同时观察受敷部位皮肤和询问长者感受，如太烫可掀起一角散热，预防烫伤。

(8)关爱长者，与长者有较好的沟通。

2. 服务流程

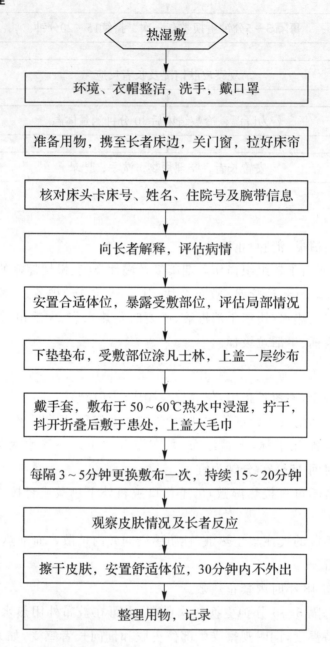

```
                      ⬡ 热湿敷 ⬡
                          ↓
          环境、衣帽整洁，洗手，戴口罩
                          ↓
      准备用物，携至长者床边，关门窗，拉好床帘
                          ↓
      核对床头卡床号、姓名、住院号及腕带信息
                          ↓
            向长者解释，评估病情
                          ↓
      安置合适体位，暴露受敷部位，评估局部情况
                          ↓
      下垫垫布，受敷部位涂凡士林，上盖一层纱布
                          ↓
      戴手套，敷布于50～60℃热水中浸湿，拧干，
      抖开折叠后敷于患处，上盖大毛巾
                          ↓
      每隔3～5分钟更换敷布一次，持续15～20分钟
                          ↓
            观察皮肤情况及长者反应
                          ↓
      擦干皮肤，安置舒适体位，30分钟内不外出
                          ↓
              整理用物，记录
```

五、物理降温(温水或酒精擦浴)

目的　用低于体温的温水或酒精溶液擦拭皮肤,通过传导、蒸发散热,同时酒精具有扩张血管功能,增加散热,降低体温。

适用　适用于中、高度发热的长者。

用物　治疗车上层:治疗盘及大毛巾、小毛巾、热水袋及套、冰袋及套、脸盆、温水(32～34℃)、25%～35%酒精 200～300 毫升(30℃左右)、体温计、快速手消毒液、必要时备干净衣裤。治疗车下层:医用垃圾桶、生活垃圾桶。

1.服务要求

(1)操作前洗手,不留长指甲,仪容仪表端庄。环境整洁。

(2)关好门窗,拉好床帘。

(3)评估长者身体情况,做好解释,取得长者配合。

(4)擦浴顺序:①双上肢:颈外侧→肩→手臂外侧→手背;胸外侧→腋下→手臂内侧→手心。②腰背部:颈下肩部→全背→臀部。③双下肢:髂骨→下肢外侧→足背;腹股沟→下肢内侧→内踝;臀下→大腿后侧→腘窝→足跟。每个部位擦拭完毕后,用大毛巾擦干皮肤,更换上衣、裤子。

(5)擦浴过程中,每侧3分钟,全程20分钟,注意观察局部皮肤情况和长者反应,若出现寒战、面色苍白、脉搏和呼吸异常,应立即停止,并及时通知医生。

(6)温水温度为 $32\sim34℃$,酒精浓度为 $25\%\sim35\%$,温度为 $30℃$ 左右,高龄长者温水或酒精的温度不宜过低,以稍低于体温为宜,遇寒战立即停止擦浴并保暖。

(7)降温时头部置冰袋,防脑充血;足底置热水袋,增强降温效应。

(8)擦浴后30分钟测量体温,若低于 $39℃$,取下头部冰袋,降温后记录在体温单上。

(9)操作熟练,每侧(四肢、腰背部)3分钟,总时间控制在 20 分钟内,以防继发效应。

(10)注意保护长者隐私,随时观察长者反应和病情。

(11)关爱长者,与长者有较好的沟通。

2.服务流程

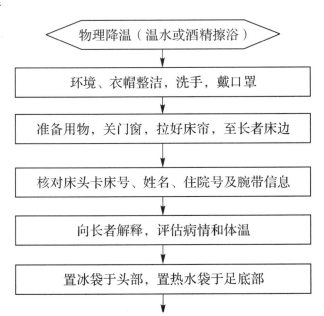

```
↓
┌─────────────────────────────────────────┐
│ 松盖被,脱一侧上衣,下垫大毛巾,用温水或酒 │
│ 精毛巾擦拭上肢:颈外侧→肩→手臂外侧→手 │
│ 背;胸外侧→腋下→手臂内侧→手心。用大毛巾 │
│ 擦干;同法擦拭另一侧                      │
└─────────────────────────────────────────┘
                    ↓
┌─────────────────────────────────────────┐
│ 取侧卧,腰背部下垫大毛巾,擦拭顺序:颈下肩 │
│ 部→全背→臀部。擦干,穿好上衣              │
└─────────────────────────────────────────┘
                    ↓
┌─────────────────────────────────────────┐
│ 脱裤子,一侧下肢下垫大毛巾,擦拭顺序:髂 │
│ 骨→下肢外侧→足背,腹股沟→下肢内侧→内 │
│ 踝,臀下→大腿后侧→腘窝→足跟,擦干;同 │
│ 法擦另一侧,穿上裤子                      │
└─────────────────────────────────────────┘
                    ↓
┌─────────────────────────────────────────┐
│      随时观察病情,擦浴后30分钟测体温      │
└─────────────────────────────────────────┘
                    ↓
┌─────────────────────────────────────────┐
│    整理床单位,安置长者,撤去冰袋、热水袋    │
└─────────────────────────────────────────┘
                    ↓
┌─────────────────────────────────────────┐
│            整理用物,记录                  │
└─────────────────────────────────────────┘
```

六、气垫床使用

目的 通过气柱的定时充气或放气使长者身体的着床部位不断变化,达到避免局部长期受压的目的,预防压疮。

适用 主要适用于长期卧床而无法自行翻身者,如昏迷、瘫痪、完全失能失智等长者。

用物 气垫床、充气泵、床单。

1.服务要求

(1)操作前洗手,不留长指甲,仪容仪表端庄。环境整洁。

(2)评估长者身体情况,做好解释,取得配合。

(3)检查气垫床有无破损和漏气,各部衔接是否完好,电源是否安全。

(4)铺气垫床的过程中注意固定在床边的各种引流装置,严防拔出。

(5)气垫床用后清洁应在充气状态进行,可用75%酒精擦拭,晾干后备用。

(6)平时加强学习,熟练掌握使用方法,在移动、保养、维修床垫时,应首先切断电源。

(7)使用气垫床的同时,仍要做好定时翻身,加强营养,保持床单位整洁干燥,避免皮肤局部受压过久引发压疮。

（8）关爱长者，与长者有较好的沟通。

2.服务流程

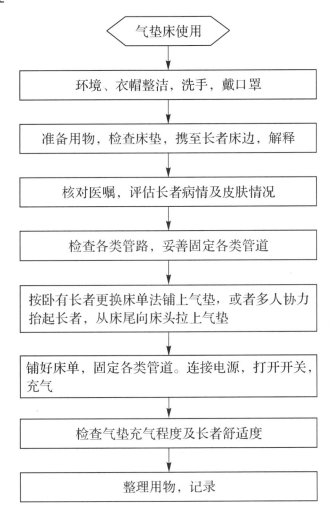

七、血压测量

目的　测量血压，监测血压动态变化，为预防、治疗、康复、护理提供依据。

适用　主要适用于护理院、公寓新入住长者或患有高血压病的长者，或者其他疾病需要监测血压者。

用物　血压计、听诊器、记录本。

1.服务要求

（1）操作前洗手，不留长指甲，仪容仪表端庄。环境整洁、安静。

（2）评估长者身体情况，做好解释，取得配合。

（3）定期检查血压计性能，保证测量值准确。

（4）测血压前长者需安静休息5～10分钟，运动、洗澡、情绪激动等休息30分钟后测量，测量时心理放松。

（5）血压监测做到"四定"：定部位、定体位、定血压计、定时间。一般于坐位测量右侧肱动脉血压。

（6）注意衣袖不过紧，袖带绑于上臂，下缘离肘窝2～3厘米，松紧适当，以能伸入一指为度。

（7）开展高血压预防、治疗的健康教育。

（8）关爱长者，与长者有较好的沟通。

2.服务流程

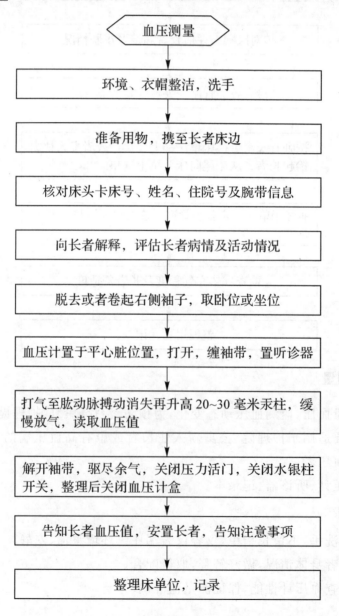

血压测量

↓

环境、衣帽整洁，洗手

↓

准备用物，携至长者床边

↓

核对床头卡床号、姓名、住院号及腕带信息

↓

向长者解释，评估长者病情及活动情况

↓

脱去或者卷起右侧袖子，取卧位或坐位

↓

血压计置于平心脏位置，打开，缠袖带，置听诊器

↓

打气至肱动脉搏动消失再升高20~30毫米汞柱，缓慢放气，读取血压值

↓

解开袖带，驱尽余气，关闭压力活门，关闭水银柱开关，整理后关闭血压计盒

↓

告知长者血压值，安置长者，告知注意事项

↓

整理床单位，记录

八、心电图测量

目的 用于观察和诊断各种心律失常、心肌病及冠状动脉供血情况，了解某些药物作用、电解质紊乱和内分泌疾病对心肌的影响，为治疗护理提供依据。

适用 主要用于心律失常、使用特殊药物、电解质紊乱或胸痛不适怀疑有心肌缺血的长者。

用物 检查单、心电图机、酒精棉球、治疗盘。

1.服务要求

(1)操作前洗手，不留长指甲，仪容仪表端庄。环境整洁。

(2)评估长者身体情况，做好解释，取得长者配合。

(3)定期检查心电图机，保证仪器性能完好。

(4)关好门窗，拉好床帘，暴露胸部，注意保暖，保护隐私。

(5)正确连接导连：①肢体导联：RA—右上肢；LA—左上肢；RL—右下肢；LL—左下肢。②胸导联：V_1—胸骨右缘第四肋间；V_2—胸骨左缘第四肋间；V_4—左锁骨中线第五肋间；V_3—V_2 与 V_4 连线中点；V_5—左腋前线与 V_4 同一水平；V_6—在腋中线与 V_4 同一水平。

(6)开机，待波形平稳后再按"开始"键进行记录。

(7)需在安静状态下进行心电测量，因肌肉活动会产生生物电，运动过大均会影响心电图。

(8)检查前避免饱饮、饱食、吃冷饮和抽烟，如有需要平静休息20分钟后再检查。

(9)确保受检者在检查时无手机、手表等电、磁、金属物接触。丝袜、衣裤会引起导电不良，帮要暴露受检者手腕、双下肢内侧，并松解衣扣。

(10)平时加强学习，熟练掌握操作方法，能分析常见的心电问题。高龄长者发生心肌梗死可无典型的胸痛。遇长者胸闷不适等症状，注意检查脉搏和心电图。

(11)关爱长者，与长者有较好的沟通。

2.服务流程

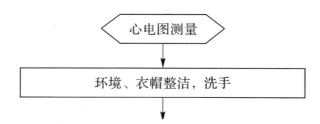

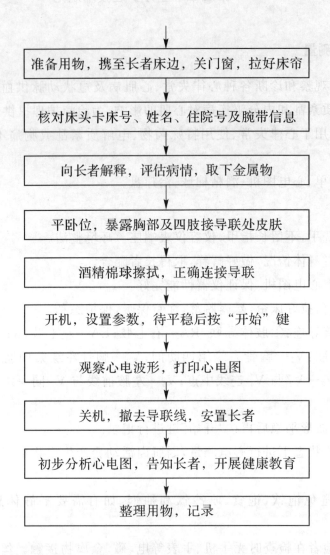

准备用物，携至长者床边，关门窗，拉好床帘

核对床头卡床号、姓名、住院号及腕带信息

向长者解释，评估病情，取下金属物

平卧位，暴露胸部及四肢接导联处皮肤

酒精棉球擦拭，正确连接导联

开机，设置参数，待平稳后按"开始"键

观察心电波形，打印心电图

关机，撤去导联线，安置长者

初步分析心电图，告知长者，开展健康教育

整理用物，记录

九、换药

目的　通过创口换药，清洁创面，去除坏死组织，畅通引流，促进组织愈合。

适用　护士执行的换药主要指体表创口（如压疮）的换药等。复杂创面和体腔内的引流等由医生执行。

用物　治疗车上层:治疗盘及一次性换药包（内含弯盘、消毒棉球、镊子、纱布）、胶布、绷带，必要时备引流袋、凡士林纱布、引流纱条。治疗车下层:生活垃圾桶、医用垃圾桶。

1.服务要求

（1）操作前洗手、戴口罩，不留长指甲，仪容仪表端庄。环境整洁。

（2）与长者沟通，做好解释，评估长者病情及创面情况。

（3）严格执行无菌操作原则，遵守操作规范。操作时两把镊子不可混用，一把夹无菌敷料，另一把接触创口敷料。消毒患处皮肤:左手持一把无菌镊子将消毒棉球传递给右手的镊子,用以擦洗创口周围皮肤。清洁创口先由创缘向外擦洗,化脓创口由外向创缘擦拭。消毒面积应大于敷料的面积,盖纱布应光面朝下,盖八层纱布以上,用胶布固定纱布。

(4)肉芽组织有一定抗感染能力,不需要在创口内应用抗生素。若需要创口用药,按医嘱执行。

(5)保持引流通畅,较深创口要保持创口底小口大,不形成死腔或假道而影响创口正常愈合。

(6)操作过程中应具有爱伤观念,动作规范、轻柔、熟练。注意长者保暖,保护隐私。

(7)注意观察长者体温及创口疼痛、渗出等情况,保持伤口敷料干燥,湿了要及时更换。

(8)关爱长者,与长者有较好的沟通。

2.服务流程

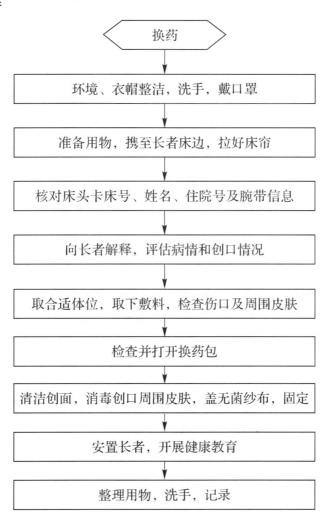

十、床单位终末消毒

目的 对床单位进行终末消毒,避免交叉感染。

适用 主要用于护理院及公寓长者转院、离院或者死亡后的床单位终末消毒。

用物 床单位消毒机及电源线、一次性床罩、含氯消毒液、毛巾、手套、水盆。

1.服务要求

(1)操作前洗手,不留长指甲,仪容仪表端庄。环境整洁。

(2)检查仪器的性能,床罩是否有破损。

(3)不要将床单位消毒机放在精密仪器旁和电磁场下,以免电磁干扰。消毒时无明火。

(4)对床档、桌面进行擦拭消毒,待完全干后再进行床单位消毒。

(5)在用床单位消毒机消毒前,关好门窗,请房间内所有人离开,消毒结束开窗通风。

(6)擦拭消毒用含氯消毒液,浓度为500毫克/升,现用现配。

(7)做好床单位消毒机登记,超过20000小时需更换臭氧发生器。

2.服务流程

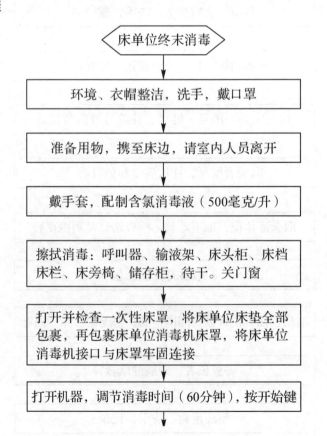

床单位终末消毒

↓

环境、衣帽整洁,洗手,戴口罩

↓

准备用物,携至床边,请室内人员离开

↓

戴手套,配制含氯消毒液（500毫克/升）

↓

擦拭消毒:呼叫器、输液架、床头柜、床档床栏、床旁椅、储存柜,待干。关门窗

↓

打开并检查一次性床罩,将床单位床垫全部包裹,再包裹床单位消毒机床罩,将床单位消毒机接口与床罩牢固连接

↓

打开机器,调节消毒时间（60分钟）,按开始键

↓

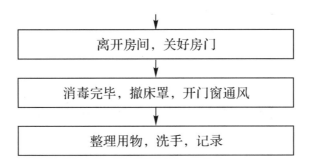

第二章 医疗护理技术操作评分标准

第一节 注射技术操作评分标准

一、皮内注射（药物过敏试验）

项目	分值	操作步骤及要求	评分等级				得分	备注
			A	B	C	D		
准备工作	15	仪容仪表整洁、大方,修剪指甲,洗手,戴口罩	5	4	3	2~0		
		关门窗,避免对流受凉,拉好床帘,保护隐私	5	4	3	2~0		
		备齐物品。治疗车上层:①注射盘:75%酒精、无菌干棉签;②无菌盘:抽吸好的药液、0.1%盐酸肾上腺素;③医嘱卡;④快速手消毒液。治疗车下层:锐器盒、医用垃圾桶、生活垃圾桶	5	4	3	2~0		
操作过程	55	携用物至床旁,核对床头卡床号、姓名、住院号及腕带信息,向长者解释,询问有无过敏史	8	6	5	4~0		
		取舒适卧位,评估并选择注射部位:前臂掌侧下 1/3 近尺侧,用 75%酒精消毒皮肤,待干	6	5	4	3~0		
		核对床号、姓名、药名、剂量、浓度、给药方法、时间、有效期	8	6	5	4~0		
		排注射器内气体,准确进针皮下注入药液 0.1 毫升,拔针。嘱勿按压注射部位,勿离开居室,观察 20 分钟	8	6	5	4~0		
		核对床号、姓名、药名、剂量、浓度、给药方法、时间、有效期	8	6	5	4~0		
		安置长者于舒适体位,整理用物	5	4	3	2~0		
		20 分钟后,双人观察判断皮试结果	6	5	4	3~0		
		记录结果于医嘱单上,双人签名,阳性者用红笔在病历、床头卡一览表等处做好标识,同时告知长者	6	5	4	3~0		

项目	分值	操作步骤及要求	评分等级				得分	备注
			A	B	C	D		
总体评价	10	动作轻、稳、熟练,遵守无菌操作技术和"三查八对"原则	4	3	2	1~0		
		关爱长者,与长者有很好的沟通	3	2	1	1~0		
		灵活处理有关情况	3	2	1	1~0		
注意事项	20	按照无菌操作原则,实行一人一针一筒	5	4	3	2~0		
		备好0.1%盐酸肾上腺素、氧气等急救用物	5	4	3	2~0		
		进针角度不能过大,以针头斜面全部进入皮内即可	5	4	3	2~0		
		注射后观察有无不良反应,交代注意事项,如长者有恶心、呕吐、呼吸困难、皮疹等现象立即报告医生,及时应急处理	5	4	3	2~0		
合计得分:								

二、皮下注射

项目	分值	操作步骤及要求	评分等级				得分	备注
			A	B	C	D		
准备工作	15	仪容仪表整洁、大方,修剪指甲,洗手,戴口罩	5	4	3	2~0		
		关门窗,避免对流受凉,拉好床帘,保护隐私	5	4	3	2~0		
		备齐物品。治疗车上层:①注射盘:复合碘消毒棉签、弯盘;②无菌盘、抽吸好的药液(按医嘱准备);③医嘱卡;④快速手消毒液。治疗车下层:锐器盒、医用垃圾桶、生活垃圾桶	5	4	3	2~0		
操作过程	55	携用物至床旁,核对床头卡床号、姓名、住院号及腕带信息,向长者解释,询问用药情况和病情	8	6	5	4~0		
		取舒适卧位,评估并选择注射部位,碘伏棉签消毒正确,待干	8	6	5	4~0		
		核对床号、姓名、药名、剂量、浓度、给药方法、时间、有效期	8	6	5	4~0		
		排气,快速准确进针,回抽,缓慢注入药液,迅速拔针,按压片刻	10	8	6	4~0		
		再次核对床号、姓名、药名、剂量、浓度、给药方法、时间、有效期	8	6	5	4~0		
		观察长者反应,询问感受,向长者进行用药指导	7	5	4	3~0		
		安置长者于舒适体位,整理用物、记录	6	5	4	3~0		

续表

项目	分值	操作步骤及要求	A	B	C	D	得分	备注
总体评价	10	动作轻、稳、熟练,遵守无菌技术原则	4	3	2	1～0		
		关爱长者,与长者有很好的沟通	3	2	1	1～0		
		灵活处理有关情况	3	2	1	1～0		
注意事项	20	按照无菌操作原则,严格遵守"三查八对"原则	5	4	3	2～0		
		选择注射部位时,应避开炎症、破溃或有肿块的部位	5	4	3	2～0		
		需长期注射的长者,应有计划地更换注射部位	5	4	3	2～0		
		过度消瘦者,需捏起局部组织,并减小穿刺角度	5	4	3	2～0		
合计得分:								

三、肌内注射

项目	分值	操作步骤及要求	A	B	C	D	得分	备注
准备工作	15	仪容仪表整洁、大方,修剪指甲,洗手,戴口罩	5	4	3	2～0		
		关门窗,避免对流受凉,拉好床帘,保护隐私	5	4	3	2～0		
		备齐物品。治疗车上层:①注射盘:复合碘消毒棉签、无菌干棉签;②无菌盘、抽吸好的药液(按医嘱准备);③医嘱卡;④快速手消毒液。治疗车下层:锐器盒、医用垃圾桶、生活垃圾桶	5	4	3	2～0		
操作过程	55	携用物至床旁,核对床头卡床号、姓名、住院号及腕带信息,向长者解释,询问用药情况及病情	5	4	3	2～0		
		取正确舒适体位,暴露注射部位,检查局部皮肤情况,注意保暖	5	4	3	2～0		
		碘伏棉签以注射点为圆心、直径≥5厘米消毒,待干	8	6	5	4～0		
		核对床号、姓名、药名、剂量、浓度、给药方法、时间、有效期	8	6	5	4～0		
		排气,准确、快速进针,回抽,缓慢注入药液,观察长者反应,询问感受	8	6	5	4～0		
		迅速拔针,无菌干棉签按压片刻,安置长者于舒适体位	8	6	5	4～0		
		再次核对床号、姓名、药名、剂量、浓度、给药方法、时间、有效期	8	6	5	4～0		
		观察用药后反应,开展健康教育,整理用物、记录	5	4	3	2～0		

续表

项目	分值	操作步骤及要求	评分等级 A	B	C	D	得分	备注
总体评价	10	动作轻、稳、熟练，遵守无菌技术原则	4	3	2	1～0		
		关爱长者，与长者有很好的沟通	3	2	1	1～0		
		灵活处理有关情况	3	2	1	1～0		
注意事项	20	按照无菌操作原则，实行一人一针一筒	5	4	3	2～0		
		掌握注射深度，避免将针梗全部刺入	5	4	3	2～0		
		选择注射部位时，应避开炎症、破溃或有肿块的部位	5	4	3	2～0		
		需长期注射的长者，应有计划地更换注射部位	5	4	3	2～0		
合计得分：								

四、静脉注射

项目	分值	操作步骤及要求	评分等级 A	B	C	D	得分	备注
准备工作	15	仪容仪表整洁、大方，修剪指甲，洗手，戴口罩	5	4	3	2～0		
		关门窗，避免对流受凉，拉好床帘，保护隐私	5	4	3	2～0		
		备齐物品。治疗车上层：①注射盘：复合碘消毒棉签、无菌干棉签、止血带、弯盘；②无菌盘、注射器及药液（按医嘱准备）、头皮针（或者留置针、连通管）；③医嘱卡；④快速手消毒液。治疗车下层：锐器盒、医用垃圾桶、生活垃圾桶	5	4	3	2～0		
操作过程	55	携用物至床旁，核对床头卡床号、姓名、住院号及腕带信息，向长者解释，询问有无过敏史	6	5	4	3～0		
		取舒适体位，选择静脉，评估血管弹性及穿刺部位皮肤情况	6	5	4	3～0		
		扎止血带，用复合碘棉签以注射点为圆心螺旋向外消毒，直径≥5厘米，待干	6	5	4	3～0		
		核对床号、姓名、药名、剂量、浓度、给药方法、时间、有效期	5	4	3	2～0		
		排气，嘱握拳，准确进针，见回血，再进少许	10	8	6	4～0		
		松止血带，松拳，固定针头，缓慢推注药液	6	5	4	3～0		
		注射完毕，迅速拔针，干棉签按压止血，观察长者反应，做好用药指导	6	5	4	3～0		
		再次核对床号、姓名、药名、剂量、浓度、给药方法、时间、有效期	5	4	3	2～0		
		安置长者于舒适体位，整理用物、记录	5	4	3	2～0		

续表

项目	分值	操作步骤及要求	评分等级				得分	备注
			A	B	C	D		
总体评价	10	动作轻、稳、熟练,遵守无菌技术原则	4	3	2	1~0		
		关爱长者,与长者有很好的沟通	3	2	1	1~0		
		灵活处理有关情况	3	2	1	1~0		
注意事项	20	按照无菌操作原则,实行一人一针一筒	5	4	3	2~0		
		注射宜缓慢、匀速,不可过快	5	4	3	2~0		
		选择粗直、弹性好、易于固定的静脉,避开关节和静脉瓣	5	4	3	2~0		
		确保药液注入血管内,避免将药液注入皮下组织	5	4	3	2~0		
合计得分:								

五、静脉输液

项目	分值	操作步骤及要求	评分等级				得分	备注
			A	B	C	D		
准备工作	15	仪容仪表整洁、大方,修剪指甲,洗手,戴口罩	4	3	2	1~0		
		关门窗,避免对流受凉,拉好床帘,保护隐私	4	3	2	1~0		
		备齐物品。①治疗车上层:注射盘、复合碘消毒棉签、无菌干棉签、弯盘、输液器及配好的液体(按医嘱准备)、止血带、胶布(输液敷贴)、输液记录单、快速手消毒液。静脉留置针输液法需另备静脉留置针一套、封管液(无菌生理盐水或稀释肝素溶液)。②治疗车下层:锐器盒、医用垃圾桶、生活垃圾桶。③输液架,必要时备小夹板、棉垫及绷带、输液泵、瓶套	7	6	5	4~0		
操作过程	55	携用物至床旁,核对床头卡床号、姓名、住院号及腕带信息,向长者解释,询问过敏史,协助如厕	5	4	3	2~0		
		挂好输液袋(瓶),连接输液器,排气	5	4	3	2~0		
		取舒适体位,选择合适静脉,于穿刺点上方6~10厘米,扎止血带,消毒皮肤,碘伏棉签以穿刺点为中心螺旋向外消毒2遍,直径≥5厘米,待干。如静脉留置针,消毒直径≥8厘米	5	4	3	2~0		
		核对床号、姓名、药名、剂量、浓度、给药方法、时间、有效期	5	4	3	2~0		

续表

项目	分值	操作步骤及要求	评分等级				得分	备注
			A	B	C	D		
操作过程	55	准备输液敷贴,排气,嘱握拳,与皮肤成 15°～30°进针,见回血再进少许,松止血带,松拳,打开输液器开关,观察滴入是否通畅,固定针头	10	8	6	4～0		
		调节滴速,填好巡视卡,先每分钟 20 滴左右观察 15 分钟,再调整到每分钟 40～60 滴	5	4	3	2～0		
		再次核对床号、姓名、药名、剂量、浓度、给药方法、时间、有效期	5	4	3	2～0		
		安置长者,放好呼叫铃	5	4	3	2～0		
		定期巡视,告之注意事项,做好用药指导(特殊药物和液体量小者 10～20 分钟,一级护理和危重长者 15～30 分钟,二、三级护理 30～60 分钟巡视一次)。观察长者全身反应及局部情况	5	4	3	2～0		
		规范处理用药,洗手,记录输液时间,签名。输液完毕,拔除针头,无菌干棉球压迫止血,敷贴粘贴,整理用物,洗手,记录	5	4	3	2～0		
总体评价	10	动作轻、稳、熟练,遵守无菌技术原则	4	3	2	1～0		
		关爱长者,与长者有很好的沟通	3	2	1	1～0		
		灵活处理有关情况	3	2	1	1～0		
注意事项	20	按照无菌操作原则,注意药物配伍禁忌	4	3	2	1～0		
		对长期输液长者应注意保护和合理使用静脉,昏迷长者输液必要时备夹板、绷带,扎止血带不宜过久	4	3	2	1～0		
		输液过程中加强巡视,观察长者全身反应,局部有无渗漏。及时发现及处理输液反应	4	3	2	1～0		
		抗生素必须现用现配,配药确保剂量准确	4	3	2	1～0		
		连续静脉滴注长者需每日更换输液器。在每瓶输注前记录输注时间并签名	4	3	2	1～0		
合计得分:								

六、静脉采血

项目	分值	操作步骤及要求	评分等级 A	B	C	D	得分	备注
准备工作	20	仪容仪表整洁、大方,修剪指甲,洗手,戴口罩,戴手套	4	3	2	1~0		
		关门窗,避免对流受凉。拉好床帘,保护隐私	4	3	2	1~0		
		核对医嘱、检验申请单、条形码、标本容器,在标本容器上贴好条形码	6	5	4	3~0		
		备齐物品。治疗车上层:注射盘、检验申请单、标签或条形码、复合碘消毒棉签、无菌干棉签、止血带、快速手消毒液、一次性密闭式双向采血针及真空采血管。治疗车下层:锐器盒、医用垃圾桶、生活垃圾桶	6	5	4	3~0		
操作过程	55	携用物至床旁,核对床头卡床号、姓名、住院号及腕带信息,向长者解释	7	6	5	4~0		
		取舒适体位,选择合适静脉,消毒,待干	7	6	5	4~0		
		核对床号、姓名、标签、检验项目、标本类型、抽血量及抽血时间等	6	5	4	3~0		
		嘱握拳,穿刺,见回血将采血器插入真空采血管直至需要量	10	8	6	4~0		
		拔针,按压1~2分钟	6	5	4	3~0		
		血培养标本轻轻摇匀。抗凝血标本,试管放掌中来回搓动5~10次	7	6	5	4~0		
		再次核对床号、姓名、标签、检验项目、标本类型、抽血量及抽血时间等	6	5	4	3~0		
		及时送检标本,整理用物,记录	6	5	4	3~0		
总体评价	10	动作轻、稳、熟练,遵守无菌技术原则	4	3	2	1~0		
		关爱长者,与长者有很好的沟通	3	2	1	1~0		
		灵活处理有关情况	3	2	1	1~0		
注意事项	15	血培养标本在抗生素使用前采集,采血过程中遵守无菌操作原则	5	4	3	2~0		
		抗凝血标本抽血后及时将试管放掌中来回搓5~10次,不要用力过大	5	4	3	2~0		
		采血结束,局部按压5分钟,预防出血或血肿	5	4	3	2~0		
合计得分:								

七、动脉采血

项目	分值	操作步骤及要求	A	B	C	D	得分	备注
准备工作	20	仪容仪表整洁、大方,修剪指甲,洗手,戴口罩	4	3	2	1~0		
		关门窗,避免对流受凉,拉好床帘,保护隐私	4	3	2	1~0		
		核对医嘱、检验申请单、条形码、动脉血气针、贴条形码	6	5	4	3~0		
		备齐物品。治疗车上层:①注射盘:动脉血气针、无菌干棉签、皮肤消毒棉签、无菌纱布、弯盘、一次性治疗巾;②快速手消毒液;③无菌手套;④检验申请单、条形码。治疗车下层:锐器盒、医用垃圾桶、生活垃圾桶	6	5	4	3~0		
操作过程	50	携用物至床旁,核对床头卡床号、姓名、住院号及腕带信息,向长者解释	5	4	3	2~0		
		取舒适体位,选择合适动脉,置一次性治疗巾,取无菌纱布	5	4	3	2~0		
		消毒皮肤,直径至少8厘米,戴无菌手套或者消毒操作者食指、中指皮肤	5	4	3	2~0		
		核对床号、姓名、医嘱单、检验单、条形码等	5	4	3	2~0		
		将血气针针栓拉到预设位置,去护针帽,左手食指和中指触到动脉搏动后定位,采血针与皮肤成45°~90°进针,见血后固定,血量到预设液面后拔针	10	8	6	4~0		
		拔针后用纱布加压止血5~10分钟。血气针针头刺入橡胶塞,针管颠倒混匀5次,手搓5秒	5	4	3	2~0		
		再次核对床号、姓名、医嘱单、检验单、条形码等	5	4	3	2~0		
		立即送检	5	4	3	2~0		
		整理用物、记录	5	4	3	2~0		
总体评价	10	动作轻、稳、熟练,遵守无菌技术原则	4	3	2	1~0		
		关爱长者,与长者有很好的沟通	3	2	1	1~0		
		灵活处理有关情况	3	2	1	1~0		
注意事项	20	一般选择桡动脉、股动脉穿刺,穿刺后加压止血,必要时加沙袋压迫止血。凝血功能障碍者慎用动脉穿刺,穿刺后加压止血时间延长	5	4	3	2~0		
		拔针后应立即将针头刺入橡皮塞内,避免注射器内出现气体	5	4	3	2~0		
		轻轻转动注射器,使肝素稀释液与血标本充分混合,防止凝血	5	4	3	2~0		
		立即送检。若外送检查,路途时间>15分钟,需用冰浴	5	4	3	2~0		
合计得分:								

八、微量法血糖测定

项目	分值	操作步骤及要求	评分等级				得分	备注
			A	B	C	D		
准备工作	15	仪容仪表整洁、大方,修剪指甲,洗手,戴口罩	4	3	2	1~0		
		检测血糖仪,查看血糖记录	6	5	4	3~0		
		备齐物品。①注射盘:血糖仪、血糖试纸、酒精棉签、干棉签、采血针;②快速手消毒液;③医嘱卡;④记录单。治疗车下层:锐器盒、医用垃圾桶、生活垃圾桶(查一次性用品质量和有效期)	5	4	3	2~0		
操作过程	55	携用物至床旁,核对床头卡床号、姓名、住院号及腕带信息,向长者解释,询问用餐时间或是否处于空腹状态	5	4	3	2~0		
		选中指、无名指、小指外缘"n"字形区域处采血,75%酒精消毒,待干	8	6	5	4~0		
		再次核对姓名、床号、住院号等	5	4	3	2~0		
		采血针头快速刺入皮肤,控制深度,弃去第一滴血	10	8	6	5~0		
		血糖试纸取血使试纸测试孔完全被血液充满,用干棉签压迫穿刺点止血	9	7	5	4~0		
		血糖仪测试,读取结果,告知长者血糖值,对长者进行健康教育	8	6	5	4~0		
		再次核对	5	4	3	2~0		
		整理用物、记录	5	4	3	2~0		
总体评价	10	动作轻、稳、熟练,遵守无菌技术原则	4	3	2	1~0		
		关爱长者,与长者有很好的沟通	3	2	1	1~0		
		灵活处理有关情况	3	2	1	1~0		
注意事项	20	勿使用碘酊(碘剂)消毒	5	4	3	2~0		
		妥善保存试纸,避免试纸发生污染及失效	5	4	3	2~0		
		操作前评估内容包括:长者的意识状态、手指处有无红肿、瘀斑、皮肤破损等情况,长者的合作程度有无特殊要求,长者进食后的量和时间是否符合要求	5	4	3	2~0		
		熟悉血糖值的影响因素,熟悉异常数值和错误操作的显示和处理	5	4	3	2~0		

合计得分:

第二节　给药技术操作评分标准

一、口服给药

项目	分值	操作步骤及要求	评分等级				得分	备注
			A	B	C	D		
准备工作	15	仪容仪表整洁、大方、修剪指甲、洗手、戴口罩	5	4	3	2~0		
		关门窗,避免对流受凉	5	4	3	2~0		
		备齐物品:药车、服药本、小药卡、饮水管、水壶(内盛温开水)	5	4	3	2~0		
操作过程	50	携用物至床旁,核对床头卡床号、姓名、住院号及腕带信息,向长者解释	7	6	4	3~0		
		评估长者病情及服药情况,服用强心苷者先测心率	6	5	4	3~0		
		核对床号、姓名、药名、剂量、浓度、给药方法、时间、有效期	6	5	4	3~0		
		倒好温开水,正确取药	7	6	4	3~0		
		取舒适体位,协助长者服药,并确认服下	6	5	4	3~0		
		再次核对床号、姓名、药名、剂量、浓度、给药方法、时间、有效期	6	5	4	3~0		
		安置长者,进行健康教育	7	6	4	3~0		
		整理用物、记录	5	4	3	2~0		
总体评价	10	动作轻、稳、熟练,严格遵守"三查八对"原则	4	3	2	1~0		
		关爱长者,与长者有很好的沟通	3	2	1	1~0		
		灵活处理有关情况	3	2	1	1~0		
注意事项	25	给卧床长者喂药时,应摇高床头或将其抱起,用小匙盛药,从长者嘴角慢慢喂入	5	4	3	2~0		
		发药时长者暂时不在或因故未服药者取回药并交接。做好护理员的培训,协助长者正确服药	5	4	3	2~0		
		正确服用药物:①健胃及增进食欲的药物宜饭前服,对胃黏膜有刺激的药物宜饭后服;②对呼吸道黏膜起安抚作用的止咳糖浆,服后不宜立即饮水;③对牙齿有腐蚀作用或染色的药物,如酸剂、铁剂可用吸水管服用,以免药物与牙齿接触,服药后及时漱口;④服用磺胺类药物后宜多饮水,以免因尿液不足而致磺胺结晶析出,引起肾小管堵塞;⑤有相互作用的药物不宜同时或短时间内服用,宜间隔服用;⑥强心苷类药物服用前应先测脉率及心率,心率低于60次/分,暂停服用,告知医师处理	10	8	6	5~0		
		用药匙取药,药丸放入药杯,液体药用清洁量杯量取,少量液体药物用滴管取药(1毫升约等于15滴)	5	4	3	2~0		
合计得分:								

二、氧气雾化吸入

项目	分值	操作步骤及要求	评分等级 A	B	C	D	得分	备注
准备工作	15	仪容仪表整洁、大方,修剪指甲,洗手,戴口罩	5	4	3	2~0		
		关门窗,避免对流受凉,拉好床帘,保护隐私	5	4	3	2~0		
		备齐物品。治疗车上层:氧气雾化器、吸氧装置一套(湿化瓶勿放水)、弯盘、药液(遵医嘱准备)、生理盐水。治疗车下层:锐器盒、医用垃圾桶、生活垃圾桶	5	4	3	2~0		
操作过程	55	携用物至床旁,核对床头卡床号、姓名、住院号及腕带信息,向长者解释,协助取舒适卧位	6	5	4	3~0		
		核对床号、姓名、药名、剂量、浓度、给药方法、时间、有效期	6	5	4	3~0		
		检查雾化器,药杯内加药至5毫升	6	5	4	3~0		
		连接好雾化器和输氧管,调节氧流量6~8升/分	6	5	4	3~0		
		协助长者戴雾化器面罩,用嘴深吸气,缓慢用鼻呼气。根据长者情况,调节氧流量以控制雾量	8	6	5	4~0		
		核对床号、姓名、药名、剂量、浓度、给药方法、时间、有效期	6	5	4	3~0		
		雾化结束,先移开雾化器,再关闭氧气开关	6	5	4	3~0		
		协助长者清洁面部、口腔	5	4	3	2~0		
		整理用物,吸氧装置及雾化器清洁消毒,记录	6	5	4	3~0		
总体评价	10	动作轻、稳、熟练,遵守"三查八对"原则	4	3	2	1~0		
		关爱长者,与长者有很好的沟通	3	2	1	1~0		
		灵活处理有关情况	3	2	1	1~0		
注意事项	20	教会长者深呼吸和有效咳嗽的方法,嘱长者多饮水	5	4	3	2~0		
		使用前检查雾化器的性能,检查氧气雾化面罩的有效期及性能	5	4	3	2~0		
		氧气湿化瓶不加水,按吸氧操作规范开、关氧气	5	4	3	2~0		
		雾化过程中观察长者的反应,雾量要适宜	5	4	3	2~0		
合计得分:								

三、舌下含服

项目	分值	操作步骤及要求	评分等级 A	B	C	D	得分	备注
准备工作	15	仪容仪表整洁、大方，修剪指甲，洗手，戴口罩	5	4	3	2～0		
		关门窗，避免对流受凉，拉好床帘，保护隐私	5	4	3	2～0		
		备齐物品：药车、服药本、小药卡、血压计、脉氧夹	5	4	3	2～0		
操作过程	55	携用物至床旁，核对床头卡床号、姓名、住院号及腕带信息，向长者解释	8	6	5	4～0		
		评估长者病情，测量长者血压、脉搏	8	6	5	4～0		
		核对床号、姓名、药名、剂量、浓度、给药方法、时间、有效期	8	6	5	4～0		
		指导长者将药物放于舌下含化吸收，嘱长者放松，避免咀嚼药物或将药物吞服	10	8	6	4～0		
		再次核对床号、姓名、药名、剂量、浓度、给药方法、时间、有效期	8	6	5	4～0		
		观察用药后反应，监测生命体征	8	6	5	4～0		
		整理用物、记录	5	4	3	2～0		
总体评价	10	动作轻、稳、熟练	4	3	2	1～0		
		关爱长者，与长者有很好的沟通	3	2	1	1～0		
		灵活处理有关情况	3	2	1	1～0		
注意事项	20	查看长者口腔、舌下黏膜，是否适宜用药	5	4	3	2～0		
		嘱长者不咀嚼或将药物吞服	5	4	3	2～0		
		遵嘱用药，味道强烈、刺激性大的药物不宜舌下含服	5	4	3	2～0		
		用药过程中观察长者的反应，心绞痛有无缓解，观察用药后反应，及时测量血压。若血压下降，胸痛不缓解，及时通知医师处理	5	4	3	2～0		
合计得分：								

四、管饲给药

项目	分值	操作步骤及要求	评分等级 A	B	C	D	得分	备注
准备工作	15	仪容仪表整洁、大方,修剪指甲,洗手,戴口罩	5	4	3	2～0		
		关门窗,避免对流受凉,拉好床帘,保护隐私	5	4	3	2～0		
		备齐物品:药车、服药本、小药卡、药物、研钵、温开水、水杯、灌注器、药杯、纱布、别针	5	4	3	2～0		
操作过程	55	携用物至床旁,核对床头卡床号、姓名、住院号及腕带信息,向长者解释	5	4	3	2～0		
		取半卧位,卧床长者摇高床头	5	4	3	2～0		
		查看鼻胃管刻度,检查插入深度、有无堵塞、滑脱、是否在胃内	8	6	5	4～0		
		核对床号、姓名、药名、剂量、浓度、给药方法、时间、有效期	5	4	3	2～0		
		将药物研碎,倒入药杯,加温开水溶解	6	5	4	3～0		
		先用灌注器缓慢灌注5毫升温开水,观察长者反应,将药液灌入,然后再灌100毫升左右温开水	10	8	6	5～0		
		管端塞好塞子或者反折夹住,用纱布包裹,用别针固定于肩部衣服上,再次核对	6	5	4	3～0		
		保持半卧位半小时,告知注意事项,观察病情	5	4	3	2～0		
		整理用物、记录	5	4	3	2～0		
总体评价	10	动作轻、稳、熟练	4	3	2	1～0		
		关爱长者,与长者有很好的沟通	3	2	1	1～0		
		灵活处理有关情况	3	2	1	1～0		
注意事项	20	灌注之前必须确认鼻胃管在胃内,并在灌药前先缓慢灌注5毫升温开水观察反应	5	4	3	2～0		
		给药后再灌100毫升左右温开水,利于药物吸收,同时也冲洗管腔	5	4	3	2～0		
		严格遵守查对制度,缓释剂不宜研碎服用,研钵干燥,保证药量准确	5	4	3	2～0		
		管饲后保持半卧位30分钟,观察长者反应	5	4	3	2～0		
合计得分:								

五、胰岛素注射

项目	分值	操作步骤及要求	A	B	C	D	得分	备注
准备工作	15	仪容仪表整洁、大方,修剪指甲,洗手,戴口罩	3	2	1	1~0		
		关门窗,避免对流受凉,拉好床帘,保护隐私	3	2	1	1~0		
		备齐物品。治疗车上层:注射盘、75%酒精、无菌干棉签、胰岛素注射笔、胰岛素笔芯、治疗卡。治疗车下层:锐器盒、医用垃圾桶、生活垃圾桶	4	3	2	1~0		
		从冰箱中取出胰岛素笔芯,室温中回温30分钟。检查胰岛素用量是否足够,检查有效期	5	4	3	2~0		
操作过程	55	携用物至床旁,核对床头卡床号、姓名、住院号及腕带信息,向长者解释,查看血糖,询问进餐情况	5	4	3	2~0		
		取舒适卧位,选择注射部位,消毒	5	4	3	2~0		
		核对床号、姓名、药名、剂量、浓度、给药方法、时间、有效期	5	4	3	2~0		
		胰岛素笔芯上下摇动,安装,换上针头,排气	8	6	5	4~0		
		捏起皮肤注射,进针,推药,停留10秒。如剂量>20U,停留20秒	10	8	6	4~0		
		拔针,用棉签轻压局部,不要按摩、揉搓	7	6	5	4~0		
		核对床号、姓名、药名、剂量、浓度、给药方法、时间、有效期	5	4	3	2~0		
		注射后30分钟内进食,向长者进行用药指导	5	4	3	2~0		
		整理用物、记录	5	4	3	2~0		
总体评价	10	动作轻、稳、熟练,遵守无菌技术原则	4	3	2	1~0		
		关爱长者,与长者有很好的沟通	3	2	1	1~0		
		灵活处理有关情况	3	2	1	1~0		
注意事项	20	注射部位宜选腹部、大腿前侧及外侧、上臂三角肌下缘。注意注射部位轮换,注意皮肤情况,如形成硬结及时处理	5	4	3	2~0		
		在冰箱中取出的胰岛素必须使其温度上升到室温方可使用,每次注射前宜将笔芯上下摇动,保证药液混匀,更换针头,未使用的胰岛素冷藏保存	5	4	3	2~0		
		用75%酒精消毒皮肤,遵守无菌技术原则	5	4	3	2~0		
		注射后30分钟内必须进食。注意观察疗效及低血糖等不良反应	5	4	3	2~0		
合计得分:								

六、直肠给药

项目	分值	操作步骤及要求	A	B	C	D	得分	备注
准备工作	15	仪容仪表整洁、大方,修剪指甲,洗手,戴口罩	5	4	3	2~0		
		关门窗,避免对流受凉,拉好床帘,保护隐私	5	4	3	2~0		
		备齐物品。治疗车上层:灌注器及药液、肛管(20号以下)、治疗碗、温开水、止血钳、润滑油、棉签、手套、弯盘、一次性治疗巾、快速手消毒液。治疗车下层:便盆、卫生纸、生活垃圾桶、医用垃圾桶	5	4	3	2~0		
操作过程	55	携用物至床旁,核对床头卡床号、姓名、住院号及腕带信息,向长者解释,评估病情,协助如厕	5	4	3	2~0		
		取左侧卧屈膝位,一次性治疗巾铺于垫枕上,垫于臀下	6	5	4	3~0		
		核对床号、姓名、药名、剂量、浓度、给药方法、时间、有效期	5	4	3	2~0		
		戴手套,肛管连接灌注器,润滑前段,排气,一手分开臀裂,一手将肛管轻轻插入15~20厘米	8	6	5	4~0		
		缓慢注入药液,再注入5~10毫升温开水,拔管	8	6	5	4~0		
		清洁肛周,脱手套,消毒双手,安排合适卧位	8	6	5	4~0		
		嘱长者尽量将药液保留1小时,开展健康教育	5	4	3	2~0		
		核对床号、姓名、药名、剂量、浓度、给药方法、时间、有效期	5	4	3	2~0		
		整理用物、记录	5	4	3	2~0		
总体评价	10	动作轻、稳、熟练,遵守无菌技术原则	4	3	2	1~0		
		关爱长者,与长者有很好的沟通	3	2	1	1~0		
		灵活处理有关情况	3	2	1	1~0		
注意事项	20	按医嘱准备药液,液量宜少,灌肠液液量不超过200毫升,温度38℃。灌注后再灌5~10毫升温开水,使肛管内药液全部灌入	4	3	2	1~0		
		保留灌肠宜在排便后、晚上睡眠前进行	4	3	2	1~0		
		宜选择细的肛管,插入深度略深,灌入速度宜慢,大于200毫升可采用滴注,小垫枕抬高臀部,尽量保留药液在1小时以上	4	3	2	1~0		
		根据疾病部位选择卧位,如慢性细菌性痢疾,病变多在乙状结肠和直肠,宜左侧卧位;阿米巴痢疾病变多在回盲部,宜取右侧卧位	4	3	2	1~0		
		肛门、直肠、结肠手术的长者和大便失禁者,不宜做保留灌肠	4	3	2	1~0		
合计得分:								

七、皮肤给药

项目	分值	操作步骤及要求	评分等级 A	B	C	D	得分	备注
准备工作	15	仪容仪表整洁、大方,修剪指甲,洗手,戴口罩	5	4	3	2～0		
		关门窗,避免对流受凉,拉好床帘,保护隐私	5	4	3	2～0		
		备齐物品:皮肤用药、棉签、弯盘,需要时备清洁皮肤用物和一次性垫布	5	4	3	2～0		
操作过程	50	携用物至床旁,核对床头卡床号、姓名、住院号及腕带信息,向长者解释,评估病情及局部皮肤情况	8	6	5	4～0		
		评估皮肤情况,协助清洁皮肤,用药部位下垫一次性垫布	8	6	5	4～0		
		核对床号、姓名、药名、剂量、浓度、用药方法、时间、有效期	6	5	4	3～0		
		溶液、糊剂、软膏、乳剂、酊剂等用棉签涂药,贴剂平整贴于皮肤上	8	6	5	4～0		
		交代注意事项,观察用药后反应	8	6	5	4～0		
		核对床号、姓名、药名、剂量、浓度、用药方法、时间、有效期	6	5	4	3～0		
		整理用物、记录	6	5	4	3～0		
总体评价	10	动作轻、稳、熟练,遵守无菌技术原则	4	3	2	1～0		
		关爱长者,与长者有很好的沟通	3	2	1	1～0		
		灵活处理有关情况	3	2	1	1～0		
注意事项	25	用药前对患侧皮肤进行热敷,可加强用药效果	4	3	2	1～0		
		除了伤口使用的贴剂外,避免贴于破损、感染、皮疹等部位,避免贴于皮肤皱褶处	4	3	2	1～0		
		使用皮肤贴剂时应使药膜平整,充分与皮肤接触,可按压2分钟	4	3	2	1～0		
		糊剂、软膏等也可涂于纱布上敷于局部,外加包扎	4	3	2	1～0		
		用药期间保持局部皮肤清洁、干燥	4	3	2	1～0		
		注意观察局部皮肤及全身反应,如出现局部红、肿、痛、痒等症状或全身异常症状,应立即停止,及时报告医师处理	5	4	3	2～0		
合计得分:								

八、静脉高营养

项目	分值	操作步骤及要求	评分等级 A	B	C	D	得分	备注
准备工作	15	仪容仪表整洁、大方,修剪指甲,洗手,戴口罩	5	4	3	2~0		
		关门窗,避免对流受凉	5	4	3	2~0		
		备齐物品:治疗车、治疗盘、配制好的营养液、高精输液器、碘伏棉签、医嘱单、输液卡、注射器、生理盐水	5	4	3	2~0		
操作过程	50	携用物至床旁,核对床头卡床号、姓名、住院号及腕带信息,向长者解释,评估病情	5	4	3	2~0		
		检查中心静脉导管是否通畅、深度,穿刺部位皮肤、敷贴粘贴情况	5	4	3	2~0		
		输液器插入营养袋、排气	6	5	4	3~0		
		核对床号、姓名、营养液名称、剂量、浓度、方法、时间,检查营养液有无沉淀等异常	4	3	2	1~0		
		消毒中心静脉导管口,用10毫升生理盐水冲管,确认中心静脉导管在静脉内	6	5	4	3~0		
		连接输液器至中心静脉导管,固定连接口,调节滴速,在营养液袋上记录输注时间并签名	6	5	4	3~0		
		再次核对床号、姓名、营养液名称、剂量、浓度、方法、时间	4	3	2	1~0		
		安置长者,说明注意事项,进行健康教育,定时巡视,观察病情	4	3	2	1~0		
		滴注完毕,用生理盐水正压封管	6	5	4	3~0		
		整理用物、记录	4	3	2	1~0		
总体评价	10	动作轻、稳、熟练,遵守无菌技术原则	4	3	2	1~0		
		关爱长者,与长者有很好的沟通	3	2	1	1~0		
		灵活处理有关情况	3	2	1	1~0		
注意事项	25	对长期静脉高营养的长者,保护好中心静脉导管,每周冲洗,更换透明敷贴,保证管路通畅	5	4	3	2~0		
		正确按序配制液体,注意配伍禁忌,避免电解质、微量元素直接加入脂肪乳中,以免引起水油分层	5	4	3	2~0		
		确认静脉导管在静脉内才可以输液	5	4	3	2~0		
		加强巡视,严防空气进入静脉造成栓塞,及时发现及处理输液并发症	5	4	3	2~0		
		每次更换输液袋,在每袋营养液袋上记录输注时间并签名	5	4	3	2~0		
合计得分:								

九、微量泵使用

项目	分值	操作步骤及要求	评分等级 A	B	C	D	得分	备注
准备工作	15	仪容仪表整洁、大方，修剪指甲，洗手，戴口罩	5	4	3	2～0		
		关门窗，避免对流受凉	5	4	3	2～0		
		备齐物品：微量泵及电源线、专用延长管、50毫升或20毫升注射器及药物、生理盐水、头皮针头、注射卡、治疗盘、快速手消毒液、医用垃圾桶、消毒棉签、敷贴	5	4	3	2～0		
操作过程	55	携用物至床旁，核对床头卡床号、姓名、住院号及腕带信息，向长者解释，评估病情，核对医嘱。如注射抗生素，则询问过敏史及用药史	5	4	3	2～0		
		微量泵放于合适位置，接通电源	5	4	3	2～0		
		生理盐水注射器接延长管，按静脉穿刺法进行静脉穿刺	8	6	5	4～0		
		药液注射器接延长管，排气后安于微量泵，调节速度，紧密连接针头上	8	6	5	4～0		
		核对医嘱，确认管路通畅，连接正确，确认微量泵设置，按启动键。贴注射卡，勿遮住刻度	8	6	5	4～0		
		安置长者，放好呼叫铃，交代微量泵相关注意事项，加强巡视，观察病情	8	6	5	4～0		
		药液注射完毕，按停止键，拔针，关微量泵电源	8	6	5	4～0		
		整理用物、记录	5	4	3	2～0		
总体评价	10	动作轻、稳、熟练，遵守无菌技术原则	4	3	2	1～0		
		关爱长者，与长者有很好的沟通	3	2	1	1～0		
		灵活处理有关情况	3	2	1	1～0		
注意事项	20	确保输液器和延接管连接紧密，接口处无气泡	5	4	3	2～0		
		输液过程中加强巡视，观察长者全身反应，局部有无渗漏，严防渗出皮下	5	4	3	2～0		
		有回血时，不可随意推注药物，以免药量太大进入体内引发严重后果，可用注射器抽取生理盐水进行推注，回血量大时需要更换延长管	5	4	3	2～0		
		将注射卡贴在注射器可视处，方便紧急情况下及时准确处置	5	4	3	2～0		

合计得分：

十、输液泵使用

项目	分值	操作步骤及要求	A	B	C	D	得分	备注
准备工作	15	仪容仪表整洁、大方,修剪指甲,洗手,戴口罩	4	3	2	1~0		
		关门窗,避免对流受凉,拉好床帘	4	3	2	1~0		
		备齐物品:输液泵及连接线、治疗车、医嘱单、输液卡及输液全套用物,检查输液泵	7	6	4	3~0		
操作过程	55	携用物至床旁,核对床头卡床号、姓名、住院号及腕带信息,向长者解释,评估病情	5	4	3	2~0		
		按输液法穿刺静脉和输液	8	6	5	4~0		
		将输液泵放置在合适位置,接通电源,将输液管置于管槽中,关泵门	8	6	5	4~0		
		设定输液泵滴速和输液量限定,设置报警	8	6	5	4~0		
		核对医嘱,确认输液泵设置,按压"开始/停止"键,开始输液	8	6	5	4~0		
		安置长者,放好呼叫铃,交代注意事项,加强巡视	5	4	3	2~0		
		输液结束,再次按压"开始/停止"键,停止输液,关电源,打开泵门,取出输液管	8	6	5	4~0		
		拔出针头,安置长者,整理用物、记录	5	4	3	2~0		
总体评价	10	动作轻、稳、熟练,遵守无菌技术原则	4	3	2	1~0		
		关爱长者,与长者有很好的沟通	3	2	1	1~0		
		灵活处理有关情况	3	2	1	1~0		
注意事项	20	熟悉输液泵的工作原理,熟练掌握使用方法和报警处置	5	4	3	2~0		
		定期清洁、消毒和检查输液泵,保证仪器清洁,性能完好,电量充足	5	4	3	2~0		
		不随意移动输液泵,避免输液肢体活动过大,防止输液管道因牵拉而脱出和输液泵电源线因牵拉而脱落	5	4	3	2~0		
		输液过程中加强巡视,观察长者全身反应,局部有无渗漏。及时处理故障	5	4	3	2~0		
合计得分:								

第三节　置管与灌注技术操作评分标准

一、鼻饲

项目	分值	操作步骤及要求	评分等级 A	B	C	D	得分	备注
准备工作	15	仪容仪表整洁、大方,修剪指甲,洗手,戴口罩	4	3	2	1~0		
		关门窗,避免对流受凉,拉好床帘	4	3	2	1~0		
		备齐物品。治疗车上层:治疗盘、无菌鼻饲包(内有治疗碗、镊子、止血钳、压舌板、纱布、胃管、50毫升注射器、治疗巾)、液体石蜡、棉签、弯盘、水杯、温开水、胶布、别针、手电筒、听诊器、鼻饲流食(温度38~40℃)、快速手消毒液。治疗车下层:医用垃圾桶、生活垃圾桶、固定带	7	6	4	3~0		
操作过程	55	携用物至床旁,核对床头卡床号、姓名、住院号及腕带信息,向长者解释	4	3	2	1~0		
		取坐位或半卧位,评估病情和鼻腔情况,取下活动性义齿,清洁鼻腔	4	3	2	1~0		
		打开鼻饲包,治疗巾铺于颌下及胸前,上置弯盘,内放1把镊子、液体石蜡及纱布	4	3	2	1~0		
		标记胃管长度,用液体石蜡或生理盐水润滑	4	3	2	1~0		
		一手持纱布托胃管,一手持镊子夹住胃管,从鼻腔轻轻插入10~15厘米,长者头部前倾使下颌靠近胸骨,嘱吞咽,趁长者咽下动作时推送胃管经过咽喉部,插入预定长度	7	6	4	3~0		
		确认胃管在胃内,做好固定。标记留置时间、深度并签名	6	5	4	3~0		
		注射器抽吸胃管,见胃液后再缓慢注入5毫升温开水,观察反应	6	5	4	3~0		
		测量鼻饲液温度,缓慢注入鼻饲液200毫升	6	5	4	3~0		
		注入10~20毫升温开水冲洗胃管,管端夹闭,用纱布包好,用别针固定于衣领	6	5	4	3~0		
		保持半坐卧位半小时,告之注意事项	4	3	2	1~0		
		清洗灌注器,放于治疗碗内,用纱布盖好,整理用物,做好标识,记录	4	3	2	1~0		

续表

项目	分值	操作步骤及要求	评分等级 A	B	C	D	得分	备注
总体评价	10	动作轻、稳、熟练	3	2	1	1~0		
		灵活处理有关情况	3	2	1	1~0		
		关爱长者,与长者有很好的沟通	4	3	2	1~0		
注意事项	20	鼻饲者每日做口腔护理2次	4	3	2	1~0		
		每次灌注前都必须确认胃管在胃内,每次灌注前都必须先测量灌注液温度,痰多者先吸痰再喂饲	4	3	2	1~0		
		合理固定管端,翻身、护理操作前先固定管道,防止拔出	4	3	2	1~0		
		长期鼻饲长者要定期更换胃管,硅胶胃管可以每月换一次。一般于晚间鼻饲后拔管,次晨从另一鼻腔插入	4	3	2	1~0		
		鼻饲量每次200毫升为宜,灌注速度宜慢	4	3	2	1~0		

合计得分:

二、肠内营养泵使用

项目	分值	操作步骤及要求	评分等级 A	B	C	D	得分	备注
准备工作	15	仪容仪表整洁、大方,修剪指甲,洗手,戴口罩	5	4	3	2~0		
		关门窗,避免对流受凉,拉好床帘	5	4	3	2~0		
		备齐物品。治疗车上层:治疗盘、肠内营养液、肠内营养泵、专用输注器、肠内营养液卡、50毫升注射器、温开水、听诊器、输注卡。治疗车下层:医用垃圾桶、生活垃圾桶	5	4	3	2~0		
操作过程	60	携用物至床旁,核对床头卡床号、姓名、住院号及腕带信息,向长者解释	4	3	2	1~0		
		评估长者病情,询问有无腹痛、腹胀等情况	4	3	2	1~0		
		协助长者取半卧位(抬高床头30°~45°),铺治疗巾于颌下,并取注射器检查胃内潴留量(若胃潴留量大于100毫升,则应减慢或暂停)	4	3	2	1~0		

项目	分值	操作步骤及要求	评分等级				得分	备注
			A	B	C	D		
操作过程	60	将专用输注器插入营养液瓶,关闭开关,挂于输液架上	4	3	2	1~0		
		妥善安置固定营养泵,连接电源,打开泵门,安装输注管,排气	8	6	4	2~0		
		设置输注量、输注速度(首次输注开始时为 20~50 毫升/小时,逐渐增加,一般成人为 50~100 毫升/小时)和温度(37℃左右)	8	6	4	2~0		
		检查胃管、鼻肠管、造瘘管插入刻度,检查是否通畅,确认在胃肠内	8	6	4	2~0		
		缓慢注入温开水5毫升,观察反应	8	6	4	2~0		
		核对医嘱,确认营养泵设置,输注器连接胃肠内营养管,按启动键	4	3	2	1~0		
		观察病情,交代注意事项,注意有无恶心、呕吐、腹胀等不适,调整输注速度	4	3	2	1~0		
		整理用物、记录	4	3	2	1~0		
总体评价	10	动作轻、稳、熟练	4	3	2	1~0		
		灵活处置有关情况	3	2	1	1~0		
		关爱长者,与长者有很好的沟通	3	2	1	1~0		
注意事项	15	输注前必须先确认胃肠管或造瘘管在胃肠内,再注5毫升温开水观察反应,泵入过程中如果长者出现呛咳、呼吸困难、发绀等,应立即停止泵入并报告医生	5	4	3	2~0		
		注意输注速度和营养液的温度	4	3	2	1~0		
		护理操作时,先固定胃肠管、造瘘管,做好标识,严防意外拔出	3	2	1	1~0		
		熟练掌握肠内营养泵的使用方法和报警处置。每天用75%酒精棉球擦拭消毒	3	2	1	1~0		
合计得分:								

三、大量不保留灌肠

项目	分值	操作步骤及要求	评分等级 A	B	C	D	得分	备注
准备工作	10	仪容仪表整洁、大方，修剪指甲，洗手，戴口罩	3	2	1	0.5		
		关门窗，避免对流受凉，拉好床帘，保护隐私	3	2	1	0.5		
		备齐物品。治疗车上层：一次性灌肠包（灌肠筒及管道、肛管、孔巾、垫巾、手套）、纱布、液体石蜡、医嘱执行本、弯盘、水温计、卫生纸、手套、快速手消毒液、灌肠液、输液架。治疗车下层：便盆、生活垃圾桶、医用垃圾桶	4	3	2	1~0		
操作过程	65	携用物至床旁，核对床头卡床号、姓名、住院号及腕带信息	4	3	2	1~0		
		询问长者身体情况、大便情况、有无灌肠经历、肠道疾病，向长者解释灌肠过程和配合方法	5	4	3	2~0		
		移到右侧床沿，褪裤于膝部，屈膝左侧卧位	6	5	4	3~0		
		打开灌肠包，将垫布铺于臀下，弯盘置旁边，孔巾盖于臀部	8	6	4	2~0		
		取灌肠筒，倒入灌肠液，测量温度，挂输液架上，调整高度为40~60厘米，连接肛管	8	6	4	2~0		
		戴手套，用液体石蜡润滑肛管前端，排气，夹紧调节器	6	5	4	3~0		
		嘱深呼吸放松。一手持卫生纸分开臀部暴露肛门，一手持肛管插入7~10厘米，固定肛管	8	6	4	2~0		
		打开调节器，调节流速，缓慢灌注。观察长者情况，嘱深呼吸放松	6	5	4	3~0		
		灌毕，夹紧调节器，一手拿卫生纸包裹，另一手轻轻拔管，擦净肛门，脱手套，撤去用物，洗手	6	5	4	3~0		
		保留5~10分钟，协助排便	4	3	2	1~0		
		整理用物、记录	4	3	2	1~0		
总体评价	10	动作轻、稳、熟练	4	3	2	1~0		
		灵活处理有关情况	3	2	1	1~0		
		关爱长者，与长者有很好的沟通	3	2	1	1~0		
注意事项	15	遵嘱选用灌肠溶液，长者通便作用的灌肠液温度以接近体温为宜，液量不宜过大，灌肠速度宜慢	5	4	3	2~0		
		腹胀或便意重者，嘱深呼吸放松腹部，并降低灌肠筒的高速或减慢流速，灌后尽量保留5~10分钟	5	4	3	2~0		
		出现脉速、面色苍白、出冷汗、剧烈腹痛、心慌气急等立即停止灌肠并处理。急腹症、消化道出血、严重心脑血管疾病患者禁忌灌肠	5	4	3	2~0		
合计得分：								

四、胃肠减压

项目	分值	操作步骤及要求	A	B	C	D	得分	备注
准备工作	15	仪容仪表整洁、大方,修剪指甲,洗手,戴口罩	5	4	3	2～0		
		关门窗,避免对流受凉,拉好床帘	5	4	3	2～0		
		备齐物品。治疗车上层:治疗盘、胃管、弯盘(内放纱布2块、镊子1把)、20毫升注射器、石蜡棉球、一次性无菌手套、治疗巾、棉签、胶布、别针、听诊器、治疗卡、管道标识、胃肠减压器。治疗车下层:生活垃圾桶、医用垃圾桶	5	4	3	2～0		
操作过程	50	携用物至床旁,核对床头卡床号、姓名、住院号及腕带信息,评估长者病情,向长者解释	4	3	2	1～0		
		检查负压吸引器装置	4	3	2	1～0		
		按鼻饲法插好胃管,妥善固定	8	6	4	2～0		
		检查并确认胃管在胃肠内	8	6	4	2～0		
		胃肠减压器接电源,正确连接管道	8	6	4	2～0		
		核对、确认,打开负压吸引开关	6	5	4	3～0		
		观察引流是否通畅,观察引流液颜色、量及性状,观察病情	4	3	2	1～0		
		导管标识处注明名称、时间、深度	4	3	2	1～0		
		安置舒适卧位,整理用物,记录	4	3	2	1～0		
总体评价	10	动作轻、稳、熟练	4	3	2	1～0		
		灵活处理有关情况	3	2	1	1～0		
		关爱长者,与长者有很好的沟通	3	2	1	1～0		
注意事项	25	负压引流前,检查减压装置是否密闭,吸引管与排水管连接是否正确。电动吸引器的收集瓶内吸出的液体应及时倒掉,液面不可超过瓶子的2/3,严防将水吸入吸引器内而损坏马达	5	4	3	2～0		
		妥善固定引流管,防止滑脱,保持负压引流状态,引流通畅。应定时用温开水冲洗胃管,以免堵塞	5	4	3	2～0		
		每日更换负压吸引瓶,观察并记录引流液颜色、性状、量,观察胃肠功能恢复情况	5	4	3	2～0		
		保持口腔清洁,每日口腔护理至少2次。减压期间应禁止进食和饮水,如必须经口服药者,应在服药后停止减压2小时	5	4	3	2～0		
		拔管时,应停止负压吸引后再拔出,以防损伤消化道黏膜	5	4	3	2～0		
合计得分:								

五、结肠造口灌洗

项目	分值	操作步骤及要求	A	B	C	D	得分	备注
准备工作	10	仪容仪表整洁、大方,修剪指甲,洗手,戴口罩	3	2	1	1~0		
		关门窗,避免对流受凉,拉好床帘	3	2	1	1~0		
		备齐物品。治疗车上层:治疗盘、一件式造口灌洗套件(内含灌注袋、锥形灌洗头、袖状引流袋、夹子、腰带)、液体石蜡、温水1000毫升(温度为38~40℃)、清洁手套2双、纱布数块、尿垫、贴造口袋用物1套、卫生纸。治疗车下层:便盆、医用垃圾桶、生活垃圾桶	4	3	2	1~0		
操作过程	60	携用物至床旁,核对床头卡床号、姓名、住院号及腕带信息,向长者解释操作的目的、方法,指导配合等	3	2	1	0.5		
		评估病情及造口情况,协助取坐位或造口侧卧位,将尿垫铺于同侧腰臀部	3	2	1	0.5		
		将灌洗袋挂于输液架上,调节高度至45~60厘米,排气	3	2	1	0.5		
		戴手套,暴露造口,取下原造口袋,清洁造口及周围皮肤,脱手套	5	4	3	2~0		
		袖状引流袋用腰带固定于造口处,将远端开口置于便盆内	5	4	3	2~0		
		操作者戴手套,食指涂少量液体石蜡,缓慢插入造口内,探明结肠走向,在锥形灌洗头涂少许液体石蜡,缓慢插入造口中	6	5	4	3~0		
		开放调节器,控制流速和灌洗量,以50毫升/分左右,灌入500~1000毫升温开水	5	4	3	2~0		
		观察长者耐受情况,如有便意,嘱长者深呼吸,适当放低灌洗袋,减慢速度	5	4	3	2~0		
		灌洗完毕,先关紧调节器,停留3~5分钟再拔出锥形灌洗头	5	4	3	2~0		
		妥善固定袖式引流袋,指导长者活动20分钟,协助排便,去除袖状引流袋	5	4	3	2~0		
		清洁造口及周围皮肤;脱手套;按要求装上造口袋	6	5	4	3~0		
		整理长者衣服及床单位,置舒适卧位,备好便盆	3	4	3	2~0		
		观察排出液;有不适情况及时报告	3	4	3	2~0		
		整理用物、洗手、记录	3	2	1	0.5		

项目	分值	操作步骤及要求	评分等级				得分	备注
			A	B	C	D		
总体评价	10	动作轻、稳、熟练	4	3	2	1~0		
		灵活处理有关情况	3	2	1	1~0		
		关爱长者,与长者有很好的沟通	3	2	1	1~0		
注意事项	20	嘱长者避免辛辣、刺激性、易产气、易激惹的食物与饮料	4	3	2	1~0		
		注意造口处皮肤护理:定时清洗、保护皮肤,清洗动作轻柔,避免损伤造口处肠黏膜。正确安装更换造口袋。如有皮疹、糜烂、出血等情况,及时告知医生,及时处理	4	3	2	1~0		
		灌洗不畅原因,可能是灌洗圆锥头异位或大便干结堵塞,可以校正灌洗圆锥头位置、去除大便干结	4	3	2	1~0		
		灌洗前必须测量水温,严防烫伤黏膜	4	3	2	1~0		
		灌洗流量适宜,均匀,长者感到腹胀时即需停止,成人一般为 500~1000 毫升,高龄长者量宜小些,速度宜慢些	4	3	2	1~0		
合计得分:								

六、更换肠造口袋

项目	分值	操作步骤及要求	评分等级				得分	备注
			A	B	C	D		
准备工作	10	仪容仪表整洁、大方,修剪指甲,洗手,戴口罩	3	2	1	1~0		
		关门窗,避免对流受凉,拉好床帘	3	2	1	1~0		
		备齐物品。治疗车上层:膀胱冲洗液、冲洗装置、一次性引流袋、尿垫、手套及血管钳、碘伏消毒液、棉签、快速手消毒液。治疗车下层:便盆及便盆巾、生活垃圾桶、医用垃圾桶	4	3	2	1~0		
操作过程	60	携用物至床旁,核对床头卡床号、姓名、住院号及腕带信息,向长者解释操作的目的、方法,指导配合	5	4	3	2~0		
		评估长者身体情况、造口袋型号、造口袋底盘有无渗漏。协助取合适体位,暴露造口处,下垫尿垫,放置弯盘	5	4	3	2~0		
		戴手套,观察排泄物的性状及量	5	4	3	2~0		

续表

项目	分值	操作步骤及要求	评分等级 A	B	C	D	得分	备注
操作过程	60	脱下造口袋。一件式：一手轻轻固定皮肤,另一手由上向下轻柔摘下旧袋底盘。二件式：一手固定底盘,另一手解开锁扣,向上向外提起造口袋,用纸巾擦拭造口周围排泄物,再一手固定皮肤,一手由上向下摘下底盘。对折造口袋底盘,放入垃圾桶。脱手套	8	6	5	4~0		
		检查造口黏膜颜色、造口周围皮肤情况,特别是造口袋底盘处皮肤	4	3	2	1~0		
		用纸巾由外到内清除造口排出物,再以温水棉球清洁皮肤;要轻拍造口黏膜,勿用力擦拭,以免黏膜出血;让皮肤充分干燥,必要时涂保护膜和护肤粉	8	6	4	3~0		
		重新戴手套,用造口尺测量造口大小、形状,并做记号;修剪底盘,需比测量的造口尺寸大1~2厘米	5	4	3	2~0		
		撕去底盘粘贴面上的保护纸,由下而上粘贴造口袋底盘,并用手由内而外、由上至下按顺时针方向按压底盘,扣上造口袋,方向正确	5	4	3	2~0		
		排尽造口袋空气,用夹子夹紧袋尾部,在造口袋上注明更换时间	5	4	3	2~0		
		安置长者,开展健康教育	5	4	3	2~0		
		整理用物、洗手、记录	5	4	3	2~0		
总体评价	10	动作轻、稳、熟练	4	3	2	1~0		
		灵活处理有关情况	3	2	1	1~0		
		关爱长者,与长者有很好的沟通	3	2	1	1~0		
注意事项	20	动作轻柔,避免损伤造口黏膜和周围皮肤	4	3	2	1~0		
		不同材质的造口袋,其使用时间不同,通常3~7天,更换造口袋的时间尽量选择在清晨未饮水时,如发现造口袋不能有效粘贴或者底盘下面有渗漏时,应立即更换造口袋	4	3	2	1~0		
		每次更换底板时,要测量造口大小,避免造口裁剪过大或过小,过大则皮肤与排泄物接触引起粪溢性皮炎;过小则会压迫造口,不断刺激肠壁,易引起肉芽增生	4	3	2	1~0		
		定期观察造口处的皮肤有无红肿、出血、坏死、皮肤黏膜分离、回缩,及时发现这些异常,及时处理	4	3	2	1~0		
		指导饮食,开展造口控便能力训练	4	3	2	1~0		
合计得分：								

七、膀胱冲洗

项目	分值	操作步骤及要求	A	B	C	D	得分	备注
准备工作	10	仪容仪表整洁、大方,修剪指甲,洗手,戴口罩	3	2	1	1～0		
		关门窗,避免对流受凉,拉好床帘	3	2	1	1～0		
		备齐物品。治疗车上层:膀胱冲洗液、冲洗装置、一次性引流袋、尿垫、手套及血管钳、碘伏消毒液、棉签、快速手消毒液。治疗车下层:便盆及便盆巾、生活垃圾桶、医用垃圾桶	4	3	2	1～0		
操作过程	60	携用物至床旁,核对床头卡床号、姓名、住院号及腕带信息,向长者解释操作的目的、方法和配合方法等	4	3	2	1～0		
		评估长者病情及排尿情况,检查导尿管是否通畅,开放导尿管,排空膀胱	4	3	2	1～0		
		协助取合适体位,臀下垫尿垫	4	3	2	1～0		
		将膀胱冲洗液挂于输液钩上,调节高度,并悬挂膀胱冲洗标识,排气后关闭调节器	8	6	4	2～0		
		洗手、戴手套。夹闭导尿管,消毒导尿管连接处。三腔气囊导尿管一头连接冲洗管,另一头连接引流袋	8	6	4	2～0		
		冲洗:关闭引流管,打开冲洗管开关,使溶液滴入膀胱,调节速度至60～80滴/分	6	5	4	3～0		
		滴入200～300毫升后关闭冲洗管,打开引流管开关,待冲洗液全部引流出后夹闭引流管	8	6	4	2～0		
		观察引流液颜色及量,必要时反复冲洗	4	3	2	1～0		
		冲洗毕,取下冲洗管,消毒导尿管接口,必要时更换引流管	6	5	4	3～0		
		清洁外阴,固定导尿管,安置舒适卧位	4	3	2	1～0		
		整理用物、记录	4	3	2	1～0		
总体评价	10	动作轻、稳、熟练,遵守无菌技术原则	4	3	2	1～0		
		灵活处理有关情况	3	2	1	1～0		
		关爱长者,与长者有很好的沟通	3	2	1	1～0		
注意事项	20	冲洗时加强观察,如有不适,嘱长者深呼吸放松,根据长者反应适当减缓冲洗速度和减少冲洗量	5	4	3	2～0		
		严格执行无菌技术操作规范,防止逆流	5	4	3	2～0		
		冬季冲洗溶液适当加温(38～40℃)	5	4	3	2～0		
		冲洗时注意观察导尿管引流是否通畅,注意与灌入量是否平衡	5	4	3	2～0		
合计得分:								

八、导尿

项目	分值	操作步骤及要求	评分等级 A	B	C	D	得分	备注
准备工作	15	仪容仪表整洁、大方,修剪指甲,洗手,戴口罩	3	2	1	1~0		
		关门窗,避免对流受凉,拉好床帘	3	2	1	1~0		
		备齐物品。治疗车上层:一次性导尿包(内有:①外阴消毒包:小方盘、内盛数个消毒液棉球袋、镊子、纱布、手套;②导尿包:手套、洞巾、弯盘、气囊导尿管、内盛4个消毒液棉球袋、镊子2把、自带无菌液体的10毫升注射器、润滑油棉球袋、标本瓶、纱布、集尿袋、方盘、外包治疗巾)、快速手消毒液、一次性垫巾、浴巾。治疗车下层:生活垃圾桶、医用垃圾桶、便盆	4	3	2	1~0		
		检查一次性导尿包及有效期	5	4	3	2~0		
操作过程	55	携用物至床旁,核对床头卡床号、姓名、住院号及腕带信息,向长者解释操作的目的、方法,指导配合等	4	3	2	1~0		
		评估长者身体情况、排尿情况,评估膀胱充盈度	3	2	1	1~0		
		协助脱去对侧裤腿盖在近侧腿上,对侧盖浴巾,取屈膝仰卧位,暴露外阴,铺好垫巾,洗手	4	3	2	1~0		
		检查并打开一次性导尿包,取出外阴消毒包,左手戴手套,右手持镊子夹碘伏棉球	3	2	1	1~0		
		初步消毒:阴阜、大阴唇、小阴唇及尿道口,消毒顺序由外向内、由上至下,每个棉球限用一次	6	5	4	3~0		
		撤去外阴消毒包,脱手套,用快速手消毒液洗手	3	2	1	1~0		
		将导尿包放在两腿间,按无菌操作原则打开。戴无菌手套,铺洞巾,准备消毒盘和润滑尿管	6	5	4	3~0		
		再次消毒:用左手分开小阴唇,右手持镊子夹取消毒棉球自上而下、由内向外,分别消毒尿道口→对侧小阴唇→近侧小阴唇→尿道口	6	5	4	3~0		
		导尿:右手持镊子夹持尿管,插入4~6厘米,见尿插入1厘米,气囊内注入无菌水10毫升	8	6	4	2~0		
		连接集尿袋,妥善固定,尿袋固定于低于膀胱的床栏下,开放导尿管引流,做好导管标识	6	5	4	3~0		
		观察:尿液的颜色及量(首次引流量应小于1000毫升)	3	2	1	1~0		
		脱去手套,协助穿裤,摆好体位,整理床单位。洗手,整理用物,记录	3	2	1	1~0		

项目	分值	操作步骤及要求	评分等级 A	B	C	D	得分	备注
总体评价	10	动作轻、稳、熟练,遵守无菌技术原则	4	3	2	1~0		
		灵活处理有关情况	3	2	1	1~0		
		关爱长者,与长者有很好的沟通	3	2	1	1~0		
注意事项	20	女性初次消毒顺序:由上至下,由外向内;再次消毒顺序:尿道口→小阴唇→尿道口,每个棉球限用一次。男性消毒顺序:先消毒阴阜、阴茎、阴囊;再后推暴露尿道口,自尿道口旋转擦拭消毒尿道口、龟头及冠状沟	5	4	3	2~0		
		大量尿潴留时第一次导尿量不应超过 1000 毫升,以防腹压突然下降引起虚脱,膀胱黏膜充血、出血	5	4	3	2~0		
		留置导尿管时须妥善固定,尿管不扭曲,保持通畅,引流袋低于膀胱位,保持会阴部清洁,观察尿液情况,鼓励长者多饮水	5	4	3	2~0		
		长期留置导尿管每周更换一次,每天进行会阴护理,防止感染。根据病情夹管训练膀胱功能	5	4	3	2~0		

合计得分:

九、更换引流袋

项目	分值	操作步骤及要求	评分等级 A	B	C	D	得分	备注
准备工作	10	仪表大方,衣帽整洁,修剪指甲,洗手,戴口罩	3	2	1	1~0		
		关门窗,避免对流受凉,拉好床帘	3	2	1	1~0		
		备齐用物:治疗车、治疗盘、碘伏消毒液、棉签、血管钳1把、一次性引流袋1只、消毒弯盘2只(内放消毒纱布1块、镊子1把)	4	3	2	1~0		

续表

项目	分值	操作步骤及要求	评分等级				得分	备注
			A	B	C	D		
操作过程	60	携用物至床旁,核对床头卡床号、姓名、住院号及腕带信息,向长者解释,取半卧位或平卧位	5	3	2	1~0		
		评估病情,检查引流管处皮肤,暴露引流管,松开别针,注意保暖	5	3	2	1~0		
		一弯盘置于引流管接口下,向引流袋方向挤捏引流管,在引流管尾端上3厘米处用血管钳夹住	8	6	4	2~0		
		检查无菌引流袋是否密闭、过期,打开外包装,检查引流袋有无破损、引流管有无扭曲。将引流袋挂于床沿下方,引流袋外包装及引流袋接口置于弯盘内	8	6	4	2~0		
		用碘伏棉签消毒引流管连接处,先以接口为中心环形消毒,然后向接口以上及以下各纵行消毒2.5厘米(三根棉签)	8	6	4	2~0		
		一手取消毒纱布捏住连接处的引流管部分,脱开连接处,用碘伏棉签消毒引流管管口	8	6	4	2~0		
		连接无菌引流袋,松开血管钳,挤压引流袋,观察是否通畅。妥善固定	8	6	4	2~0		
		妥善安置长者,观察引流液量、性质、颜色,开展健康教育	5	3	2	1~0		
		整理用物,洗手,正确记录	5	3	2	1~0		
总体评价	10	动作轻、稳、熟练	4	3	2	1~0		
		灵活处理有关情况	3	2	1	1~0		
		关爱长者,与长者有很好的沟通	3	2	1	1~0		
注意事项	20	严格无菌操作,保持引流袋位置低于引流部位,翻身或其他活动时可暂时关闭引流管,防止逆流	4	3	2	1~0		
		可一周更换1~2次(特殊情况下可每日更换)	4	3	2	1~0		
		保持引流管通畅,定时向引流袋方向挤压,避免引流管折叠、扭曲和滑脱	4	3	2	1~0		
		观察引流液的量、性状、色泽变化,与病情是否符合。需每天记录,发现异常及时与医生联系	4	3	2	1~0		
		引流管妥善固定,长者活动前先固定引流管,以防滑脱	4	3	2	1~0		

合计得分:

第四节 急救技术操作评分标准

一、心肺复苏

项目	分值	操作步骤及要求	评分等级 A	B	C	D	得分	备注
准备工作	15	定期检查抢救物品并保持良好的功能状态:听诊器、血压计、心脏按压板、纱布、除颤仪	5	4	3	2~0		
		仪容仪表整洁、端庄	5	4	3	2~0		
		急救模型及环境准备	5	4	3	2~0		
操作过程	55	遇长者突发倒地,确认现场安全	4	3	2	1~0		
		评估意识:耳旁大声呼叫,并轻拍双肩。确定时间	4	3	2	1~0		
		测量颈动脉搏动,注意有无胸腹部运动,时间 5~10 秒	4	3	2	1~0		
		摆放体位,解开衣扣和裤带,垫硬板	4	3	2	1~0		
		行胸外心脏按压术:跪于一旁,确定按压部位,正确按压,按压深度 5~6 厘米,按压频率 100~120 次/分	10	8	6	4~0		
		开放气道,人工呼吸 2 次,每次吸气时间大于 1 秒	10	8	6	4~0		
		胸外心脏按压 30 次,人工呼吸 2 次,5 个循环后评估生命体征。若心肺复苏有效,安置患者,整理床单位	10	8	6	4~0		
		建静脉通路,备除颤仪,吸氧,心电监护,遵嘱用药	5	4	3	2~0		
		通知家属,做好转院准备,记录抢救过程	4	3	2	1~0		
总体评价	10	动作熟练、正确	4	3	2	1~0		
		灵活处理有关情况	3	2	1	1~0		
		抢救工作有序开展	3	2	1	1~0		
注意事项	20	及时清除口鼻分泌物,保持呼吸道通畅	5	4	3	2~0		
		按压部位:胸部中央、胸骨中下 1/3 交界处,以双乳头连线的中心或者剑突上二横指处,两手掌叠加,十指交叉,指端上翘,双肘关节伸直,利用身体重量垂直向下按压。手不能离开胸壁	5	4	3	2~0		
		胸外心脏按压与人工呼吸 30∶2	5	4	3	2~0		
		换人宜在 2 次人工呼吸后的间隙进行,不得使抢救中断,中断时间不超过 10 秒	5	4	3	2~0		
合计得分:								

二、心脏电除颤仪使用

项目	分值	操作步骤及要求	评分等级 A	B	C	D	得分	备注
准备工作	15	仪容仪表整洁、大方	5	4	3	2~0		
		关门窗,避免对流受凉,拉好床帘	5	4	3	2~0		
		备齐物品:除颤仪、导电糊、其他抢救用物、急救模型	5	4	3	2~0		
操作过程	55	遇长者严重心律失常,呼叫医生	4	3	2	1~0		
		评估病情、除颤部位皮肤、心律失常类型、意识状态	4	3	2	1~0		
		去除身上金属物,如项链、手链、戒指、耳环等;取仰卧位或半卧位,暴露胸部皮肤,擦干皮肤,操作者两手和电极板手柄干燥;嘱周围人离开床边	6	5	4	3~0		
		开机,调节除颤仪至监护位置,观察心电波形	4	3	2	1~0		
		选择放电能量,非同步电复律:单相波360焦,双相波150焦	8	6	5	4~0		
		电极板均匀涂抹导电糊,分别放于心尖区(左侧腋中线第五肋间和胸骨右缘第二肋间),紧贴皮肤	8	6	5	4~0		
		充电完成,再次确认两电极之间皮肤干燥无导电糊、无金属物体、无人接触长者及床边,稍用力按压电极板,双手同步按压手控电极放电按钮进行电击	8	6	5	4~0		
		放电结束不移开电极,观察电击除颤后心律,若仍为室颤,则选择第二次除颤	5	4	3	2~0		
		电复律成功后,心电监护,严密观察病情,遵医嘱抢救、用药	4	3	2	1~0		
		整理用物,记录	4	3	2	1~0		
总体评价	10	动作轻、稳、熟练	4	3	2	1~0		
		灵活处理有关情况	3	2	1	1~0		
		关爱长者,与长者有很好的沟通	3	2	1	1~0		
注意事项	20	定期检查除颤器的性能及蓄电池充电情况,保持随时待用状态	5	4	3	2~0		
		除颤前确认除去金属物件,两电极间距离大于10厘米,电极板离开起搏器装置至少5厘米,保持电极之间皮肤干燥,嘱周围人离开床边	5	4	3	2~0		
		分别置于左腋前线第五肋间(乳头外下方)、胸骨右缘第二肋间,稍按压(约98牛),不留空隙,防止皮肤灼伤	5	4	3	2~0		
		用后仔细擦净电极板上的导电糊,水和消毒液不可渗入仪器内部	5	4	3	2~0		

合计得分:

三、多功能监护仪使用

项目	分值	操作步骤及要求	评分等级				得分	备注
			A	B	C	D		
准备工作	15	仪容仪表整洁、大方,修剪指甲,洗手	3	2	1	1~0		
		关门窗,避免对流受凉,拉好床帘	4	3	2	1~0		
		备齐物品:监护仪、监护仪连接线、酒精棉球、电极片	4	3	2	1~0		
		检查监护仪性能;检查各导线连接处于完好状态	4	3	2	1~0		
操作过程	55	携用物至床旁,核对床头卡床号、姓名、住院号及腕带信息	4	3	2	1~0		
		评估周围环境,有无电磁干扰;评估长者病情、皮肤、肢体活动及指端末梢循环情况等。向长者解释	4	3	2	1~0		
		放置监护仪,连接电源,打开开关,检查监护仪信号,连接电极片	4	3	2	1~0		
		取平卧位或半卧位,清洁皮肤	4	3	2	1~0		
		电极片贴于长者胸部正常位置,避开伤口、深静脉导管及起搏器安装部位等	8	6	5	4~0		
		连接指氧探头,正确安放氧饱和度传感器于长者手指,红外线光源对准甲床,接触良好,松紧适宜	8	6	5	4~0		
		连接无创血压,正确绑好袖带	8	6	5	4~0		
		正确设置参数:选择正确导联,设置波幅、心率报警界限;设置血氧饱和度报警界限(不低于90%);设置血压报警界限及自动测量频率;设置呼吸报警界限	8	6	5	4~0		
		观察测量数值,排除影响因素	4	3	2	1~0		
		安置长者,整理用物,洗手,记录	3	2	1	1~0		
总体评价	10	动作轻、稳、熟练	3	2	1	1~0		
		灵活处理有关情况	3	2	1	1~0		
		关爱长者,与长者有很好的沟通	4	3	2	1~0		
注意事项	20	正确放置电极位置。①三电极:负极为右锁骨中点下缘,正极为左腋前线第四肋间或左锁骨中点下缘,接地电极为剑突下偏右;②五电极:右上(RA)—胸骨右缘锁骨中线第一肋间,左上(LA)—胸骨左缘锁骨中线第一肋间,右下(RL)—右锁骨中线剑突处水平处,左下(LL)—左锁骨中线剑突水平处,胸导(C)—胸骨左缘第四肋间	5	4	3	2~0		

续表

项目	分值	操作步骤及要求	评分等级				得分	备注
			A	B	C	D		
注意事项	20	定期更换电极片安放位置,防止皮肤过敏和破溃。安放监护仪电极片时,必须留出一定范围的心前区,以备除颤时放置电极板	5	4	3	2~0		
		指氧探头传感器放于甲床条件好的手指或足趾,定期更换。血压测量袖带下缘距肘窝2~3厘米,松紧度以放进一指为宜,避免放置于指氧探头同侧肢体	5	4	3	2~0		
		正确设置报警范围和声音,避免影响长者休息	5	4	3	2~0		

合计得分:

四、简易呼吸囊使用

项目	分值	操作步骤及要求	评分等级				得分	备注
			A	B	C	D		
准备工作	15	仪容仪表整洁,洗手	3	2	1	1~0		
		关门窗,拉好床帘	3	2	1	1~0		
		备齐物品:呼吸囊、面罩、连接管、氧气流量表	4	3	2	1~0		
		检测:呼吸囊、呼吸活瓣、压力限制阀、储氧袋、面罩、氧气流量表	5	4	3	2~0		
操作过程	55	紧急情况,携用物到床边或现场,评估环境安全情况	3	2	1	1~0		
		评估长者意识、呼吸及大动脉搏动情况	5	4	3	2~0		
		取复苏体位,去枕,松领扣与裤带,配合抢救	5	4	3	2~0		
		放下床头板,去除口咽部分泌物、呕吐物,打开气道	8	6	5	4~0		
		连接氧气,调节氧流量大于10升/分,连接面罩、呼吸囊	8	6	5	4~0		
		用面罩罩住长者口鼻,方向正确,采取"EC"手法按紧面罩使其不漏气,保持气道通畅	8	6	5	4~0		
		挤压球囊:单手挤压呼吸囊,用力均匀,待气囊重新膨起后,开始下一次挤压;挤压频率为10~12次/分,吸气相用时应大于1秒,确保每次挤压均出现胸廓隆起;呼吸时1:(1.5~2);有自主呼吸者,应尽量在长者吸气时挤压皮囊	8	6	5	4~0		
		观察:胸廓运动情况、面罩内有无雾气、呼吸音及皮肤、口唇颜色;胃部有无胀气;监测血氧饱和度(SpO_2)、心率、血压等	6	5	4	3~0		
		整理用物,洗手,记录抢救过程	4	3	2	1~0		

项目	分值	操作步骤及要求	评分等级				得分	备注
			A	B	C	D		
总体评价	10	动作轻、稳、熟练	3	2	1	1~0		
		灵活处理有关情况	3	2	1	1~0		
		关爱长者,给予安抚、指导	4	3	2	1~0		
注意事项	20	手法正确,呈 CE 手法。按紧不漏气,并保持气道通畅,必要时插入口咽通气管,右手挤压球囊	5	4	3	2~0		
		连接氧气时,注意氧气管是否连接牢固,氧流量大于10升/分。选择合适面罩,扣紧不漏气,以达到最佳使用效果	5	4	3	2~0		
		潮气量 500~600 毫升:1 升球囊挤压 1/2~2/3,2 升球囊挤压 1/3	5	4	3	2~0		
		心肺复苏时每 30 次胸外心脏按压后给予 2 次通气,按压/通气比例为 30:2	5	4	3	2~0		

合计得分:

五、吸氧

项目	分值	操作步骤及要求	评分等级				得分	备注
			A	B	C	D		
准备工作	20	仪容仪表整洁、大方,修剪指甲,洗手	5	4	3	2~0		
		备齐物品。治疗车上层:治疗盘及试气杯(内盛冷开水)、弯盘、纱布、一次性吸氧管、棉签、中心供氧流量表、湿化瓶、氧气记录卡。治疗车下层:生活垃圾桶、医用垃圾桶	5	4	3	2~0		
		检查物品的质量及有效期;检查氧气表,关闭流量表开关	5	4	3	2~0		
		湿化瓶内倒入灭菌蒸馏水至 1/3~1/2 处	5	4	3	2~0		
操作过程	50	携用物至床旁,核对床头卡床号、姓名、住院号及腕带信息	4	3	2	1~0		
		向长者解释,评估病情,协助取合适体位	5	4	3	2~0		
		用湿棉签清洁鼻腔,清洁中心供氧接头内灰尘	5	4	3	2~0		
		检查并关流量表,安装流量表,确认接口已锁紧,连接湿化瓶	5	4	3	2~0		
		检查一次性吸氧管,打开并连于湿化瓶出口处	5	4	3	2~0		
		打开流量表,调节氧流量,在水杯中试气,吸氧管的鼻塞塞入鼻腔	8	6	5	4~0		

续表

项目	分值	操作步骤及要求	评分等级				得分	备注
			A	B	C	D		
操作过程	50	固定吸氧管：管道绕过双耳至颌下，松紧适宜	5	4	3	2~0		
		于吸氧卡上填上开始吸氧时间、流量并签名	5	4	3	2~0		
		交代用氧注意事项，观察呼吸及缺氧改善情况	4	3	2	1~0		
		安置长者，整理用物，记录	4	3	2	1~0		
总体评价	10	动作轻、稳、熟练	3	2	1	1~0		
		灵活处理有关情况	3	2	1	1~0		
		关爱长者，与长者有很好的沟通	4	3	2	1~0		
注意事项	20	注意用氧安全，切实做好"四防"：防火、防油、防热、防震	5	4	3	2~0		
		使用及停氧气时严格执行操作程序，使用氧气时，先调后用；停氧气时，先拔后关	5	4	3	2~0		
		使用过程中，观察长者缺氧改善情况，根据医嘱用氧。COPD患者持续低流量吸氧，不随意增大氧流量	5	4	3	2~0		
		湿化液配制及氧流量调节符合病情需要	5	4	3	2~0		

合计得分：

六、吸痰

项目	分值	操作步骤及要求	评分等级				得分	备注
			A	B	C	D		
准备工作	15	仪容仪表整洁、大方，修剪指甲，洗手	3	2	1	1~0		
		关门窗，避免对流受凉，拉好床帘	3	2	1	1~0		
		备齐物品。治疗车上层：治疗盘及有盖罐1只，内盛无菌生理盐水、一次性无菌吸痰管数根、无菌手套、听诊器、纸巾；中心负压吸引器装置、快速手消毒液，必要时备压舌板、张口器、舌钳、电插板等。治疗车下层：医用垃圾桶、生活垃圾桶	4	3	2	1~0		
		检查负压吸引装置性能	5	4	3	2~0		

项目	分值	操作步骤及要求	评分等级 A	B	C	D	得分	备注
操作过程	50	携用物至床旁,核对床头卡床号、姓名、住院号及腕带信息,向长者解释,评估长者病情、意识状态、生命体征,听诊双肺呼吸音6部位,必要时叩背	4	3	2	1~0		
		向长者或家属解释,取得配合,取合适体位,头偏向操作者,检查口鼻,取下活动性义齿	4	3	2	1~0		
		调高氧流量	4	3	2	1~0		
		连接负压吸引装置,检查其性能,调节吸引压强至300~400毫米汞柱	4	3	2	1~0		
		洗手,准备好无菌生理盐水,检查一次性吸痰管,按无菌要求打开吸痰管	5	4	3	2~0		
		戴无菌手套,连接吸痰管,打开吸引器,试吸生理盐水	5	4	3	2~0		
		吸痰:一手反折吸痰管末端,另一手戴无菌手套持吸痰管,插入口咽部10~15厘米(鼻腔插入深度20~25厘米),然后放开导管末端,再左右旋转边退边吸痰(气管切开者同法先插入气道,再边退边吸痰)。每次吸引时间不超过15秒	8	6	5	4~0		
		冲洗管路	4	3	2	1~0		
		观察长者:痰液性状、痰液情况、血氧饱和度及生命体征变化。吸痰后立即连接氧气,继续高流量吸氧	4	3	2	1~0		
		关闭吸引流量表,分离吸痰管,将手套反转包裹吸痰管,与治疗碗一起放入医用垃圾桶中	4	3	2	1~0		
		清洁长者鼻面部,安置体位,整理用物,洗手,记录	4	3	2	1~0		
总体评价	10	动作轻、稳、熟练	3	2	1	1~0		
		灵活处理有关情况	3	2	1	1~0		
		关爱长者,与长者有很好的沟通	4	3	2	1~0		
注意事项	25	一次吸痰时间一般不超过15秒,间隔数秒	5	4	3	2~0		
		吸引器贮存瓶吸出液不超过2/3,及时更换	5	4	3	2~0		
		插入吸痰管时不得使用负压吸引,待插入到位后边退边吸引并左右旋转,一次吸痰时间不超过15秒。吸痰管插入遇到有阻力时应分析原因,不得粗暴操作	5	4	3	2~0		
		痰液黏稠者可配合雾化吸入等方法稀释痰液,配合叩背,以提高吸痰效果	5	4	3	2~0		
		吸痰用物每天更换,必要时每班更换。一根吸痰管只能使用一次	5	4	3	2~0		

合计得分:

第五节　其他护理技术操作评分标准

一、口腔护理

项目	分值	操作步骤及要求	评分等级 A	B	C	D	得分	备注
准备工作	10	仪容仪表整洁、大方,修剪指甲,洗手	3	2	1	1~0		
		关门窗,避免对流受凉,拉好床帘	3	2	1	1~0		
		备齐物品。治疗车上层:治疗盘及口腔护理包(弯盘2个、棉球、弯止血钳2把、压舌板)、水杯(内盛漱口溶液)、吸水管、棉签、液体石蜡、手电筒、纱布数块、治疗巾、生理盐水、快速手消毒液,必要时备开口器和口腔内用药。治疗车下层:生活垃圾桶、医用垃圾桶	4	3	2	1~0		
操作过程	60	携用物至床旁,核对床头卡床号、姓名、住院号及腕带信息	5	4	3	2~0		
		向长者解释操作目的,评估病情和自理能力	5	4	3	2~0		
		取半卧位或平卧位,头偏向一侧,铺治疗巾,置弯盘于口角	6	5	4	3~0		
		湿润口唇,取手电筒和压舌板检查口腔黏膜,取下活动性义齿	6	5	4	3~0		
		用温开水或漱口液漱口(昏迷长者禁忌漱口)	6	5	4	3~0		
		清点棉球数量,用生理盐水湿润棉球	6	5	4	3~0		
		擦拭顺序:门齿→左外侧面→右外侧面→左上内侧面→左上咬合面→左下内侧面→左下咬合面→左侧颊部→右侧外侧面→右上内侧面→右上咬合面→右下内侧面→右下咬合面→硬腭→舌面→舌下→口腔底部	10	8	6	5~0		
		漱口,检查口腔,有溃疡者按医嘱涂药,擦干面部,口唇涂唇膏	6	5	4	3~0		
		清点棉球数量,安置长者于舒适体位	5	4	3	2~0		
		整理用物,记录	5	4	3	2~0		
总体评价	10	动作轻、稳、熟练	3	2	1	1~0		
		灵活处置有关情况	3	2	1	1~0		
		关爱长者,与长者有很好的沟通	4	4	3	2~0		

续表

项目	分值	操作步骤及要求	评分等级				得分	备注
			A	B	C	D		
注意事项	20	取出活动性义齿,一个棉球限用一次,不重复用。严防棉球遗留口腔	5	4	3	2~0		
		动作轻,止血钳弯头背向擦洗部位,不直接触碰黏膜,不伤及牙齿牙龈	5	4	3	2~0		
		从内到门齿方向擦洗,牙齿内外侧纵向擦洗	5	4	3	2~0		
		昏迷长者禁止漱口,棉球拧干夹紧,防误吸	5	4	3	2~0		
合计得分:								

二、会阴护理

项目	分值	操作步骤及要求	评分等级				得分	备注
			A	B	C	D		
准备工作	10	仪容仪表整洁、大方,修剪指甲,洗手	3	2	1	1~0		
		关门窗,避免对流受凉,拉好床帘	3	2	1	1~0		
		备齐物品。治疗车上层:无菌治疗碗、棉球、镊子、水壶、热水、水温计、5%聚维酮碘消毒液、一次性手套、防水垫、毛巾、棉棒、卫生纸、快速手消毒液。治疗车下层:便盆和便盆巾、生活垃圾桶、医用垃圾桶	4	4	3	2~0		
操作过程	55	携用物至床旁,核对床头卡床号、姓名、住院号及腕带信息	5	4	3	2~0		
		与长者沟通,评估病情,向长者解释,取得配合	5	4	3	2~0		
		协助屈膝仰卧位,两腿略外展,暴露会阴部,臀下置便盆,下垫防水垫,戴手套	5	4	3	2~0		
		准备温水,测量水温,冲洗前先冲少量温水,征询长者对水温感受	6	5	4	3~0		
		边冲水边擦洗,自上而下、自外向内:大腿内侧1/3及腹股沟处;擦洗会阴(阴阜、阴唇、尿道口、阴道口)。有伤口时禁冲洗,用擦洗,防止污染伤口	10	8	6	5~0		
		留置导尿者,女性用消毒棉球擦拭尿道口及外阴,男性擦拭尿道口、龟头及包皮,每天2次。留尿培养标本者,清洁后用消毒棉球消毒尿道口及周围,干后留中段尿	10	8	6	5~0		
		擦干会阴,观察会阴皮肤黏膜情况	5	4	3	2~0		
		撤去便盆,脱下手套,协助穿好衣裤,安置体位	5	4	3	2~0		
		整理用物,记录	4	4	3	2~0		

续表

项目	分值	操作步骤及要求	评分等级				得分	备注
			A	B	C	D		
总体评价	10	动作轻、稳、熟练	3	2	1	1~0		
		灵活处理有关情况	3	2	1	1~0		
		关爱长者,与长者有很好的沟通	4	4	3	2~0		
注意事项	25	擦洗时注意观察会阴部及会阴切口有无红肿、分泌物性质和伤口愈合情况,发现异常及时处理	5	4	3	2~0		
		擦洗方向从污染最小的部位至污染最大的部位,自外向内、自上向下。会阴部无伤口时可用冲洗法,有伤口时避免冲洗,预防伤口污染,根据伤口情况选择合适的溶液清洗和消毒液消毒	5	4	3	2~0		
		留置导尿者,女性用消毒棉球擦拭尿道口及外阴,男性擦拭尿道口、龟头及包皮,每天2次。排便后及时清洁肛门及会阴部皮肤。(有伤口者,以伤口为中心,向外消毒)	5	4	3	2~0		
		用温水冲洗时先测量水的温度(与体温相近,以38~40℃为宜),冲洗前先冲少量于操作者前臂内侧皮肤试温,再少量冲洗长者会阴试温,再冲洗,防烫伤	5	4	3	2~0		
		注意保暖,保护隐私	5	4	3	2~0		

合计得分:

三、冷湿敷

项目	分值	操作步骤及要求	评分等级				得分	备注
			A	B	C	D		
准备工作	15	仪容仪表整洁、大方,修剪指甲,洗手	3	2	1	1~0		
		关门窗,避免对流受凉,拉好床帘	3	2	1	1~0		
		备齐物品。治疗车上层:治疗盘、敷布、凡士林、纱布、棉签、一次性治疗巾、手套、水盆、冰水、快速手消毒液。治疗车下层:生活垃圾桶、医用垃圾桶	5	4	3	2~0		
		准备冰水:适量冰块加冷水	4	3	2	1~0		

项目	分值	操作步骤及要求	评分等级				得分	备注
			A	B	C	D		
操作过程	50	携用物至床旁,核对床头卡床号、姓名、住院号及腕带信息	4	3	2	1~0		
		向长者解释,评估长者病情及局部皮肤情况	4	3	2	1~0		
		取舒适卧位,暴露患处,下垫一次性治疗巾	5	4	3	2~0		
		受敷部位可涂凡士林,上盖一层纱布	8	6	5	4~0		
		戴手套,将敷布于冰水中浸湿、拧干、抖开,敷于纱布上	8	6	5	4~0		
		每隔3~5分钟更换敷布一次,持续15~20分钟	8	6	5	4~0		
		观察局部皮肤情况、用冷效果及长者反应,降温者冷敷30分钟后测量体温	5	4	3	2~0		
		整理床单位,安置长者于舒适体位	4	3	2	1~0		
		整理用物,记录	4	3	2	1~0		
总体评价	10	动作轻、稳、熟练	3	2	1	1~0		
		灵活处理有关情况	3	2	1	1~0		
		关爱长者,与长者有很好的沟通	4	3	2	1~0		
注意事项	25	忌于后项部、胸前、腹部、耳郭、足底等处冷敷。若用于降温,可于颈部、腋下、腹股沟、腘窝等大血管通过处进行冷敷并适当按摩,促进散热	5	4	3	2~0		
		局部有伤口时,禁止冷湿敷。若需要用冷,可按无菌操作方法用敷料包扎外用化学制冷袋(冰袋)持续冷敷	5	4	3	2~0		
		观察冷敷效应及长者反应,如有畏寒不适,及时停止冷敷。观察冷敷部位皮肤,防止冻伤	5	4	3	2~0		
		持续用冷时间不宜过长,以15~20分钟为宜,避免引起不良的继发效应	5	4	3	2~0		
		降温者用冷30分钟后测量体温,体温降至38℃左右时停止使用	5	4	3	2~0		
合计得分:								

四、热湿敷

项目	分值	操作步骤及要求	A	B	C	D	得分	备注
准备工作	10	仪容仪表整洁、大方,修剪指甲,洗手	3	2	1	1~0		
		关门窗,避免对流受凉,拉好床帘	3	2	1	1~0		
		备齐物品。治疗车上层:治疗盘、敷布2块、凡士林、纱布、棉签、一次性垫布、棉垫、水温计、手套、水盆、热水、快速手消毒液,必要时备热水袋、大毛巾、换药用物。治疗车下层:医用垃圾桶、生活垃圾桶	4	3	2	1~0		
操作过程	50	携用物至床旁,核对床头卡床号、姓名、住院号及腕带信息	5	4	3	2~0		
		向长者解释操作目的,评估长者病情,取得配合	5	4	3	2~0		
		准备热水,测量温度(50~60℃)	5	4	3	2~0		
		取合适体位,暴露受敷部位,检查皮肤,下垫垫布	5	4	3	2~0		
		戴手套,敷布于50~60℃热水中浸湿,拧干,抖开,折叠敷布敷于患处,上盖大毛巾	8	6	5	4~0		
		每隔3~5分钟更换敷布一次,持续15~20分钟	8	6	5	4~0		
		观察长者反应,查看热敷处皮肤,询问感受,防止烫伤	5	4	3	2~0		
		擦干皮肤,整理床单位,30分钟内不外出	5	4	3	2~0		
		整理用物,记录	4	3	2	1~0		
总体评价	10	动作轻、稳、熟练	3	2	1	1~0		
		灵活处理相关事项	3	2	1	1~0		
		关爱长者,与长者有很好的沟通	4	3	2	1~0		
注意事项	30	受敷部位涂凡士林,上盖纱布,敷布浸湿拧干以不滴水为度,水温50~60℃,热敷持续时间以15~20分钟为宜	5	4	3	2~0		
		有伤口者不可直接热湿敷,可于伤口敷料外干热敷或者按无菌技术方法进行热敷	5	4	3	2~0		
		面部三角区的炎症禁止热敷,预防感染向颅内扩散。面部热敷后,30分钟内不外出,预防感冒	5	4	3	2~0		
		急性损伤48小时内禁止热敷	5	4	3	2~0		
		热敷时每隔3~5分钟更换一次敷布,也可于敷布外用热水袋,上盖大毛巾持续热敷,以保持温度,同时观察受敷部位皮肤和询问长者感受,如太烫时可掀起一角散热,预防烫伤	5	4	3	2~0		
		偏瘫或意识不清的长者,使用热敷和热水袋时,要特别注意观察局部皮肤,温度不宜过高,以不超过50℃为宜	5	4	3	2~0		

合计得分:

五、物理降温（温水或酒精擦浴）

项目	分值	操作步骤及要求	A	B	C	D	得分	备注
准备工作	10	仪容仪表整洁、大方,修剪指甲,洗手	3	2	1	1～0		
		关门窗,避免对流受凉,拉好床帘	3	2	1	1～0		
		备齐物品。治疗车上层:治疗盘及大毛巾、小毛巾、热水袋及套、冰袋及套、脸盆、温水(32～34℃)、25%～35%酒精200～300毫升(30℃左右)、体温计、快速手消毒液,必要时备干净衣裤。治疗车下层:医用垃圾桶、生活垃圾桶。准备热水袋、冰袋,加套	4	3	2	1～0		
操作过程	50	携用物至床旁,核对床头卡床号、姓名、住院号及腕带信息	4	3	2	1～0		
		向长者解释,评估长者病情及发热情况,协助如厕	4	3	2	1～0		
		松盖被,头部置冰袋,足底部置热水袋	4	3	2	1～0		
		协助脱去一侧上衣,下垫大毛巾,将小毛巾于温水或酒精溶液中浸湿,拧至半干,缠于手上呈手套状,以离心方向擦拭:颈外侧→肩→手臂外侧→手背,胸外侧→腋下→手臂内侧→手心,擦干;同法擦拭另一侧	9	7	5	4～0		
		侧卧位,露出背部,下垫大毛巾,擦拭:颈下肩部→全背→臀部,擦干,并更换上衣	8	6	5	4～0		
		仰卧位,暴露下肢,下垫大毛巾,擦拭:髂骨→下肢外侧→足背,腹股沟→下肢内侧→内踝,臀下→大腿后侧→腘窝→足跟,擦干,同法擦另一侧,穿上裤子	9	7	5	4～0		
		每侧3分钟,全程20分钟,擦浴过程中注意观察长者反应,若出现寒战、面色苍白、脉搏和呼吸异常,应立即停止	4	3	2	1～0		
		擦浴后30分钟测体温,若体温低于39℃,则取下头部冰袋,撤去热水袋	4	3	2	1～0		
		整理床单位,安置舒适体位,整理用物,记录	4	3	2	1～0		
总体评价	10	动作轻、稳、熟练	3	2	1	1～0		
		灵活处理有关情况	3	2	1	1～0		
		关爱长者,与长者有很好的沟通	4	3	2	1～0		

续表

项目	分值	操作步骤及要求	评分等级 A	B	C	D	得分	备注
注意事项	30	温水温度 32～34℃、酒精浓度 25%～35%,高龄长者温水或酒精的温度不宜过低,以稍低于体温为宜,遇寒战立即停止擦浴并保暖	5	4	3	2～0		
		擦浴后 30 分钟测体温,若低于 39℃,取下头部冰袋,降温后体温记录在体温单上。降温时头部置冰袋,防脑充血;足底置热水袋,增强降温效应	5	4	3	2～0		
		禁止擦拭:胸前部、腹部、足底部、后项部、耳郭、阴囊等	5	4	3	2～0		
		擦浴每个部位 3 分钟,全程应控制在 20 分钟内,以防继发效应	5	4	3	2～0		
		擦浴过程中应随时观察长者病情变化,一旦出现寒战、面色苍白、脉搏变化、呼吸异常等情况,应立即停止擦浴,并给予相应处理	5	4	3	2～0		
		注意保护长者隐私,随时观察长者反应和病情	5	4	3	2～0		

合计得分:

六、气垫床使用

项目	分值	操作步骤及要求	评分等级 A	B	C	D	得分	备注
准备工作	15	仪容仪表整洁、大方,修剪指甲,洗手	3	2	1	1～0		
		关门窗,避免对流受凉,拉好床帘	3	2	1	1～0		
		备齐物品:气垫床、充气泵、床单	4	3	2	1～0		
		检查气垫床有无破损漏气,各部分衔接是否完好	5	4	3	2～0		
操作过程	45	携用物至床旁,核对床号、姓名、住院号及腕带信息	4	3	2	1～0		
		向长者解释,评估病情和皮肤情况,取得配合	4	3	2	1～0		
		检查各类管道及静脉通路,妥善固定管路	10	8	6	5～0		
		按卧床长者更换床单法置入气垫(也可由 4 人用床单法将长者抬离床面,另 2 人将气垫床由床尾拉至床头,与床头平齐),铺好床单	10	8	6	5～0		
		连接电源,打开开关,充气,调节充气程度	5	4	3	2～0		
		观察气垫情况,有无漏气,了解长者舒适度	4	3	2	1～0		
		整理床单位,安置舒适体位,定时翻身	4	3	2	1～0		
		整理用物,记录	4	3	2	1～0		

项目	分值	操作步骤及要求	评分等级				得分	备注
			A	B	C	D		
总体评价	10	动作轻、稳、熟练	3	2	1	1~0		
		灵活处理有关情况	3	2	1	1~0		
		关爱长者,与长者有很好的沟通	4	3	2	1~0		
注意事项	30	铺气垫床的过程中注意固定在床边的各种引流装置,严防拔出	5	4	3	2~0		
		气垫床用后清洁应在充气状态进行,可用75%酒精擦拭,晾干后备用	5	4	3	2~0		
		在移动、保养、维修床垫时,应首先切断电源	5	4	3	2~0		
		妥善固定各类管道,多人协力安置床垫,特别注意动作协调、安全	5	4	3	2~0		
		使用前检查气垫床有无破损和漏气、各部衔接是否完好、电源是否安全,注意固定在床边的各种引流装置	5	4	3	2~0		
		使用气垫床的同时,仍要做好定时翻身、加强营养、保持床单位整洁干燥,避免皮肤局部受压过久引发压疮	5	4	3	2~0		
合计得分:								

七、血压测量

项目	分值	操作步骤及要求	评分等级				得分	备注
			A	B	C	D		
准备工作	10	仪容仪表整洁、大方,修剪指甲,洗手	3	2	1	1~0		
		关门窗,避免对流受凉	3	2	1	1~0		
		备齐物品:血压计、听诊器、记录本	4	3	2	1~0		
操作过程	60	携用物至床旁,核对床头卡床号、姓名、住院号及腕带信息	4	3	2	1~0		
		向长者解释,评估心理及运动情况	4	3	2	1~0		
		取坐位或卧位,于臂外侧放置血压计,并与被测上肢肱动脉及心脏处于同一水平,打开开关,检查水银柱位于0点	8	6	4	3~0		
		缠袖带:袖带缠于上臂,袖带下缘距肘窝2~3厘米,松紧度以放进一指为宜。电子血压计袖带感应位点放于肱动脉上	8	6	4	3~0		
		将听诊器胸件置于肱动脉搏动处并用手稍加固定,另一端放入测量者耳道	8	6	4	3~0		

续表

项目	分值	操作步骤及要求	评分等级				得分	备注
			A	B	C	D		
操作过程	60	打气至肱动脉搏动消失再升高 20～30 毫米汞柱，缓慢放气，以 4 毫米汞柱/秒的速度下降，注意水银柱和肱动脉声音变化，读取血压	8	6	4	3～0		
		解开袖带，驱尽袖带内余气，将血压计向右倾斜 45°，待水银完全回流入水银槽后，关闭水银柱开关，整理、归位充气球和袖带后关闭血压计盒	8	6	4	3～0		
		告知测量结果，开展健康教育	4	3	2	1～0		
		为长者整理衣袖、床单位，取舒适体位	4	3	2	1～0		
		整理用物，记录	4	3	2	1～0		
总体评价	10	动作轻、稳、熟练	3	2	1	1～0		
		灵活处理有关情况	3	2	1	1～0		
		关爱长者，与长者有很好的沟通	4	3	2	1～0		
注意事项	20	每 6 个月检测血压计性能，专人管理，妥善保管，确保测量值准确	5	4	3	2～0		
		指导长者血压监测，做到"四定"：定部位、定体位、定血压计、定时间	5	4	3	2～0		
		注意衣袖不要过紧、过厚，袖带绑于上臂，下缘离肘窝 2～3 厘米，松紧适当，以能伸入一指为度	5	4	3	2～0		
		测血压前长者需安静休息 5～10 分钟，运动、洗澡、情绪激动等休息 30 分钟后测量，测量时放松，不说话	5	4	3	2～0		

合计得分：

八、心电图测量

项目	分值	操作步骤及要求	评分等级				得分	备注
			A	B	C	D		
准备工作	15	仪容仪表整洁、大方，修剪指甲，洗手	3	2	1	1～0		
		关门窗，避免对流受凉，拉好床帘	3	2	1	1～0		
		备齐物品：检查单、心电图机、酒精棉球、治疗盘、污物桶	4	3	2	1～0		
		检测心电图机性能、各导联线连接情况	5	5	4	3～0		

项目	分值	操作步骤及要求	评分等级				得分	备注
			A	B	C	D		
操作过程	50	携用物至床旁,核对床头卡床号、姓名、住院号及腕带信息	3	2	1	1～0		
		向长者解释,评估长者病情、肢体皮肤情况,取下手表等物品	3	2	1	1～0		
		指导长者在做心电图过程中保持安静、放松	4	3	2	1～0		
		取平卧位,暴露胸部及四肢接导联处皮肤,用酒精棉球擦拭,接上导联	4	3	2	1～0		
		正确连接肢体导联:RA—右上肢;LA—左上肢;RL—右下肢;LL—左下肢	8	6	5	4～0		
		正确连接胸导联:V_1—胸骨右缘第四肋间;V_2—胸骨左缘第四肋间;V_4—左锁骨中线第五肋间;V_3—V_2与V_4连线中点;V_5—左腋前线与V_4同一水平;V_6—左腋中线与V_4同一水平	8	6	5	4～0		
		设置参数:走纸速度25毫米/秒;纵轴定标电压10毫米/毫伏;去除干扰	5	4	3	2～0		
		选择自动模式,观察心电示波是否良好,按开始键,自动完成所有导联的记录	5	4	3	2～0		
		关机,撤去导联线,协助长者整理衣物	3	2	1	1～0		
		初步分析心电图,告知长者,开展健康教育	4	3	2	1～0		
		整理用物,记录	3	2	1	1～0		
总体评价	10	动作轻、稳、熟练	3	2	1	1～0		
		灵活处理相关情况	3	2	1	1～0		
		关爱长者,与长者有很好的沟通	4	3	2	1～0		
注意事项	25	检查时嘱长者保持安静、放松。检查前不宜饱餐、抽烟和剧烈运动,如有需要平静休息20分钟	5	4	3	2～0		
		关好门窗,拉好床帘,保护隐私,暴露胸部,注意保暖	5	4	3	2～0		
		正确连接导连:①肢体导联:RA—右上肢;LA—左上肢;RL—右下肢;LL—左下肢。②胸导联:V_1—胸骨右缘第四肋间;V_2—胸骨左缘第四肋间;V_4—左锁骨中线第五肋间;V_3—V_2与V_4连线中点;V_5—左腋前线与V_4同一水平;V_6—左腋中线与V_4同一水平	5	4	3	2～0		
		开机后待波型平稳后再按"开始"键进行记录,受检者在检查时无手机、手表等电、磁、金属物接触	5	4	3	2～0		
		熟练掌握操作方法,能识别常见的心律异常。由于高龄长者心肌梗死时症状不典型,当长者出现胸闷不适、胃痛等症状时,及时检查心电图	5	4	3	2～0		
合计得分:								

九、换药

项目	分值	操作步骤及要求	评分等级				得分	备注
			A	B	C	D		
准备工作	10	仪容仪表整洁、大方,修剪指甲,洗手	3	2	1	1~0		
		关门窗,避免对流受凉,拉好床帘	3	2	1	1~0		
		备齐物品。治疗车上层:治疗盘及一次性换药包(内含弯盘、消毒棉球、镊子、纱布)、胶布、绷带,必要时备引流袋、凡士林纱布、引流纱条、快速手消毒液、无菌手套。治疗车下层:生活垃圾桶、医用垃圾桶	4	3	2	1~0		
操作过程	55	携用物至床旁,核对床头卡床号、姓名、住院号及腕带信息	4	3	2	1~0		
		与长者沟通,解释,评估长者病情	4	3	2	1~0		
		取合适体位,暴露患处	4	3	2	1~0		
		查看有无渗液或渗血,取下敷料,检查伤口及周围皮肤情况,有无红肿、出血等。用快速手消毒液洗手	8	6	5	4~0		
		检查并打开换药包,戴手套	4	3	2	1~0		
		消毒患处皮肤:左手持一把无菌镊子将消毒棉球传递给右手的镊子,用以创口周围皮肤擦拭,消毒面积大于敷料的面积	10	8	6	5~0		
		盖纱布应光面朝下,盖八层以上纱布,脱手套,固定纱布	8	6	5	4~0		
		说明注意事项,告知下次更换时间,开展健康教育	8	6	5	4~0		
		安置长者,整理用物,洗手,记录	5	4	3	2~0		
总体评价	10	动作轻、稳、熟练	3	2	1	1~0		
		灵活处理有关情况	3	2	1	1~0		
		关爱长者,与长者有很好的沟通	4	3	2	1~0		
注意事项	25	严格执行无菌操作,两把镊子一把夹无菌敷料,另一把清洁、消毒创口	5	4	3	2~0		
		不损伤创面肉芽组织,分泌物多时用无菌生理盐水清洁创面。清洁创口先由创缘向外擦洗,化脓创口由外向创缘擦拭。消毒面积应大于敷料的面积,纱布应光面朝下	5	4	3	2~0		
		保持引流通畅,较深创口要保持创口底小口大,不形成死腔或假道而影响创口正常愈合	5	4	3	2~0		
		注意观察长者体温及创口有无疼痛、渗出及周围皮肤等情况,保持伤口敷料干燥,湿了要及时更换	5	4	3	2~0		
		注意长者保暖,保护隐私	5	4	3	2~0		
合计得分:								

十、床单位终末消毒

项目	分值	操作步骤及要求	评分等级 A	B	C	D	得分	备注
准备工作	15	仪容仪表整洁、大方,修剪指甲,洗手	3	2	1	1~0		
		请室内人员暂时离开居室	3	2	1	1~0		
		备齐物品:床单位消毒机及电源线、一次性床罩、含氯消毒液、毛巾、手套、水盆	4	3	2	1~0		
		检查床单位消毒机性能是否完好	5	4	3	2~0		
操作过程	55	携用物至床旁,核对消毒信息	4	3	2	1~0		
		打开房间门窗通风换气,戴手套,配制含氯消毒液(500毫克/升)	8	6	5	4~0		
		擦拭消毒床单位,顺序:呼叫器、输液架、床头柜、床、床旁椅、储存柜,待干	8	6	5	4~0		
		关门窗,打开并检查一次性床罩,将床单位床垫全部包裹,再包裹床单位消毒机床罩,将床单位消毒机接口与床罩牢固连接	10	8	6	4~0		
		打开机器开关,调节消毒时间(60分钟),按"开始"键	6	5	4	3~0		
		离开房间,关房门,门外挂消毒标识	6	5	4	3~0		
		消毒毕,开门窗通风,撤离床罩	8	6	5	4~0		
		整理用物,洗手,记录	5	4	3	2~0		
总体评价	10	动作轻、稳、熟练	5	4	3	2~0		
		灵活处理有关情况	5	4	3	2~0		
注意事项	20	不要将床单位臭氧消毒机放在精密仪器旁和电磁场下,以免电磁干扰,消毒过程中无明火	5	4	3	2~0		
		床单位消毒机管道及床罩接口连接应紧密、无泄漏	5	4	3	2~0		
		做好床单位消毒机登记,超过20000小时需更换臭氧发生器	5	4	3	2~0		
		擦拭消毒完全干后再进行床单位消毒	5	4	3	2~0		
合计得分:								

第一章　常见意外事件应急处置

一、意外死亡

目的　使心脏骤停长者得到有效、及时的抢救,并得到妥善处理。

适用　机构内发生心脏骤停的长者。

1.应急处置要求

(1)护理员、管家发现长者心脏骤停,应立即呼叫值班护士、医生,同时就地给长者行心肺复苏术。

(2)值班护士、医生马上赶到现场,就地进行抢救并设法移到抢救室,同时通知值班经理、科主任、护士长。

(3)通知长者家属。

(4)如长者抢救无效死亡,医生出具死亡证明书,护士协同护理员做好尸体护理,将尸体停放于专用的停尸间。

(5)做好病情记录和抢救记录,事后对整个事件的发生情况进行分析、总结,向副院长、院长汇报。

(6)协助家属做好长者遗物整理,协助后事处理。

(7)对长者家属进行哀伤辅导。

(8)在抢救过程中,要注意对同室长者进行保护。

(9)如入住长者有相关救治协议,按协议执行。

(10)平时加强工作人员的急救训练。

2.应急处置流程

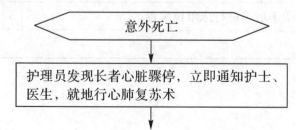

意外死亡

护理员发现长者心脏骤停,立即通知护士、医生,就地行心肺复苏术

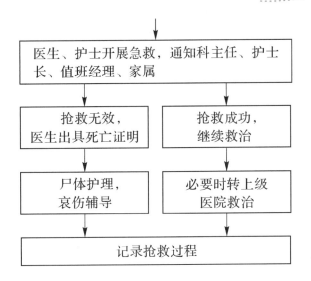

```
医生、护士开展急救，通知科主任、护士
长、值班经理、家属
```
```
抢救无效，          抢救成功，
医生出具死亡证明    继续救治
```
```
尸体护理，          必要时转上级
哀伤辅导            医院救治
```
```
记录抢救过程
```

二、心脑血管意外

目的　及时发现长者心脑血管意外先兆，及时救治，避免死亡，预防残疾，提高生活质量。

适用　机构内出现心脑血管意外先兆症状的长者。

1.应急处置要求

(1)及时发现先兆症状：长者突然发生头痛、头晕目眩、失去平衡，一侧或双侧上肢或下肢出现无力、麻木、瘫痪，双眼向一侧凝视，胸闷、气促、心慌、心前区疼痛等心脑血管意外的早期症状时，长者或护理员立即通知护士、医生。

(2)安慰长者，让长者放松，立即通知家属。

(3)评估长者病情，分类处理：①有心绞痛病史出现胸痛者，立即给予舌下含服硝酸甘油，检查心电图；②怀疑脑血栓形成、心肌梗死，并有溶栓条件者立即进入绿色通道，联系有溶栓条件的医院[如朗和国际医养中心附近的树兰(杭州)医院、杭州市第二人民医院]，直奔CT室；③突发头痛、呕吐、颅内压增高等脑出血表现者，立即急救并做好转院准备。

(4)长者平卧或略抬高床头，脑血管意外者尽量不让头部颠簸。

(5)保持呼吸道通畅，松衣领，意识不清者头偏向一侧，防误吸。

(6)吸氧，建立静脉通路，持续心电监护，监测血氧饱和度，观察瞳孔及生命体征，遵医嘱用药。

(7)协助做好转院工作。

(8)认真及时做好各种抢救记录。

(9)平时做好健康教育，使长者、护理员和其他工作人员知晓心脑血管意外的先兆表现和应急处理方法。

2.应急处置流程

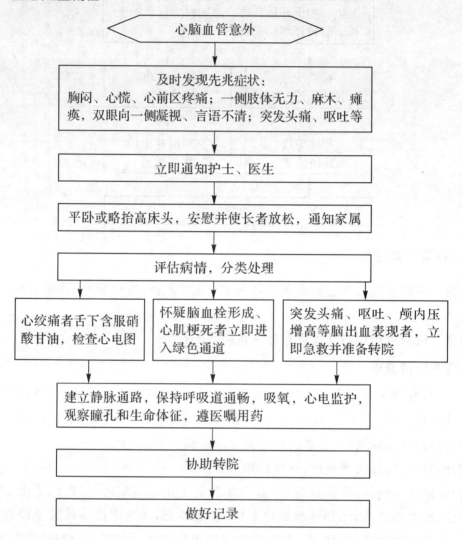

心脑血管意外

及时发现先兆症状：
胸闷、心慌、心前区疼痛；一侧肢体无力、麻木、瘫痪，双眼向一侧凝视、言语不清；突发头痛、呕吐等

立即通知护士、医生

平卧或略抬高床头，安慰并使长者放松，通知家属

评估病情，分类处理

心绞痛者舌下含服硝酸甘油，检查心电图

怀疑脑血栓形成、心肌梗死者立即进入绿色通道

突发头痛、呕吐、颅内压增高等脑出血表现者，立即急救并准备转院

建立静脉通路，保持呼吸道通畅，吸氧，心电监护，观察瞳孔和生命体征，遵医嘱用药

协助转院

做好记录

三、重症救治

目的 当长者发生病情变化或突发重病时，工作人员能及时、果断地采取有效的基础救治，协助做好转院工作，以挽救生命、预防残疾，提高长者生存质量。

适用 机构内发生病情危急的长者。

1.应急处置要求

(1)护理员和其他工作人员发现长者不适时，立即通知护士。

(2)评估长者，发现病情变化及时通知医生。若长者出现心脑血管意外、骨折、消化道大出血、大咯血、心肺功能衰竭、尿毒症、急腹症、昏迷、传染性疾病、重度抑郁等急危重症或疾病的危重阶段，及时救治同时做好转院准备。

(3)吸氧，保持呼吸道通畅，心电监护，建立静脉通路，遵医嘱用药。

（4）通知长者家属，告知病情。

（5）急危重症长者抢救，及时通知科主任、护士长、护理部主任、值班经理及院长。

（6）认真及时做好各种抢救记录。

（7）根据长者基础疾病情况，入住时制订好病情变化时的处置预案，与长者和家属预先定好转院的细节并签订协议。

2.应急处理流程

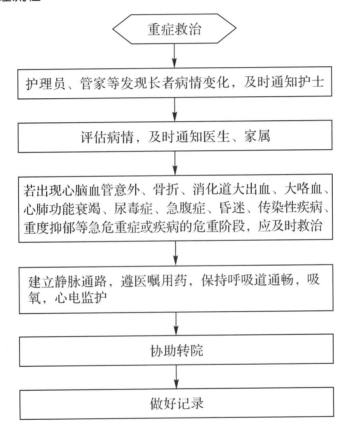

四、烫伤

目的　及时处置，避免加深烫伤的程度和扩大范围，促进康复。

适用　机构内不慎被开水、热水袋或者洗浴时被过热的热水等烫伤的长者。

1.应急处置要求

（1）发现长者烫伤，立即去除热源，如移去热水袋、脱去或剪去热水浸湿的衣裤、吐出口中过热的开水和食物等。

（2）用流动水冲洗烫伤部位半小时，或者冷敷局部，降低局部温度，避免加重伤情。如因不慎进食过烫的开水和食物导致口腔黏膜烫伤，立即吐出口中食物和水，含凉水以降局部温度。

（3）通知护士，评估长者烫伤的部位、面积与深度，出现Ⅱ度以上烫伤或者烫伤面积较大，及时通知医生，遵医嘱进行处理。

（4）询问事件经过，查找原因，做好针对性处理。

（5）记录长者的烫伤经过、部位、面积、程度、症状、体征以及处理措施。

（6）告知家属，做好家属和长者的解释、安抚工作，避免纠纷。

（7）召开事件讨论会，反馈跟进。填写不良事件报告单，按流程上报。

（8）平时加强长者的健康教育，做好预防的同时，教会长者应急处置方法。

2. 应急处置流程

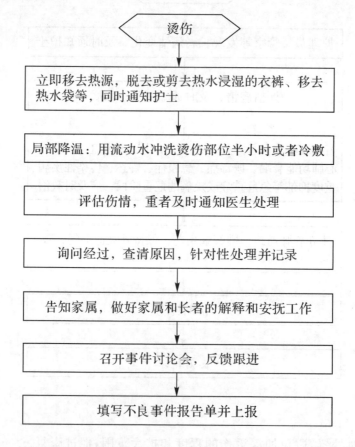

```
                    烫伤

立即移去热源，脱去或剪去热水浸湿的衣裤、移去
热水袋等，同时通知护士

局部降温：用流动水冲洗烫伤部位半小时或者冷敷

评估伤情，重者及时通知医生处理

询问经过，查清原因，针对性处理并记录

告知家属，做好家属和长者的解释和安抚工作

召开事件讨论会，反馈跟进

填写不良事件报告单并上报
```

五、误吸

目的　发现长者误吸，及时恰当处理，保持呼吸道通畅，预防并发症和窒息意外。

适用　机构内发生误吸的长者。

1. 应急处置要求

（1）高龄长者喝水、喝汤引起呛咳的情况较多见，平时重在预防，坐位、小口缓慢进食进水，集中注意不谈笑。

（2）进食期间，专业人员巡视。

（3）长者出现呛咳，专业人员一旁扶助，预防跌倒等意外，观察呼吸情况。剧烈咳嗽时避免拍背。

（4）误吸出现气急、口唇发绀者，立即移长者到抢救室，通知护士、医生进行急救处理。

（5）误吸致窒息者，立即就地急救并通知医护人员。现场急救方法：长者采取头低脚高位，清理口腔内食物、呕吐物等，急救者两手掌叠放于长者上腹部，以快速向下向上冲击挤压长者腹部。尽快移长者到抢救室，准备气管插管等急救。若心跳停止，进行心肺复苏。

（6）建立静脉通路，吸氧，监测血氧饱和度，心电监护，观察意识和瞳孔。

（7）复苏成功，根据情况做好转院准备。

（8）通知家属，做好家属和长者的安抚工作，避免医患纠纷。

（9）记录事件发生的经过以及抢救过程。

（10）召开事件讨论会，反馈跟进。填写不良事件报告单，按流程上报。

（11）平时加强进食管理和长者健康教育工作。

2.应急处置流程

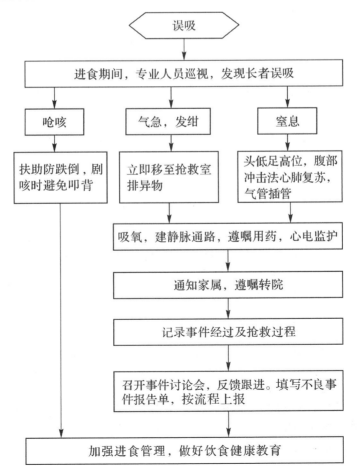

六、噎食

目的　及时发现长者噎食,及时清除咽喉部食物,保持呼吸道通畅,挽救生命。

适用　机构内发生噎食的长者。

1.应急处置要求

(1)长者进食期间,专业人员巡视。

(2)及时发现噎食,噎食表现:进食过程中突然停止进食,惊恐,不能说话,一手抓喉部,一手指向口腔,很快出现发绀、意识丧失。

(3)立即现场急救:①意识清楚者,施救者从背后用手环绕长者的腰部,一手握拳,拇指掌指关节紧贴上腹正中,另一只手抓住拳头,双手用力向里向上挤压数次,直至食物被气流冲出。②意识不清者,将长者平卧,头侧向一边,清除口腔内食物,施救者跪于长者一侧或者跨于长者两胯处,两手掌叠加,掌根置于长者上腹正中,向下向上快速挤压腹部数次,直至异物排出。

(4)重者及时移长者到急救室,配合医生进行抢救,建立静脉通路,吸氧,心电监护。

(5)通知家属,遵嘱转院。

(6)轻者排出食物后观察 24 小时,监测血压、呼吸,观察腹部有无损伤等情况。

(7)记录事件经过和抢救过程。

(8)召开事件讨论会,反馈跟进。填写不良事件报告单,按流程上报。

(9)平时加强饮食健康教育,长者宜坐位进食,小口进食,细嚼慢咽,避免过于粗糙和黏稠的食物。同时加强对所有工作人员和长者的噎食急救与自救方法的培训。

2.应急处置流程

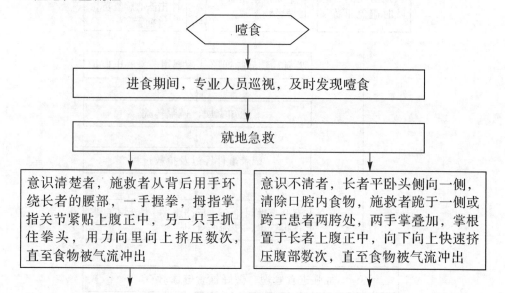

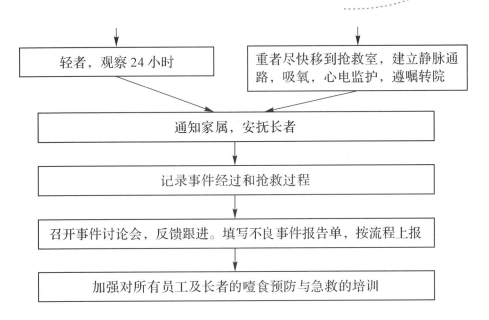

七、跌倒

目的 使跌倒长者得到安全、有效、及时的处理,避免二次损伤。

适用 机构内长者不小心撞倒、绊倒、滑倒或从高处坠落跌倒于地上者。

1.应急处置要求

(1)长者跌倒,特别是坠床或者从高处跌落,不立即扶起,立即呼叫工作人员,护理员守护在长者身边,松衣领,呕吐者头侧向一边,等待医护人员到现场。

(2)评估长者意识及伤情:①长者意识清醒,则问如何跌倒、哪个部位先着地、哪个地方最痛,判断受伤部位。若背部着地、脊柱部位疼痛明显,则有可能脊柱受伤。没有明显的脊柱损伤者,再依次活动上肢、下肢,检查肢体伤情。②长者意识不清,检查颈动脉搏动和呼吸,如心脏停搏,立即胸外心脏按压,进行现场心肺复苏;若长者心搏及呼吸存在,观察长者有无嘴角歪斜、抽搐等情况。

(3)清醒而没有脊柱损伤、骨折等情况者,扶长者起来,处理局部伤情,检查有无内脏损伤可能,监测生命体征,观察24小时。

(4)怀疑脊柱骨折者,在医护人员指导下多人合力搬动长者,要让脊柱保持一直线,不扭曲,防止骨折端移位。协助拍片检查。

(5)意识不清者,吸氧、建静脉通路、心电监护,针对原因对长者进行救治,必要时遵医嘱转院。

(6)通知家属,安抚长者。

(7)记录事件经过和救治过程。

(8)召开事件讨论会,分析原因,反馈跟进。填写不良事件报告单,按流程上报。

(9)平时加强跌倒预防与应急处置方法的培训。

2.应急处置流程

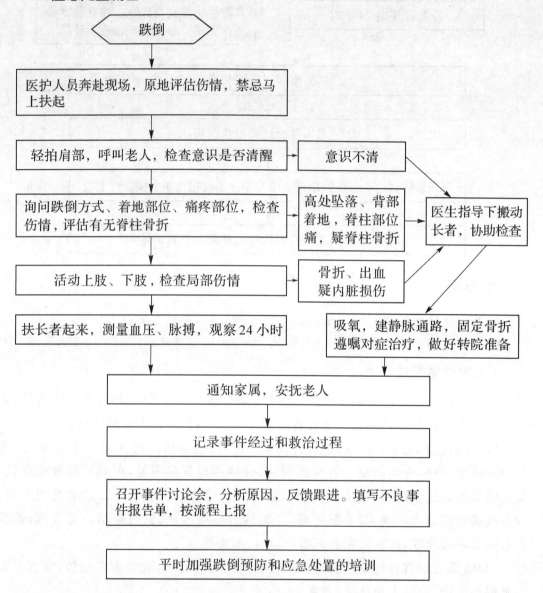

八、人际冲突

目的　妥善处理相关事件,平息事态,协调长者人际关系。安抚长者,预防心理应激而诱发心脑血管意外事件发生。

适用　机构内发生人际冲突的长者。

1.应急处置要求

(1)长者之间或者与工作人员、家人及其他人员发生争吵,甚至肢体冲突等人际冲突事件,设法立即分开冲突双方,同时通知值班护士。

(2)首先安抚长者情绪,平心静气处理事件,避免长者心理应激而诱发心脑血管疾病。

（3）分别与冲突双方交流，评估事件发生的原因，有效协调和处理。

（4）如果长者出现伤人行为，根据情况报告上级领导，必要时报警。若是精神异常的长者，请医生进行专项评估，采取必要的安全保护措施，必要时转院或者分区域管理，以免长者自伤或伤及他人。

（5）通知长者家属，做好沟通，避免医患纠纷。

（6）若涉及遗产等争端，社工介入协调。

（7）召开事件讨论会，分析原因，反馈跟进。填写不良事件报告单，按流程上报。

（8）记录事件经过及处理措施。

（9）平时做好员工和长者的健康教育，避免长者过于激动而诱发心脑血管疾病。

2.应急处置流程

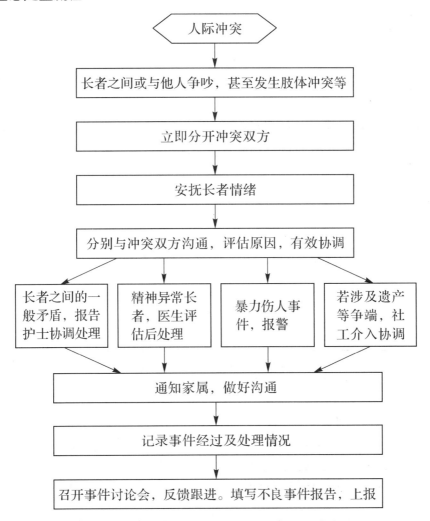

九、应激情绪

目的 安抚长者,平息情绪,处理情绪相关事件,预防并发症。

适用 机构内发生应激情绪的长者。

1.应急处置要求

(1)护理员发现长者有过于激动、愤怒、悲伤、紧张、焦虑等应激情绪,立即安抚长者,同时报告值班护士。

(2)引导长者放松情绪,平心静气解决问题,同时测量血压。根据长者个性特点和兴趣爱好进行引导,可采用深呼吸放松法或者听音乐、练字、练气功、散步、练瑜伽等方式来平息情绪。

(3)以移情、同理的心理沟通技巧与长者沟通交流,引导倾诉,了解情绪背后的事件,理解长者。

(4)必要时转介心理医师进行心理咨询,严重焦虑症发作适当用药治疗。

(5)联系家属,协调处理情绪背后的有关事件。

(6)记录事件经过和处理情况,由特殊事件导致情绪问题的,填报不良事件报告单。

(7)长者情绪体验的强度强、持续时间长,不容易平息。平时引导长者参与社会活动和人际交往,加强健康教育,增强心理调节能力,避免心理应激而诱发心脑血管疾病。

2.应急处置流程

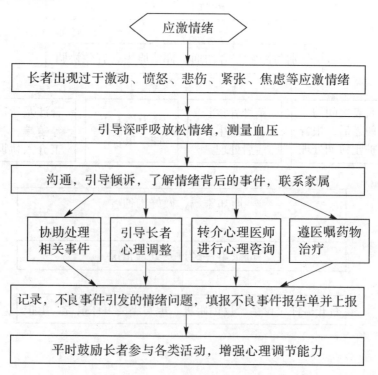

十、走失

目的　及时发现长者走失,及时查找,预防意外事件。

适用　机构内走失的长者。

1.应急处置要求

(1)护理员发现长者走失后应立即通知值班护士,上报护士长、科主任、值班经理及院长,并发动其他部门协助寻找。

(2)询问同居室的长者、机构内长者的朋友、工作人员,联系家属、亲戚。

(3)从前台处查看长者外出记录和摄像记录、楼层摄像记录等,尽可能收集更多信息寻找长者。

(4)至少两人一起查看长者居室物品,查找出走线索。

(5)未能找到长者,预计风险较大,适时报警。

(6)长者返回院里后,安抚情绪,检查身体,按有关规定对整个事件进行处理。

(7)未能找到长者,对长者的物品进行清点、保管,按公安部门要求处置。

(8)记录事件经过和处理措施。

(9)召开事件讨论会,反馈跟进。填报不良事件报告单,按流程上报。

(10)平时加强门卫管理及工作人员、长者的安全教育,预防此类事件发生。

2.应急处置流程

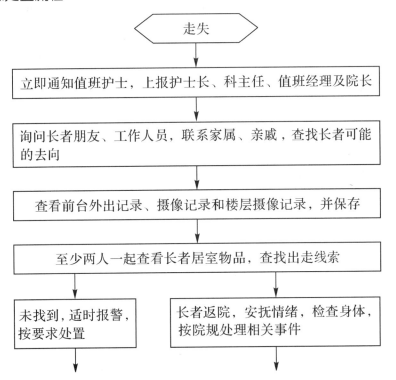

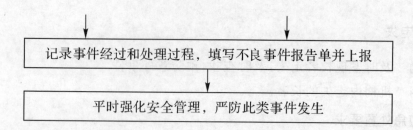

记录事件经过和处理过程，填写不良事件报告单并上报

平时强化安全管理，严防此类事件发生

十一、意外伤害

目的　及时处理伤害事件，使受意外伤害者和伤人者得到及时处理和护理，预防事件再次发生。

适用　机构内发生意外伤害的长者。

1. 应急处置要求

（1）发现伤害事件，立即制止，分开伤害双方，撤下伤害工具，同时立即通知护士和医生。

（2）控制伤人者，对被伤害者进行救治。

（3）通知科主任、护士长、值班经理及院长，联系家属。

（4）保护现场，根据伤害程度和事件性质，确定是否报警。

（5）与伤害双方进行沟通，评估事件背后的原因，平息事态，安抚情绪，协调关系，妥善处置。

（6）对认知障碍或抑郁症长者，由医生对之进行认知和精神方面的评估，遵嘱用药或转院治疗。

（7）妥善治疗受伤害者，协调善后处理。重者及时转院，同时配合警方调查取证。

（8）记录事件经过和处置过程。

（9）召开事件讨论会，反馈跟进。填报不良事件报告单，按流程上报。

（10）平时对认知和精神症状进行定期评估，加强失智长者的分区域管理，对精神异常者加强观察，按要求做好居室物品和器材的安全管理，严防伤害事件发生。

2. 应急处置流程

意外伤害

立即制止事件，分开伤害双方，撤下伤人工具，通知护士和医生

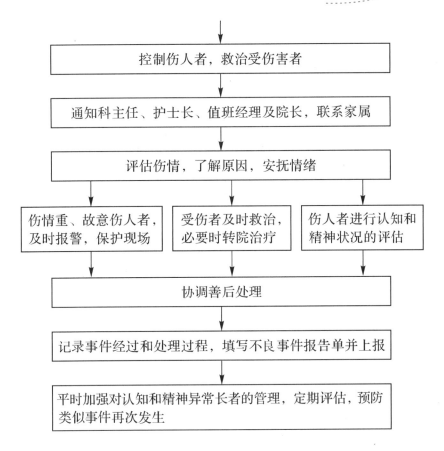

十二、动物咬伤

目的 长者被犬、猫等动物咬伤,及时处理伤口和必要的治疗,接种疫苗,预防感染和狂犬病。

适用 机构内发生被野猫或犬等宠物咬伤的长者。

1.应急处置要求

(1)护理员、管家及其他工作人员发现长者意外被动物咬伤,应立即呼叫值班护士、医生。

(2)就地进行伤口处理,用10%肥皂水或者0.1%苯扎溴铵溶液清洗伤口半小时,挤出伤口污血。

(3)通知护士长和值班经理,上报护理部和院感办公室,通知长者家属。

(4)联系疫苗接种点,在受伤后当天到接种点按序接种狂犬病疫苗。

(5)协助善后处理。

(6)详细记录事件发生经过和处理过程。

(7)召开事件讨论会,反馈跟进。填写不良事件报告单,并按流程上报。

(8)加强园区环境管理和长者健康教育,避免接触猫及犬类动物,机构内禁止携带和饲养宠物。

2.应急处置流程

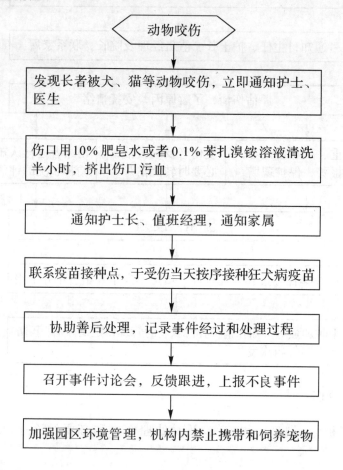

```
                    动物咬伤
                       ↓
    ┌─────────────────────────────────────────┐
    │ 发现长者被犬、猫等动物咬伤,立即通知护士、 │
    │ 医生                                      │
    └─────────────────────────────────────────┘
                       ↓
    ┌─────────────────────────────────────────┐
    │ 伤口用10%肥皂水或者0.1%苯扎溴铵溶液清洗   │
    │ 半小时,挤出伤口污血                      │
    └─────────────────────────────────────────┘
                       ↓
    ┌─────────────────────────────────────────┐
    │     通知护士长、值班经理,通知家属        │
    └─────────────────────────────────────────┘
                       ↓
    ┌─────────────────────────────────────────┐
    │ 联系疫苗接种点,于受伤当天按序接种狂犬病疫苗 │
    └─────────────────────────────────────────┘
                       ↓
    ┌─────────────────────────────────────────┐
    │   协助善后处理,记录事件经过和处理过程    │
    └─────────────────────────────────────────┘
                       ↓
    ┌─────────────────────────────────────────┐
    │  召开事件讨论会,反馈跟进,上报不良事件   │
    └─────────────────────────────────────────┘
                       ↓
    ┌─────────────────────────────────────────┐
    │ 加强园区环境管理,机构内禁止携带和饲养宠物 │
    └─────────────────────────────────────────┘
```

十三、自杀

目的 及时发现自杀长者,及时处理,挽救生命,预防再次自杀。

适用 机构内发生自杀的长者。

1.应急处置要求

(1)发现长者自杀,立即制止自杀行为,立即通知护士、医生。

(2)评估长者情况,对症救治,缺氧者吸氧,出血者止血,受伤者处理伤口,服毒者洗胃,心跳停止者行心肺复苏,遵医嘱用药。

(3)通知护士长、值班经理、科主任和院长,通知家属。

(4)死亡者,及时报警,保护现场。

(5)安抚长者,了解自杀原因,评估精神情况。

(6)设专人照护,做好心理护理,协调背后原因处理,加强社会支持,必要时心理医生和社会工作者介入处理,必要时转院治疗。

(7)记录事件经过和抢救过程。

(8)召开事件讨论会,反馈跟进。填写不良事件报告单,按流程上报。

(9)平时加强长者心理护理,定期评估长者认知和精神状况,加强药物、设施管理,避免类似事件发生。

2.应急处置流程

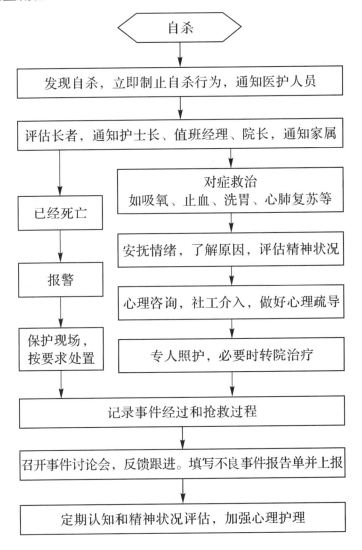

第二章　常见健康问题护理常规

一、常见慢性病护理常规

1. 高血压

高血压是指在静息状态下动脉收缩压或舒张压增高。长期高血压者,常伴有心、脑、肾、视网膜等器官功能性或器质性改变。临床上以持续血压增高或 3 次以上非同日坐位测得收缩压(SBP)≥140 毫米汞柱和(或)舒张压(DBP)≥90 毫米汞柱即为高血压。高血压与遗传、超重、高盐膳食、中度以上饮酒、精神紧张等因素有关。高血压是引起冠心病、脑卒中、心力衰竭、肾衰竭等心脑血管疾病的重要危险因素。

(1)设专人管理长者的健康,收集其行为中与危险因素相关的信息,建立长者健康档案及高血压记录表。与长者共同制订保健计划,每月总结并根据情况更改,病情有变化及时跟进。

(2)遵医嘱定期为长者测量血压,当血压不稳定时,及时汇报医生,增加测量次数。测量时,应固定用同一血压计测量右侧肱动脉血压,长者自带血压计者,定期校准。

(3)指导长者选择清淡少盐(每天少于 6 克)、高维生素、高纤维素、高钙、低脂肪、低胆固醇饮食,可多食粗粮、新鲜蔬果类食物,少吃油腻、辛辣刺激食物及肥肉、动物内脏、蛋黄等高胆固醇类食物,戒烟限酒,肥胖者适当减重。

(4)遵医嘱规律用药,观察药物不良反应,预防直立性低血压的发生。

(5)指导长者有规律地活动,结合兴趣选择散步、健身操、传统体育等有氧运动,运动量因人而定,避免剧烈运动。

(6)指导长者保持良好的心态,控制情绪,保持有规律的生活和充足的睡眠,防受寒,避免剧烈运动和过度用力,预防心脑血管意外。

2. 冠心病

冠心病即冠状动脉粥样硬化性心脏病,是指营养心肌的冠状动脉发生以粥样硬化为主的病理性改变,引起管腔狭窄或阻塞,导致心肌细胞缺血、缺氧、坏死而引起的心脏疾病。临床上以心绞痛、心肌梗死最为常见,以发作性胸痛为主要表现。疾病的发生与血脂异常、高血压、吸烟、超重与肥胖、高龄、遗传因素、A 型人格等有关。

（1）设专人管理长者的健康，收集其行为中与危险因素相关的信息，建立长者健康档案。

（2）结合长者的情况给予合理膳食、康复锻炼、戒烟限酒、保持情绪稳定等相应指导，并与长者共同制订保健计划，每月总结并根据情况调整，当出现病情变化时及时跟进。

（3）指导长者积极治疗与本病相关的疾病，包括高血压、糖尿病、高脂血症、肥胖症、肝肾疾病及内分泌疾病等，避免加重病情。

（4）指导长者心绞痛应急处理，要求长者随身备有硝酸甘油片剂或气雾剂，教会其用药方法，注意药物副作用。当长者心绞痛发作时，不要惊慌，先让其原地休息，放松身心；身边备有药物者，立即舌下含服硝酸甘油或硝酸异山梨酯（消心痛片），或使用硝酸甘油气雾剂；有条件者给予吸氧；病情不能及时缓解者，应立即通知医生。

（5）识别并及时处理心肌梗死预警症状，长者如出现下列症状时，应高度怀疑发生了急性心肌梗死：①长时间的心绞痛。既往有心绞痛者，症状加重，时间延长。同时还伴有烦躁不安、出汗、恐惧或濒死感。②胃肠道反应。有的长者可能会出现恶心、呕吐、腹泻等胃肠道症状。③休克、晕倒等症状。少数人不会感觉到疼痛，而是直接休克、晕厥。④与劳累有关的全身性疼痛。当长者劳累或激动时存在身体某部位的疼痛，休息后疼痛缓解。疼痛部位可出现于肩膀、后背，甚至牙齿、腹部。当怀疑长者发生心肌梗死时，应立即协助长者取平卧位，条件允许时给予吸氧、服用硝酸甘油，同时报告医生。

3. 糖尿病

糖尿病是以血液中的葡萄糖升高为主要标志，久病可造成心、脑、肾、眼等多个器官损害的代谢异常综合征。因胰岛素分泌绝对或相对不足以及靶细胞对胰岛素敏感性降低，引起糖、蛋白质、脂肪、水和电解质等一系列代谢紊乱。其发病与遗传家族史、不良的生活方式（如体力活动减少、膳食结构不合理、酗酒、吸烟等）、高血压、冠心病、高脂血症、肥胖或超重等有关。

（1）设专人管理长者的健康，收集其行为中与危险因素相关的信息，建立长者健康档案及血糖记录表。

（2）遵医嘱监测血糖变化并及时记录，如血糖波动大或持续高血糖应及时通知医生，遵医嘱采取进一步措施。

（3）指导长者合理饮食。①控制总热量，计算长者一日需要的总热量，增减食物时保持每日摄入总热量不变。②严格定时进食，根据长者生活习惯、病情和药物治疗的需要安排进餐的次数和时间。③食物的组成应以高碳水化合物、低脂肪、适量蛋白质和高纤维膳食为主。提倡用糙米、面和一定量杂粮。多食含能量低的各种新鲜蔬菜,限制胆固醇、限酒、限盐(<6 克/天)。④严格限制精制糖类食品,如甜点、饼干、蜜饯等。

(4)指导长者合理运动。运动种类以低中等强度的有氧运动为主,运动前要进行准备活动,运动时间在餐后 1 小时为宜,并尽可能避开药物作用高峰期。运动不宜在空腹时进行,运动中应适当补充水分,并随身携带一些糖果、饼干等,当出现饥饿、头晕等低血糖症状时,应及时食用并立即停止运动。运动时应随身携带糖尿病卡以备急需。

(5)指导长者遵医嘱正确用药。了解各类降糖药物的作用、剂量、用法、不良反应和注意事项,指导长者正确服用,切勿擅自停药或加药。

(6)正确处理低血糖反应。当长者出现饥饿、头晕、心悸、出汗、定向障碍、烦躁不安时可能出现低血糖,应立即监测血糖并服用糖水或进食含糖食物,同时通知医生。

(7)指导预防低血糖。糖尿病长者特别是高龄长者要注意预防低血糖的发生。

要求平时进食有规律,定时定量,避免空腹运动,随身备食物,如饼干,有低血糖表现时及时进食。注射胰岛素后 30 分钟内必须进食。

(8)预防长者发生糖尿病足。定期检查长者双下肢及足部有无感觉减退、麻木、刺痛感等,指导选择合适的鞋、袜,定期修剪脚趾甲,每天清洁双下肢及足部,保持清洁,观察足部皮肤有无颜色、温度改变及足背动脉搏动情况,冬天避免使用热水袋、电热毯或烤灯保暖,防止烫伤,同时要注意预防冻伤。注意预防蚊虫、跳蚤等叮咬,避免抓挠。

4.脑卒中

脑卒中也称为中风或脑血管意外,是指各种原因造成的脑动脉闭塞或破裂,导致相关区域神经功能缺损的疾病。脑卒中可分为缺血性卒中和出血性卒中,前者包括脑血栓形成和脑栓塞,统称脑梗死;后者包括脑出血和蛛网膜下腔出血。脑卒中的发生与年龄、高血压、高血脂、心脏病、糖尿病、吸烟、酗酒、体力活动少、高盐饮食、超重、感染等因素密切相关。长者慢性基础疾病多、体力活动少,味觉下降,爱食高盐饮食,是脑卒中的高发人群。

(1)设专人管理长者健康,建立长者健康档案。

(2)指导长者建立合理的生活方式。①合理膳食:指导进食高蛋白、高维生素、低盐、低脂、低热量清淡饮食,多食新鲜水果、蔬菜、谷类、鱼类、豆类,保持能量供需平衡。②适当运动:每天坚持 30 分钟以上有氧运动,如散步。③戒烟、限酒。

(3)指导长者积极治疗与本病相关的疾病,如高血压、高血脂、糖尿病等。

(4)指导长者遵医嘱定时、定量服药。对于服用溶栓和抗凝药物者,应观察有无黑便、牙龈出血、皮肤瘀点瘀斑等出血表现;观察长者生命体征,如原有症状和体征加重或出现严重头痛、血压增高、脉搏减慢、恶心呕吐等,应考虑颅内出血,立即停用溶栓和抗凝药物,报告医生;观察有无栓子脱落所致其他部位栓塞的表现,如肠系膜上动脉栓塞引起腹痛、下肢静脉栓塞所致皮肤肿胀、发红及肢体疼痛和功能障碍,发现异常及时上报。

(5)指导长者康复训练。对于存在吞咽障碍者,可指导长者进行间接训练、直接训练、代偿性训练、电刺激治疗等。对于存在肢体功能障碍者,可帮助其做肢体的被动运动。

(6)做好长者心理护理。因脑卒中的并发症如偏瘫、失语及肢体和语言功能恢复速度慢,日常生活需要照料,会使长者产生一系列焦虑、抑郁等心理问题,进而影响疾病康复和生活质量。应尊重长者并主动关心,鼓励其表达自身感受,并耐心倾听;鼓励长者及其家属主动参与治疗与康复,树立信心;避免情绪刺激,保持情绪稳定。

5.骨关节退行性病变

骨关节退行性病变,又称骨关节炎、骨关节病、退行性关节病、增生性关节炎、老年性关节炎等,由于增龄、肥胖、劳损、创伤、关节先天异常、关节畸形等诸多因素引起软骨下骨硬化,关节软骨变性、边缘骨刺形成。临床表现为缓慢发展的关节疼痛、压痛、僵硬、关节肿胀、活动受限和关节畸形等。本病好发于负重关节及活动量较多的关节,如颈椎、腰椎、膝关节、髋关节等。长者因组织老化、长期组织劳损是骨关节退行性病变的高发人群。

(1)设专人管理长者健康,建立长者健康档案。

(2)帮助长者控制疼痛,可使用物理方法如给病变关节热敷、热水浴等帮助缓解疼痛;必要时,遵医嘱予止痛药;按摩病变关节周围。

(3)指导长者均衡饮食,多食富含蛋白质、钙、胶原蛋白的食物,如牛奶、奶制品、鸡蛋、鱼虾、海带、猪蹄等。

(4)指导长者坚持适宜的体育锻炼,生活能自理者可进行散步、游泳、腕关节屈伸运动、直腿抬高运动等活动;协助生活不能自理长者进行病变关节的主动运动或被动运动,防止关节及周围的肌肉萎缩。所有活动应以活动后疼痛不加重为宜,避免剧烈运动和负重运动。

(5)指导长者保护关节,指导佩戴护膝、穿矫形鞋、使用拐杖或助行器辅助行走,减轻关节的摩擦和缓解疼痛。

(6)指导长者避免不良刺激,寒冷季节注意及时添加衣物,关节部位应注意保暖;湿冷雨天,及时更换潮湿衣物。肥胖者应控制体重,在平衡膳食的基础上适当减少每日热能的摄入,以维持理想体重。

6.慢性支气管炎

慢性支气管炎是指气管、支气管黏膜及其周围组织的慢性非特异性炎症,以咳嗽、咳痰为主要症状,每年发病持续3个月且连续2年或2年以上。慢性支气管炎发生主要与有害气体和有害颗粒吸入有关,比如香烟、烟雾、粉尘、刺激性气体(二氧化氮、氯气),与病毒、支原体、细菌等引发感染有关,与年龄、气候、免疫等因素有关。好发于冬春季。

(1)设专人管理长者健康,建立长者健康档案。

(2)评估慢性支气管炎发生的风险,找出主要影响因素,针对长者具体情况,指导长者及其家属正确预防,减少急性发作。

(3)指导长者遵医嘱正确用药,急性期常选用左氧氟沙星、罗红霉素、阿莫西林、头孢呋辛等药物控制感染,复方甘草合剂、溴己新、盐酸氨溴索等祛痰镇咳药物;缓解期常选用卡介苗多糖核酸、胸腺肽等免疫调节剂或中草药。

(4)指导长者有效咳嗽。如深吸一口气憋住2秒,然后轻咳两声,再重咳一声,将痰排出体外或遵医嘱用药、进行雾化吸入等促进痰液排出,保持呼吸道通畅。

(5)指导长者根据健康状况选择适宜的体育活动,如太极拳、散步、健身操等。同时,预防感冒、戒烟,避免被动吸烟,避免烟雾、化学物质等有害理化因素刺激。

(6)指导长者合理饮食,增强体质。饮食以高蛋白、高热量、高维生素、低脂、易消化为宜,多进食瘦肉、蛋、奶、鱼、蔬菜和水果等。多饮水,无特殊禁忌,每天饮水量不少于1500毫升。

7.前列腺增生

前列腺增生是男性长者常见疾病,是由于前列腺的逐渐增大对尿道及膀胱出口产生压迫作用引起尿频、尿急、排尿困难、尿潴留和尿失禁,严重时会发生无痛性肉眼血尿、严重肾积水、肾功能损害,长期排尿困难还会并发腹股沟疝、膀胱结石、内痔或脱肛。前列腺增生的发病率随着年龄的增长而增加。

(1)设专人管理长者健康,建立长者健康档案。

(2)对急性尿潴留长者的护理:创造舒适、安全的环境,排尿时使用窗帘或屏风遮挡,保护长者隐私;教会长者自我放松的方法,卧床不起者可适当抬高床头,鼓励其自行排尿;帮助长者建立排尿反射,如听流水声、下腹部热敷、自我按摩。上述措施无效时,可留置导尿管,第一次放尿量≤1000毫升,间歇性定时开放,利于膀胱功能恢复。

(3)做好病情观察,了解长者排尿次数、时间间隔及尿的颜色;告知其切勿长时间憋尿,防止膀胱过度充盈,影响逼尿肌功能。

(4)观察用药后排尿困难的改善情况及药物副作用。掌握药物的不良反应,如

α受体阻滞剂可引起头晕、直立性低血压等症状,应在睡前服药,用药后卧床休息,以防跌倒。

(5)指导长者建立良好的饮食习惯,酒类和咖啡具有利尿和刺激作用,会进一步加剧尿频、尿急等症状,应适当限制摄入。可适当限制饮水缓解尿频症状,如夜间或外出社交活动时限水。但每日饮水量应≥1500毫升。夜间床边备便器,避免夜间如厕发生意外。

(6)做好长者心理护理,理解长者尿频、排尿困难等症状给其带来的生活不便与极大痛苦,为长者讲解前列腺增生的主要治疗方法,鼓励长者树立战胜疾病的信心。

8.恶性肿瘤

恶性肿瘤是指机体在各种致瘤因素长期作用下,某一正常组织细胞发生异常分化和无限增生,并向周围组织乃至全身侵袭和转移的疾病。一般早期多无明显症状,不同类型肿瘤表现不同,但可有如下共同表现:体表或体内有肿块,局部疼痛、溃疡、出血,可见局部淋巴结肿大、肿瘤细胞转移等。如不及时治疗,肿瘤细胞侵犯范围会扩大,严重者出现恶病质,最终危及生命。恶性肿瘤的发生多与遗传、环境污染、不良生活习惯、免疫缺陷、心理等因素有关。长者年老体弱,自身免疫力下降,易发生恶性肿瘤。

(1)设专人管理长者健康,建立长者健康档案。

(2)做好长者心理护理,根据长者不同的心理反应有针对性地进行心理疏导,帮助其消除负性情绪,保持乐观、豁达的心态,增强战胜疾病的信心。鼓励长者亲属给予更多的关心和陪伴,增强长者自尊感和被爱感,重燃生活的希望。

(3)根据长者自身情况,选择合适的营养支持方式保证营养的供给,鼓励长者摄入高蛋白质、高热量、高维生素、易消化的清淡食物,多饮水。

(4)创造安静舒适的环境,减少不良刺激,确保长者得到充分的休息。病情允许情况下,鼓励长者适当参加日常活动。卧床长者,协助定时翻身叩背,鼓励有效咳嗽咳痰,练习深呼吸,防止压疮和坠积性肺炎等并发症。

(5)通过音乐疗法、按摩、深呼吸等帮助长者转移注意力减轻疼痛;疼痛难忍者,遵医嘱采取癌症三阶梯止痛疗法缓解疼痛。

(6)指导放化疗长者保持皮肤清洁干燥,忌用肥皂等刺激性物质;局部皮肤出现红斑瘙痒时,禁搔抓、禁用酒精、碘酊等涂擦,如有皮肤脱皮,让其自然脱落,禁撕脱;指导脱发者选购合适的发套,维持正常的外观。

(7)指导长者定期进行复查,以防复发。

9.老年期抑郁症

老年期抑郁症是指首次发病于老年期(≥60岁),以持久的抑郁心境为主要临床特征的一种精神障碍。长者主要表现为情绪低落、焦虑、迟滞和躯体不适等,常以躯体不适的症状就诊,且不能归因于躯体疾病和脑器质性病变。老年期抑郁症如不及时诊治,会导致生活质量下降、心脑血管病变发生率增加甚至自杀等严重后果。老年期抑郁症的发生多与遗传、个人性格、缺乏社会支持、家庭变故等负性生活事件、糖尿病、高血压等慢性疾病及使用心血管药物、激素、左旋多巴等因素有关。长者躯体疾病多,社交活动少,应激能力减退,容易发生老年期抑郁症。

(1)设专人管理长者健康,建立长者健康档案。

(2)密切关注长者情绪,及时阻断负向思考,帮助回顾自己的优点、长处,体验成就感,增加正向看法。指导长者积极参与集体活动,如下棋、聊天等;鼓励子女、亲友多关心、陪伴长者,营造良好的亲情氛围。

(3)指导长者遵医嘱规律用药,观察药物不良反应。避免随意增减药物或停止服药。

(4)与长者建立良好的护患关系,识别长者不良情绪。妥善安置刀、剪等锐器,以防意外。夜间、凌晨、午间、节假日、交接班等人少的情况下,特别注意防范意外。有自杀企图的长者,安排专人24小时看护,并通知家属转院治疗。

(5)指导长者养成规律的生活习惯。晚上入睡前热水泡脚,营造安静的入睡环境,确保充足的睡眠。

(6)为长者营造良好的休养环境。保持环境整洁舒适,光线明亮,空气流通,墙壁以明快色彩为主,可摆放适量的鲜花,以调动长者对生活的热爱。

10.老年期痴呆症

老年期痴呆症是指发生在老年期,由于慢性或进行性大脑器质性损害引起的脑功能障碍的一组症候群,是长者在意识清醒的状态下出现的持久的全面智能减退,主要表现为认知功能减退和行为人格改变等。老年期痴呆症主要包括阿尔茨海默病、血管性痴呆、混合性痴呆和其他类型痴呆,其中阿尔茨海默病和血管性痴呆为主要类型。

(1)设专人管理长者的健康,建立长者健康档案。

(2)为长者营造安全的环境,室内摆设简单、固定,做好防滑设施,避免长者接触危险物品,如刀、火源等;保管好不可食用物品。必要时设专人照护失智长者。

(3)评估失智长者认知功能、日常生活活动能力,根据长者具体情况提供有针对性的照护。常用认识功能评估量表有简易智力状态检查、蒙特利尔认知功能评估量表等;常用日常生活活动能力量表(ADL量表)有Barthel指数评价量表等。上述评估量表的具体使用方法可参阅相关书籍,如《老年志愿服务手册》(陈雪萍主编,浙江大学出版社出版)。

(4)保持长者床铺及衣着整洁、干燥,对于出现大小便失禁者,应及时更换床单位及衣物,保持会阴部清洁。

(5)尊重和理解失智长者,对伴有异常行为者,应避免环境、生理等刺激,满足其需求;当出现行为异常时,转移其注意力,适当给予安慰和良性感官刺激,如音乐疗法。

(6)安排长者适当参与集体活动、益智类活动和体育锻炼,延缓功能退化。勤巡视病房,关注长者情绪,防止其走失。

11.骨折

骨折是指骨的完整性和连续性中断,主要表现为骨折处疼痛,活动患肢时疼痛加剧,伴压痛,同时患肢肿胀,可有瘀斑、活动受限等。如处理不当会加重损伤,增加长者痛苦,甚至造成残疾。骨折的发生多与跌倒等创伤及骨肿瘤等骨骼疾病等因素有关。多数长者存在骨质疏松,是骨折的高发人群。

(1)设专人管理长者健康,建立长者健康档案。

(2)指导长者积极锻炼,多做户外活动,预防骨质疏松,同时避免跌倒,预防骨折。

(3)遵医嘱做好骨折固定和牵引的护理。骨折初期,抬高患肢,促进静脉回流,减轻骨折部位水肿;指导长者尽可能保持关节功能位,利于骨折断端愈合。观察长者患肢肢端的皮肤颜色、温度,有无肿胀及动脉搏动等情况,当皮温偏高、动脉搏动减弱时,应考虑是否存在骨-筋膜室综合征,及时通知医生。协助长期卧床长者定时翻身,可使用水垫、三角枕等保护具,观察受压部位皮肤情况并做好相关记录。注意观察长者牵引部位皮肤情况,避免牵引部位包扎过紧诱发压疮;指导长者保持合适体位,保持有效牵引。

(4)帮助长者控制疼痛,可采用转移注意力、音乐疗法等非药物镇痛方法,必要时遵医嘱给予止痛药。

(5)指导卧床长者有效咳嗽咳痰,并练习深呼吸,防止发生压疮、坠积性肺炎并发症;同时根据长者情况指导其行床上功能锻炼,如肌肉等长收缩运动和各关节活动,防止发生深静脉血栓;指导卧床长者床上大小便,同时避免便秘的发生。

(6)长者下床活动时,评估其跌倒发生的可能因素,确保周围环境的安全,如扶手及设施稳固,地面无湿滑,无影响长者活动的障碍物。指导长者使用辅助器械步行,以防跌倒。

(7)指导长者进食富含蛋白质、维生素、钙和铁的食物,多饮水。

二、常见健康问题护理常规

1.皮肤瘙痒

皮肤瘙痒是指自觉全身或局部皮肤瘙痒而无原发性皮肤损害的皮肤感觉异常性皮肤病。搔抓后可导致局部皮肤损伤,加重瘙痒,影响睡眠。皮肤瘙痒的发生与局部皮肤病变、气温变化、化纤织物刺激、糖尿病、肾功能减退、药物过敏及心理等因素有关。长者皮脂腺及汗腺分泌功能减退,皮肤干燥,容易发生皮肤瘙痒。

(1)设专人管理长者健康,建立长者健康档案。

(2)评估皮肤瘙痒的部位、范围,有无皮肤破损,寻找引起瘙痒的原因,针对长者具体情况,指导长者及家属正确预防。

(3)协助长者剪短并磨平指甲,防止损伤皮肤。瘙痒时,避免用搔抓、摩擦及热水烫洗等方法止痒。指导长者可通过轻拍皮肤的方法止痒,必要时遵医嘱用药。

(4)结合长者自身习惯和季节特点选择合适的沐浴频率,不宜过频,水温以 40℃为宜,不宜过高,沐浴时间以 10～15 分钟为宜。沐浴时选择中性护肤浴液或清水,不宜使用碱性肥皂。

(5)指导长者保持皮肤清洁湿润,适当使用润肤用品,秋冬季节浴后及时涂擦润肤油,勿乱用化妆品和外用药物。

(6)选用纯棉衣物及床单被褥,避免化纤材料的刺激。长者衣物宜用中性洗涤剂洗涤,用清水充分漂洗后晒干或烘干。

(7)指导长者合理膳食,多食用富含维生素、易消化的饮食。冬季多吃养血润燥的食物,如芝麻、花生等,忌烟酒、浓茶、咖啡,少吃辛辣刺激性食物,忌吃海鲜等易过敏食物。

2.尿失禁

尿失禁是指由于膀胱括约肌损伤或神经功能障碍而丧失排尿自控的能力,使尿液不受主观控制而自尿道口溢出或流出的状态。长者可因身体异味、反复尿路感染及皮肤糜烂等,导致孤僻、抑郁等心理问题。尿失禁的发生与前列腺增生、尿路感染、脊髓损伤、老年期痴呆、帕金森病、脑卒中、盆底肌张力减低及使用各类影响尿液分泌或排泄的药物等因素有关。

(1)设专人管理长者健康,建立长者健康档案。

(2)指导长者去除尿失禁诱因,如治疗慢性咳嗽、尿路感染等相关疾病,避免紧张运动,不穿过紧衣裤以方便排尿。

(3)保持长者皮肤清洁干燥。对于长期卧床长者,勤换床单、衣裤、尿垫,经常用温水清洁会阴部皮肤,并提供烘干设备、接尿设备等。

(4)指导长者每日白天摄入液体 2000～3000 毫升,睡前限制饮水,减少夜间尿量。避免摄入有利尿作用的饮料,如酒类、咖啡、浓茶等。

(5)指导长者坚持进行盆底肌肉训练,长者取立位、坐位或卧位,试做排尿动作,先慢慢尽量收紧盆底肌肉并保持 10 秒,然后再缓慢放松 10 秒,如此重复 10 次。

(6)指导长者进行膀胱训练,协助长者根据平常的排尿间隔,建立规则的排尿习惯,并鼓励其在排尿急迫感强烈之前如厕排尿。如间隔 2 小时排尿一次,无尿失禁现象,则逐渐延长排尿间隔时间。

(7)与长者建立互信关系,尊重、理解长者,进行相关护理操作时使用屏风等保护其隐私。同时,用心聆听长者的情绪表达,舒缓长者压力,增强其应对尿失禁的信心。

3.便秘

便秘是指排便次数减少,同时排便困难,粪便干结。由于长者肠道蠕动减弱,食欲减退,久坐久卧,活动减少等原因,导致粪便在肠内停留时间长,所含水分被吸收,粪便干硬不能被排出。长期便秘不仅会出现腹胀、食欲减退、心烦等症状,还会诱发或加重痔疮、肛裂等疾病,增加心肌梗死、脑卒中和猝死的发生率。

(1)设专人管理长者健康,建立长者健康档案。

(2)指导长者合理饮食,增加蔬菜、水果、五谷杂粮摄入比例,经常食用硬壳类食物,如核桃、花生等,增加富含膳食纤维的叶菜类食物。

(3)指导长者多饮水,每日饮水量≥2500 毫升,保证足够水分润肠软便。

(4)帮助长者养成定时排便的习惯,最好于每日晨起后,空腹喝一杯温开水或蜂蜜水后排便。

(5)指导长者参与适度的体育锻炼,如散步、打太极等。对于卧床长者指导锻炼腹肌和提肛肌。

(6)指导长者腹部按摩:用右手或双手叠加按在腹部,以顺时针方向做环状按摩,起床前按摩 3～5 分钟。

(7)指导长者正确合理使用泻药。

4.疼痛

疼痛是一种与现存的或潜在的组织损伤有关的不愉快的感觉和情绪体验。引起疼痛的病因很多,如外科手术、外伤和骨折等引起的急性疼痛,癌症、慢性骨关节疾病等引起的慢性疼痛。癌症、骨关节退行性病变是引起长者慢性疼痛的主要病因。长期慢性疼痛不仅会影响生活质量,甚至会引起焦虑、抑郁等负面情绪。因此,有效控制长者慢性疼痛是护理的关键问题之一。

(1)设专人管理长者健康,建立长者健康档案。

（2）全面评估疼痛，收集疼痛病史，包括疼痛部位、性质、强度、时间、诱发因素，是否有伴随症状及缓解方法。可采用数字评分法或 WHO 的疼痛分级标准评估长者的疼痛程度。

（3）尽可能满足长者对舒适的需求，如帮助更换体位减轻压迫；提供舒适整洁的床单位、保证良好的采光和通风、调节适宜的室内温度和湿度。

（4）对长期慢性疼痛长者，给予情感支持，避免主观性批判其感受，安抚情绪，分散注意力，可通过冥想、瑜伽、念禅、音乐疗法等方式缓解疼痛。

（5）正确采用光疗法、电疗法、水疗法、按摩等疗法缓解长者疼痛。

（6）必要时遵医嘱给予镇痛药。对于慢性疼痛者，掌握疼痛发作规律，尽可能在疼痛发作前给药。

5.骨质疏松

骨质疏松是指一种以骨量减少、骨组织微结构退化为特征，随着骨质脆性增加、发生骨折危险性增加的全身性骨病。长者，尤其是女性长者易出现骨质疏松，严重者可导致骨折。骨质疏松的发生与年龄的增长、性激素水平的下降、长期卧床、缺乏运动、钙磷代谢紊乱、大量饮用碳酸饮料和咖啡、光照减少等因素有关。长者骨形成减少，骨质丢失增加，骨量下降，容易发生骨质疏松。

（1）设专人管理长者健康，建立长者健康档案。

（2）评估骨质疏松发生的风险，找出主要原因。针对长者具体情况，指导长者及家属正确预防骨质疏松。

（3）关注长者骨密度变化情况，定期进行骨密度检测，早发现，早诊断，早治疗。

（4）指导长者养成良好的生活习惯，不抽烟，少喝酒，不喝碳酸饮料、咖啡等。

（5）指导长者合理膳食，多摄入含钙和维生素 D 丰富的食物，如牛奶、大豆、豆制品、芝麻酱、虾皮、鱼肝油等。

（6）每天安排长者参与适宜的运动，因疼痛活动受限者，指导长者维持关节的功能位，每天进行关节及肌肉的活动训练，卧床长者协助每小时活动身体数分钟。

（7）指导长者每日进行户外阳光照晒，补充维生素 D，促进钙、磷的吸收。一般上午 9—10 时，下午 4—5 时适宜外出。

（8）穿防滑鞋，尽量避免弯腰、负重等行为，防止长者跌倒。地面防滑，扶手设施稳固。在存在危险处设立警示牌。

（9）定期进行预防骨质疏松的宣传。

6.直立性低血压

直立性低血压是指在体位突然变换为直立时发生头晕、乏力，甚至跌倒、晕厥的一组临床综合征。长者因此产生不适体验，可导致跌倒、骨折及心脑血管意外事件。

直立性低血压的发生与年老体弱、长期卧床、心脏病、高血压等慢性病及使用降压药、利尿药、催眠药、抗精神病药、抗抑郁药等因素有关。长者活动少,器官老化,心血管调节功能下降,容易发生直立性低血压。

(1)设专人管理长者健康,建立长者健康档案。

(2)评估直立性低血压发生的风险,找出主要影响因素,针对长者具体情况,指导长者及家属正确预防。

(3)起床特别是清晨起床缓慢,用三个"半分钟"起床:床上活动半分钟,床上坐半分钟,床沿腿下垂坐半分钟,再慢慢起床。可先做一套养生操再起床。

(4)尽量避免蹲位如厕、蹲位擦地板、长时间弯腰工作,从蹲位、坐位到站立的速度要慢。

(5)少食多餐,避免过饱,餐后休息 1 小时后再活动。避免长时间站立。

(6)降血压的药物尽量在休息时间内服用。

(7)每天安排长者参与适宜的活动,协助卧床长者离床活动或者床上坐位、半坐位片刻。

(8)地面防滑,扶手设施稳固。

(9)定期通过智能手机、电视、墙报、图片等宣传途径普及直立性低血压预防知识。

7.压疮

压疮又称为褥疮,是身体局部组织长期受压,血液循环障碍,局部组织持续缺血缺氧而营养匮乏,致使皮肤失去正常功能而引起组织破损和坏死。压疮是长期卧床或躯体活动障碍者易发生的皮肤问题,具有发病率高、愈合慢、容易复发的特点。压力、剪切力、摩擦力、局部潮湿或排泄物刺激,躯体活动和感觉障碍是诱发压疮的主要因素,营养状况是影响压疮形成和恢复的重要因素。压疮多发生于长期受压及缺乏脂肪组织保护、缺少肌肉包裹或肌层较薄的骨突处。卧位不同、受压点不同,好发部位亦不同。

(1)用 Braden 压疮评估量表评估长者发生压疮的危险,如得分≤18 分,提示长者有发生压疮的危险,应结合长者的危险因素制定个体化的预防措施,并为其建立档案,专人管理。

(2)协助长期卧床及翻身困难者至少每 2 小时翻身 1 次,必要时每 30 分钟翻身 1 次;翻身时避免拖、拉等以免增加摩擦力。在床尾悬挂专门的翻身卡,记录翻身时间、卧位及皮肤情况。

(3)保持床单位整洁无碎屑,贴身衣物柔软,减少皮肤摩擦。保持皮肤清洁干燥,及时处理大小便、汗液等排泄物。

(4)消瘦者应给予热量充足、高蛋白、富含维生素的饮食,改善营养不良状况,增强免疫力。肥胖者应合理减少热量摄入,减轻体重以降低对受压组织的压力。

(5)对于压疮高危者可使用气垫床、水垫、三角枕等。对易发生压疮的骨隆突处可使用泡沫贴保护;已发生压疮者定期清创换药,避免感染,预防压疮进一步发展。

(6)定期通过智能手机、电视、墙报、图片等宣传途径普及压疮的预防措施。

8.噎食

食物团块完全堵塞咽喉部引起窒息,称噎食,主要表现为进食时突然出现严重呛咳,呼吸困难,两眼发直,面色苍白或发绀甚至窒息。长者咽喉部感知功能减退,神经肌肉的协调功能降低,吞咽反射减弱,唾液分泌减少,因此易发生噎食。易堵塞气管的常见食物有肉类、芋艿、地瓜、汤圆、包子、豆类和花生等;仰卧位进食、进食时谈笑、进食速度快、大口进食等不良习惯也易发生噎食。

(1)识别噎食的高危人群,并为高危人群建立健康档案,专人管理。

(2)对于脑卒中、戴义齿、昏迷、卧床不起等存在吞咽困难症状者在进食时予以关注并协助进食。

(3)协助长者取合适的进食体位,尽量采取坐位,上身略前倾位。坐位困难者,应抬高床头,将头转向一侧进食,避免仰卧位进食。嘱长者缓慢进食;切勿放太多食物入口;避免同时吞流质和固体食物;饮水时用矮身杯。若发生呛咳,须休息后再进食;进食期间应集中注意力。

(4)为长者提供的食物宜切碎、煮烂,避免大块状、粗糙、黏稠度高的食物,如糯米团子等。餐具可选择防滑碗、高低边碟、改良易拿杯、改良筷子等。

(5)正确处理噎食。当发现长者噎食后应立刻呼救,迅速清除口腔内食物。意识清醒者,抢救者站于长者身后,一手握拳,拳眼紧贴上腹部,另一手握在拳头外,用力向上、向后冲击;意识不清醒者,应将长者迅速摆成仰卧位,抢救者双手置于长者脐上2厘米处(远离剑突),用力向上、向内冲击。

(6)定期通过智能手机、电视、墙报、图片等宣传途径普及误吸的预防及处理方法。

9.误吸

误吸是指进食或非进食时在吞咽过程中有数量不一的液体或固体食物(包括分泌物或血液等)进入声门以下的呼吸道。误吸的发生与吞咽、呼吸功能失调有关,同时食物形状、进食习惯是误吸的影响因素。误吸会引起肺部感染、窒息甚至死亡。

(1)识别长者是否是误吸的高危人群,专人管理,建立健康档案。

(2)协助长者取合适的进食体位,卧床不起者应适当摇高床头,避免仰卧位进食、进水;偏瘫长者喂食,宜送到健侧。

(3)选择适合长者的食物,食物应易于嚼碎和吞咽,避免过硬、过于辛辣或粉状食物;高龄长者喝水喝汤时呛咳明显,可将食物加工成糊状。咳嗽、多痰、喘息者,进食前协助排痰、吸氧,减轻喘息。

(4)正确处理误吸:当长者出现剧烈呛咳时,扶持长者取舒适体位,防跌倒、碰撞,避免在呛咳时叩背。若出现呼吸困难,立即通知医生。

10.瘫痪

肌肉的肌力下降,随意运动功能减弱或者消失称为瘫痪,常伴有感觉障碍,大小便困难。按病变发生部位可将瘫痪分为肌源性、下运动神经元性和上运动神经元性。按严重程度不同,瘫痪可分为完全性瘫痪和不完全性瘫痪,前者肌力完全丧失,肢体随意运动消失,后者肌力呈一定程度减低,随意运动未完全消失。长者中以脑血管意外引起的肢体偏瘫最为常见。

(1)设专人管理长者健康,建立长者健康档案。

(2)保持长者皮肤清洁、干燥,避免汗液、尿液等分泌物刺激;定时翻身,必要时卧气垫床,预防压疮发生。

(3)维持肢体功能,手关节保持轻微背曲,手中可放一卷起的手帕;肘关节微屈曲;上肢稍高于肩关节水平,避免关节内收;将足底垫起使足背与小腿垂直,预防膝关节伸展性挛缩;膝关节下放置小枕,使腿微曲,膝关节外放置枕头,避免下肢外旋。

(4)为预防长者肢体挛缩畸形,可每日为其进行四肢向心性按摩,促进静脉血回流,防止深静脉血栓并能预防肌肉萎缩和关节僵硬。指导瘫痪长者用健侧肢体辅助患侧肢体进行功能训练。

(5)保持长者室内空气流通,冬季注意保暖,防止感冒。长期卧床者易发坠积性肺炎,指导长者每日行深呼吸训练、咳痰训练。存在咳嗽咳痰者,应定时叩背、协助改变体位,必要时遵医嘱行雾化,促进痰液排出,预防感染。

(6)长期卧床长者嘱其多饮水预防尿路感染,切勿因排尿排便不便而减少饮水量;每日清洁会阴部;部分瘫痪长者因膀胱括约肌功能障碍而不能自主排尿,可用温水冲洗会阴部或在腹部自上而下按摩促使尿液排出;必要时遵医嘱予留置导尿,并定期更换尿管、尿袋。长期卧床者,肠蠕动减慢,容易便秘,应注意合理膳食,予腹部按摩,预防便秘。

(7)保证长者充足营养摄入,给予高热量、高蛋白、高维生素、富含纤维素饮食,对进食困难者给予鼻饲,以维持液体、热量和电解质平衡。

(8)功能障碍、生活自理能力下降会使长者心理负担加重,精神苦闷,悲观失望。照顾者应关注长者情绪变化,理解其心情,耐心协作。

11.老年衰弱综合征

老年衰弱综合征是指长者因生理储备下降而出现抗应激能力减退的非特异性

状态。老年衰弱综合征涉及神经肌肉、代谢及免疫等多系统的生理学变化,会增加死亡、失能、谵妄及跌倒等负性事件的风险。国际老年营养和保健学会提出老年衰弱综合征包含五个方面:①无力,每上1层楼梯都会感到困难;②自我疲乏;③移动性差;④无意识的体重下降,1年内体重下降大于5%;⑤5种以上疾病共存。对于衰弱综合征的干预应达到以下目标:预防、延缓、逆转、减少衰弱;对于不可逆转的衰弱,应预防、减少不良健康结局的发生。

(1)设专人管理长者健康,建立长者健康档案。

(2)注意观察疾病的早期变化,干预对早中度衰弱的长者效果较好,因此应早期发现,早期干预。常见评估方法有 Fried 评估法,满足以下5条中的3条即为老年衰弱综合征:①不明原因体重下降;②疲劳感;③无力;④行走速度下降;⑤躯体活动降低。建议对≥70岁以上长者或最近1年内因慢性疾病导致体重明显下降(≥5%)者进行衰弱评估。

(3)指导长者积极参与体育运动,为其制定个体化的运动方案。一周3次以上锻炼,每次45~60分钟,有利于长者衰弱状态的改善。

(4)指导长者适当补充蛋白质及维生素 D,增加肌容量,改善衰弱长者体质下降状况和营养不良。

(5)指导合理用药,观察用药反应。

(6)保持长者积极良好的心态,鼓励长者培养兴趣爱好,参与社会活动,保持乐观情绪。

第一章　照护服务规范

第一节　清洁服务

一、洗脸

目的　洗脸是为失能长者提供的一项清洁服务,可以清除面部污垢并促进面部血液循环,增进舒适度,预防感染,维护长者自尊。

适用　适用于失能、失智而无法自行洗脸的长者。

用物　脸盆、毛巾、热水、洗面奶或洁面皂、润肤霜。

1.服务要求

(1)尽量协助、鼓励长者自行洗脸。提供长者合适的辅具,开展日常康复锻炼,以促进其自理功能的保持,促进自行洗脸能力的维持和恢复。

(2)操作前清洗双手,不留长指甲,备齐物品,保持仪容仪表端庄。

(3)水温以不烫手为度。必要时使用洗面奶等清洁剂,避免清洁剂流入眼内。眼睛周围不宜使用清洁剂。

(4)预防指甲划伤,用包手法折叠毛巾:围绕于手心和四个手指包绕,包紧后用拇指压住末端,以四个手指为中心,远端毛巾反折于手心,塞入毛巾与手心的间隙。

(5)浸湿毛巾,以不滴水为宜。清洁顺序:①擦洗眼部,从内眼角到外眼角,先擦洗远侧眼,后擦洗近侧眼;②擦洗前额,由额中间分别向远侧再向近侧擦洗;③擦洗鼻部,由鼻根擦向鼻尖;④擦洗面颊、耳部,由鼻翼一侧向下至鼻唇部横向擦洗面颊部至耳部,同样方法擦拭另一侧,再擦洗下颏,自下而上擦洗耳后;⑤擦洗颈部,由中间分别向两侧擦洗;⑥清洁手部,可将脸盆靠近床边或置于床上(下垫塑料布或一次性垫单),将长者手放入脸盆内清洗,擦干。视情况使用洗面奶或洁面皂,用清水洗净擦干。必要时用湿棉签清洁耳道和鼻腔。

（6）擦洗眼部注意用力适当，避免压迫眼球。

（7）洗脸毛巾不互用，与洗脚毛巾分开使用，经常清洗，定期日光照射消毒或煮沸消毒，预防交叉感染。

（8）清洗后涂润肤霜，清洁剂和润肤霜的使用要照顾到长者的习惯，由长者自行提供。

（9）清洗过程中如沾湿衣被，应予及时更换。洗脸时注意室内温度，避免空气对流而致受凉感冒。

（10）洗脸过程中注意关爱长者，较好交流。

2．服务流程

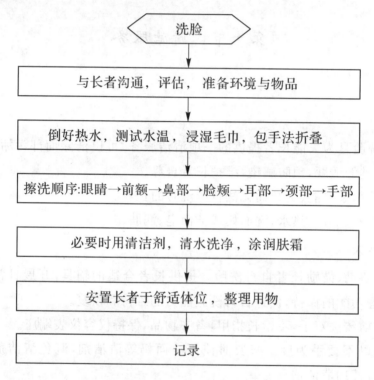

二、坐位洗头

目的 坐位洗头是协助行动不便的长者进行头发的清洁服务。定期洗头可以清洁头发和头皮，去除异味，预防感染，增进舒适，维护长者自尊。

适用 主要适用于：①能保持坐位，上肢功能良好者；②脊柱，特别是颈椎、腰椎无异常，能低头、弯腰者；③无其他禁忌证者。

用物 洗发毛巾、浴巾、洗发液、护发素、梳子、椅子、润肤霜、棉球、吹风机、小桌子、塑料布围兜、洗头盆、水杯或水壶、污水桶、热水。若利用浴室淋浴花洒冲水，减少相应用物。

1.服务要求

(1)操作前洗手,不留长指甲,仪容仪表端庄。

(2)评估长者情况,能否独自坐稳,是否可以低头、弯腰等,保障坐位洗头的安全。

(3)洗头前协助长者如厕,备齐物品。避免空腹或饱餐时洗头。

(4)调节室温,关门窗。洗后头发及时吹干,沾湿衣服及时更换,洗发后半小时内不外出,预防受凉。

(5)长者坐稳于椅子上,前面放洗头用的小桌,高度以平长者肘部为宜。桌上放洗头盆,洗头盆出水口连接污水桶。长者双手扶于身前小桌两边,低头于小桌上的洗头盆内。椅子两侧最好有扶手,椅子高度合适,以长者双脚平放于地面时膝部呈直角为宜。

(6)给长者颈部围围兜,耳部塞棉球,洗头时嘱长者闭眼,避免洗头时沾湿衣服,防止水、洗发液流入眼、耳内引起不适。

(7)操作者站于长者一侧(右利手者站于左侧),左手提水壶,先冲少量水于前臂内侧测试;嘱长者闭上双眼,淋少量水于长者头部,征询水温;再淋湿头发,取洗发液于掌心,涂擦头发;左手扶长者额部,右手用指腹揉搓头皮和头发,方向由发际向头顶部或从头顶部到发际;再用温水冲洗干净。必要时涂护发素,温水洗净。

(8)操作过程要稳妥、熟练,尽量缩短洗发时间。揉搓头发用手指指腹,防止损伤头皮。洗发过程中,要随时观察长者的反应,询问感受。

(9)水温以 40～45℃为宜,操作者先用手测试水温,再淋少量水于长者头部征询水温,合适后再冲洗,防烫伤。

(10)关爱长者,与长者有较好的沟通。

2.服务流程

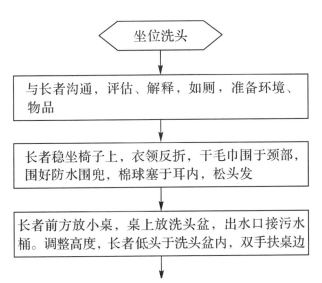

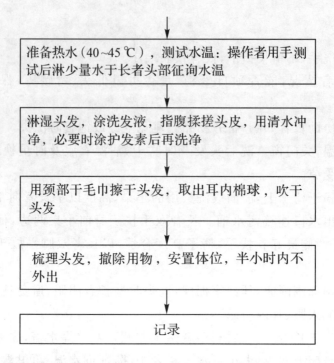

准备热水（40~45℃），测试水温：操作者用手测试后淋少量水于长者头部征询水温

↓

淋湿头发，涂洗发液，指腹揉搓头皮，用清水冲净，必要时涂护发素后再洗净

↓

用颈部干毛巾擦干头发，取出耳内棉球，吹干头发

↓

梳理头发，撤除用物，安置体位，半小时内不外出

↓

记录

三、卧位洗头

目的 卧位洗头是为失能或卧床长者提供的头发清洁服务。

适用 主要适用于：①生活不能自理的失能、失智长者；②不能坐位洗头或需要卧床治疗的长者。

用物 马蹄形垫或床上洗发垫、浴巾（或中单）、干毛巾、塑料布或橡胶单、洗发护发液、润肤霜、水杯、脸盆、污水桶、水壶、热水、棉球、梳子、吹风机。

1. 服务要求

(1)一般要求如坐位洗头法。

(2)如长者系骨折牵引或者脊柱骨折卧床治疗者,需在医护人员协助和指导下行卧位洗头。

(3)卧位洗头,长者宜斜角卧位,以方便操作。

(4)枕头置肩背部,洗头盆置头下,颈部接触部位垫毛巾,要注意高度和颈部受力均匀、枕部有依托(可用小气垫),使长者舒适。

2.服务流程

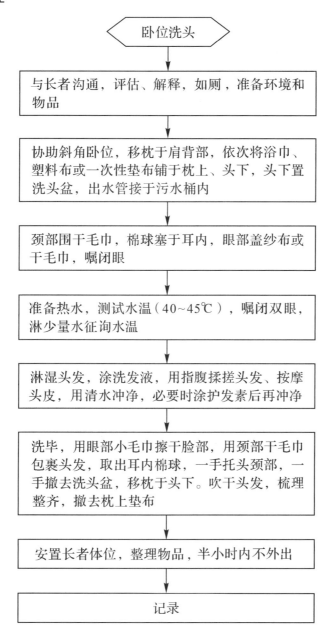

卧位洗头

与长者沟通，评估、解释，如厕，准备环境和物品

协助斜角卧位，移枕于肩背部，依次将浴巾、塑料布或一次性垫布铺于枕上、头下，头下置洗头盆，出水管接于污水桶内

颈部围干毛巾，棉球塞于耳内，眼部盖纱布或干毛巾，嘱闭眼

准备热水，测试水温（40~45℃），嘱闭双眼，淋少量水征询水温

淋湿头发，涂洗发液，用指腹揉搓头发、按摩头皮，用清水冲净，必要时涂护发素后再冲净

洗毕，用眼部小毛巾擦干脸部，用颈部干毛巾包裹头发，取出耳内棉球，一手托头颈部，一手撤去洗头盆，移枕于头下。吹干头发，梳理整齐，撤去枕上垫布

安置长者体位，整理物品，半小时内不外出

记录

四、协助卧床长者刷牙

目的　协助卧床长者刷牙,去除口腔食物残渣,保持口腔清洁,预防口腔感染,增进舒适,促进食欲。

适用　主要适用于卧床而无法独立完成刷牙的长者。

用物　牙刷、牙膏、漱口杯(内盛水,冬天用温水)、小脸盆(不能坐位者用弯盘,备吸管)、干毛巾或一次性防湿围布、润唇膏、吸管、移动小桌。

1.服务要求

(1)评估长者能力和口腔情况。与长者沟通,刷牙是最好的口腔清洁方法,尽量协助长者自行刷牙。最好能在每次进食后刷牙,根据长者习惯,至少早晚各刷一次。餐后漱口,以维持口腔清洁。

(2)操作者仪容仪表端庄,修剪指甲,洗手。

(3)有活动性义齿者宜先取下义齿再刷牙。

(4)尽量协助长者坐起,床上置移动性小桌,胸前围防水围兜。不能坐起者抬高床头,头侧转,颌下垫一次性垫布或干毛巾,置弯盘于口角旁,以方便长者将漱口水吐至盘内。

(5)动作稳妥、熟练,刷牙顺序从内到外、从上到下,纵向刷洗。

(6)漱口水温度适宜,冬天宜用温水,卧位刷牙用吸管吸温水漱口。

(7)牙刷专用,口腔溃疡者遵医嘱局部涂药。

(8)根据长者需要涂润唇膏。

(9)关爱长者,与长者有良好的沟通。

2.服务流程

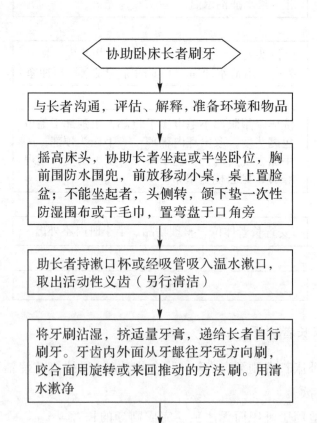

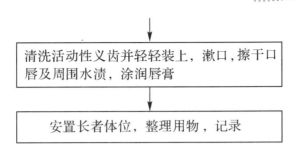

清洗活动性义齿并轻轻装上，漱口，擦干口唇及周围水渍，涂润唇膏

安置长者体位，整理用物，记录

五、棉棒清洁口腔

目的　用棉棒擦洗口腔,帮助长者去除口腔食物残渣,保持清洁,预防感染,增进舒适,促进食欲。

适用　主要适用于意识不清或无法自行刷牙的卧床长者。

用物　漱口杯(内盛水,冬天用温水)、吸管、小脸盆或小弯盘、污物杯或袋、干毛巾或一次性防湿围布、润唇膏、棉棒,意识不清者备压舌板、纱布、手电筒,有口腔溃疡者按医嘱备外用药。

1.服务要求

(1)评估长者身体情况,做好解释。鼻饲、气管插管、意识不清长者至少每天两次擦洗口腔,最好能在每次进食后擦洗。有口腔伤口者由护士执行口腔护理。

(2)操作者仪容仪表端庄,修剪指甲,洗手。

(3)有活动性义齿者宜先取下义齿,再用棉棒清洁,义齿清洗后戴上。意识不清者不能戴活动性义齿。

(4)抬高床头,长者头侧转,颌下垫一次性防湿围布或干毛巾,棉棒沾水适度,预防吸入气道。

(5)动作稳妥、熟练,擦洗前观察口腔情况,使用压舌板时要用纱布包裹,从臼齿间插入。

(6)擦洗顺序从内到外、从上到下,纵向擦洗。

(7)漱口水温度适宜,冬天宜用温水,意识不清者不能漱口。

(8)棉棒不可交叉使用,口腔溃疡者遵医嘱局部涂药。

(9)关爱长者,与长者有良好的沟通。

2.服务流程

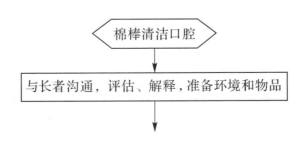

棉棒清洁口腔

与长者沟通、评估、解释,准备环境和物品

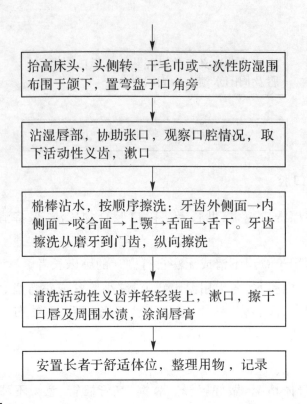

抬高床头，头侧转，干毛巾或一次性防湿围布围于颌下，置弯盘于口角旁

沾湿唇部，协助张口，观察口腔情况，取下活动性义齿，漱口

棉棒沾水，按顺序擦洗：牙齿外侧面→内侧面→咬合面→上颚→舌面→舌下。牙齿擦洗从磨牙到门齿，纵向擦洗

清洗活动性义齿并轻轻装上，漱口，擦干口唇及周围水渍，涂润唇膏

安置长者于舒适体位，整理用物，记录

六、义齿护理

目的　为失能、失智而无法自行清洁、保养义齿者提供的活动性义齿清洁服务，帮助戴活动性义齿的长者清洁口腔，清洁、保养义齿，增进舒适，预防并发症。

适用　适用于戴活动性义齿而需要协助清洁的长者。

用物　杯子、牙刷、牙膏、一次性手套，视情况准备口腔清洁用物。

1.服务要求

(1)评估长者情况，向长者解释，尽量协助长者自行取、戴义齿并正确清洁、保养义齿。

(2)操作者仪容仪表端庄，操作前修剪指甲，洗手，戴一次性手套。

(3)动作轻、稳，避免取、戴义齿时损伤口腔黏膜，避免义齿跌落、碰撞而损坏。

(4)每次进食后应取下义齿清洗，并漱口以清洁口腔。

(5)义齿可浸泡于清水中保存，不可用热水或酒精浸泡。采用软毛牙刷清洁义齿，避免损坏义齿。

(6)进行口腔内各项操作前应取下活动性义齿，避免义齿脱落引起窒息。

(7)非进食期间，可不戴义齿，但白天尽量戴上义齿，以免影响长者外观，影响说话和交流。一般睡前取下，次晨再戴上，避免牙龈长期受压。

(8)保护长者隐私，取、戴义齿注意遮挡，长者日间活动要戴好义齿，维护良好的形象。

(9)关爱长者,与长者有很好的沟通。

2.服务流程

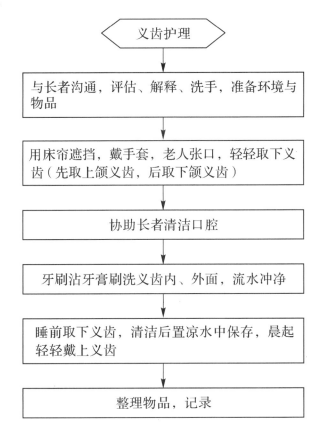

```
┌─────────────────┐
│     义齿护理      │
└─────────────────┘
          ↓
┌─────────────────────────────────┐
│ 与长者沟通，评估、解释、洗手，准备环境与 │
│ 物品                              │
└─────────────────────────────────┘
          ↓
┌─────────────────────────────────┐
│ 用床帘遮挡，戴手套，老人张口，轻轻取下义 │
│ 齿（先取上颌义齿，后取下颌义齿）       │
└─────────────────────────────────┘
          ↓
┌─────────────────────────────────┐
│         协助长者清洁口腔           │
└─────────────────────────────────┘
          ↓
┌─────────────────────────────────┐
│   牙刷沾牙膏刷洗义齿内、外面，流水冲净   │
└─────────────────────────────────┘
          ↓
┌─────────────────────────────────┐
│ 睡前取下义齿，清洁后置凉水中保存，晨起   │
│ 轻轻戴上义齿                       │
└─────────────────────────────────┘
          ↓
┌─────────────────────────────────┐
│          整理物品，记录           │
└─────────────────────────────────┘
```

七、坐位洗脚

目的　坐位洗脚是指为能够坐立但无法自行洗脚的长者提供的清洁服务,可以清洁双足,去除异味,促进血液循环,增进舒适,促进睡眠。

适用　主要适用于:①能坐立但无法自行洗脚的长者;②因病禁忌做弯腰等动作而无法自行洗脚者;③配合其他服务项目,需要协助热水泡脚或足部按摩者。

用物　洗脚盆、热水、洗脚毛巾、润肤霜(或润肤膏)、座椅,视需要备香皂或其他类型的清洁剂、指甲剪、一次性手套等。

1.服务要求

(1)评估长者情况,解释,尽量协助长者自行洗脚,促进自理功能的维持。

(2)操作者仪容仪表端庄,不留长指甲。冬天注意保暖,防长者受凉。

(3)视长者情况帮助准备热水和洗后的整理工作,避免长者过于用力。注意及时拖干弄湿的地板,预防长者滑倒。高龄长者或行动不便者注意座椅的稳定性,最好使用有扶手的座椅,预防跌倒。

（4）鼓励长者每天睡前热水泡脚，促进睡眠。

（5）照护者准备热水（水温 40～42℃），先用手测试水温，再让长者用脚尖试水温，然后将整个脚放入。中间加热水时应先将脚移出洗脚盆，并重新试温后再放入，防止烫伤。水盆大小合适，装水量不超过洗脚盆的三分之二，以能浸过踝部为宜，防溢出。

（6）长者之间不互用洗脚毛巾、洗脚盆；指甲剪用后消毒，最好长者自备，专人专用；有足癣者，照护者宜戴手套操作。

（7）根据长者习惯，洗后涂润肤霜（或润肤膏）保护足部皮肤。

（8）视服务条件，按需要提供足浴按摩和中药足浴等服务。

（9）必要时修剪趾甲。睡前洗脚服务，宜在洗脚前做好入寝的准备工作。

（10）关爱长者，与长者有较好的沟通。

2.服务流程

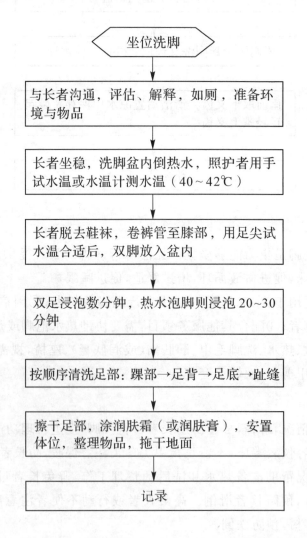

八、卧位洗脚

目的 卧位洗脚主要是为卧床长者提供的足部清洁服务。

适用 主要适用于:①不能起床的失能、失智长者;②因病需要卧床者。

用物 橡胶单(塑料布)、大毛巾(或浴巾)或一次性垫布、软枕、洗脚盆、热水、水温计、洗脚毛巾、润肤霜、椅子,视需要备香皂或其他类型的清洁剂、指甲剪、一次性手套等。

1.服务要求

(1)一般要求如坐位洗脚法。

(2)冬天注意调节室温,关好门窗,防受凉。

(3)视具体情况,洗脚盆可以放在床旁椅子上,洗好一侧再移向对侧;也可直接放在床上,洗脚盆下垫塑料布、大毛巾或者一次性垫布。注意盆底清洁,保持床单位的清洁和干燥。

(4)关注长者的舒适度。床上洗脚时,长者屈膝,膝下垫软枕,双足泡于洗脚盆内清洗或者先洗一侧再洗另一侧;在床侧洗时,注意洗脚盆高度和位置,不硬拉硬压,防损伤和引起长者不适。

(5)特殊情况,如骨折牵引等卧床者,要在医护人员指导下进行,避免骨折移位而产生严重后果。

(6)卧床长者应每天睡前洗脚一次,视需要提供足部按摩服务。

2.服务流程

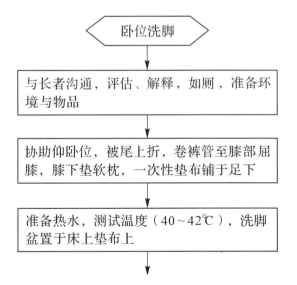

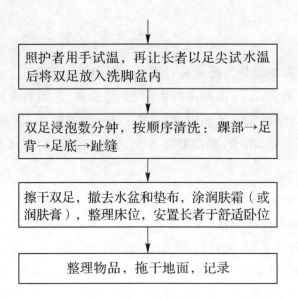

照护者用手试温，再让长者以足尖试水温后将双足放入洗脚盆内

双足浸泡数分钟，按顺序清洗：踝部→足背→足底→趾缝

擦干双足，撤去水盆和垫布，涂润肤霜（或润肤膏），整理床位，安置长者于舒适卧位

整理物品，拖干地面，记录

九、会阴清洁

目的 会阴清洁是指为因病卧床或因失能、失智而无法自行清洁会阴的长者提供的清洁服务。目的是保持会阴清洁，去除异味，增进舒适，预防感染。

适用 主要适用于失能、失智或因病而无法自行清洁的长者。

用物 塑料布、中单或者一次性垫布、水壶、热水、毛巾、清洁内裤、便盆、一次性手套、留置导尿者备消毒棉签。

1.服务要求

(1)评估长者情况，解释，尽量协助、鼓励长者自行清洗会阴部，每日至少一次。卧床长者上肢功能良好者，照护者可将准备好的湿毛巾交给长者自行擦洗。

(2)注意保护长者隐私，不过多暴露私处，注意保暖，防受凉。

(3)照护者保持仪容仪表端庄，修剪指甲。

(4)冲洗清洁会阴时，先测温，后冲洗，注意水温不过热或过冷，避免烫伤或引起不适。

(5)擦洗顺序由上到下、由前而后，最后擦拭肛门周围，避免往复擦拭。

(6)清洁会阴的毛巾、水盆专人专用，毛巾不与洗脚毛巾混用。

(7)照护者做好自我保护，戴一次性手套操作。

(8)将便盆放置于长者臀下，应抬起臀部，避免硬塞，以免损伤皮肤。

(9)关爱长者，与长者有良好的沟通。

(10)为留置导尿长者清洁会阴，应在护士指导下用碘伏棉签沿尿道口向外擦洗。

2.服务流程

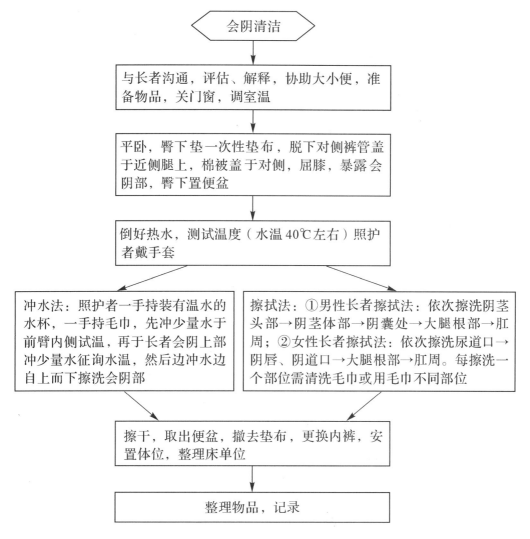

会阴清洁

与长者沟通，评估、解释，协助大小便，准备物品，关门窗，调室温

平卧，臀下垫一次性垫布，脱下对侧裤管盖于近侧腿上，棉被盖于对侧，屈膝，暴露会阴部，臀下置便盆

倒好热水，测试温度（水温40℃左右）照护者戴手套

冲水法：照护者一手持装有温水的水杯，一手持毛巾，先冲少量水于前臂内侧试温，再于长者会阴上部冲少量水征询水温，然后边冲水边自上而下擦洗会阴部

擦拭法：①男性长者擦拭法：依次擦洗阴茎头部→阴茎体部→阴囊处→大腿根部→肛周；②女性长者擦拭法：依次擦洗尿道口→阴唇、阴道口→大腿根部→肛周。每擦洗一个部位需清洗毛巾或用毛巾不同部位

擦干，取出便盆，撤去垫布，更换内裤，安置体位，整理床单位

整理物品，记录

十、床上擦浴

目的　床上擦浴主要是为生活不能自理的卧床长者提供的皮肤清洁服务。目的是为卧床长者清洁皮肤，促进血液循环，增进舒适，预防并发症，维护长者自尊。

适用　主要适用于失能、失智或因病无法自行洗澡的长者。

用物　水盆3个、毛巾4块（洗脸巾、擦澡巾、清洁会阴毛巾、洗脚毛巾）、热水、浴巾2条、清洁衣裤、梳子、污水桶等，必要时备一次性手套、洗面奶、洗浴液、一次性垫布。

1.服务要求

（1）评估长者情况，做好解释，尽量协助长者自行淋浴或使用充气式洗浴床垫洗澡，以便更好地清洁皮肤。

(2)照护者保持仪容仪表端庄,修剪指甲。

(3)调节室温(冬天26℃左右),关门窗,注意遮盖长者身体暴露部位,保护长者隐私。

(4)擦洗中注意观察长者反应,如出现寒战等情况应及时停止,并注意保暖。

(5)动作轻、稳、熟练,遵循节力、方便原则按顺序擦洗。视具体情况,照护者可分别站于床边两侧来擦洗双侧上下肢,避免过多翻动长者。

(6)长者皮脂腺分泌减少,可不使用洗浴液或洗浴皂。视清洁度随时更换清水,并调整水温,防受凉。使用洗浴液后要用清水洗净。

(7)洗脸、洗脚、洗会阴的毛巾、脸盆分开使用。

(8)擦洗或翻身时注意安全,严防长者坠床。

2.服务流程

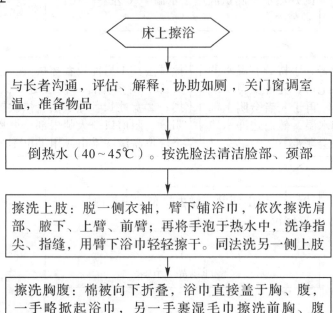

```
┌──────────────┐
│    床上擦浴    │
└──────────────┘
        ↓
┌────────────────────────────────────┐
│与长者沟通,评估、解释,协助如厕,关门窗调室 │
│温,准备物品                          │
└────────────────────────────────────┘
        ↓
┌────────────────────────────────────┐
│倒热水(40~45℃)。按洗脸法清洁脸部、颈部  │
└────────────────────────────────────┘
        ↓
┌────────────────────────────────────┐
│擦洗上肢:脱一侧衣袖,臂下铺浴巾,依次擦洗肩 │
│部、腋下、上臂、前臂;再将手泡于热水中,洗净指 │
│尖、指缝,用臂下浴巾轻轻擦干。同法洗另一侧上肢 │
└────────────────────────────────────┘
        ↓
┌────────────────────────────────────┐
│擦洗胸腹:棉被向下折叠,浴巾直接盖于胸、腹,   │
│一手略掀起浴巾,另一手裹湿毛巾擦洗前胸、腹   │
│部;用浴巾擦干,盖上棉被                │
└────────────────────────────────────┘
        ↓
┌────────────────────────────────────┐
│擦洗背部:侧卧,背部棉被向上折,暴露背、臀部,  │
│将浴巾铺于背、臀下,手裹湿毛巾依次擦洗后颈部、 │
│背部,再擦洗臀部。用浴巾擦干,更换清洁上衣   │
└────────────────────────────────────┘
        ↓
┌────────────────────────────────────┐
│擦洗下肢:脱下裤子,棉被盖于远侧,近侧下肢屈   │
│膝,下铺浴巾,手裹毛巾擦洗髋部、大腿、膝部、   │
│小腿。用浴巾擦干。同法擦洗对侧          │
└────────────────────────────────────┘
        ↓
```

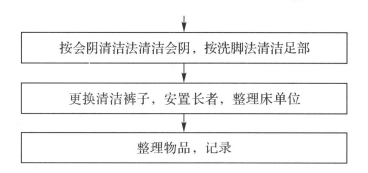

按会阴清洁法清洁会阴，按洗脚法清洁足部

更换清洁裤子，安置长者，整理床单位

整理物品，记录

十一、淋浴

目的　淋浴主要为行动不便的长者提供的全身清洁服务，于浴室里进行。目的是为长者清洁全身，去除污垢和异味，增进舒适，维持自尊，愉悦身心。

适用　主要适用于行动不便或因病因伤需要协助淋浴者。

用物　淋浴设施、淋浴椅、毛巾、浴巾、洗发护发液、洗面奶、洗浴液（或香皂）、润肤霜、清洁衣裤、梳子、电吹风机、防滑垫。

1.服务要求

(1)评估长者情况，尽量协助长者自行洗浴。

(2)照护者仪表仪容端庄，修剪指甲。

(3)调节好浴室室温，冬季调节室温26℃左右。

(4)长者宜坐位淋浴，淋浴椅稳固，两侧有扶手。浴室地面有防滑设施，墙壁有固定扶手。长者起立宜慢，避免饱餐后或空腹时洗浴。

(5)淋浴龙头开关冷热标志清晰，先开冷水龙头，再开热水龙头；先关热水龙头，后关冷水龙头。冲淋前照护者及长者依次测试水温，防烫伤。

(6)淋浴时间不宜过长，水温不宜过热、过冷，以免长者因闷热发生头晕或因冷水刺激而诱发心脑血管意外。

(7)避免碱性或刺激性强的清洁剂，长者可不用清洁剂，沐浴后视具体情况涂润肤霜。冬天适当减少洗澡次数，预防皮肤瘙痒。

(8)上肢功能尚好者，自行擦洗前胸、腹部、会阴等部位，照护者协助洗头和擦洗后背、下肢等。长者自行洗澡者，不要反锁房门，在门外悬挂标识牌，随时给予长者帮助。

(9)淋浴过程中随时询问和观察长者反应，与长者有很好的沟通。

(10)尊重、关爱长者，保护长者隐私。

2.服务流程

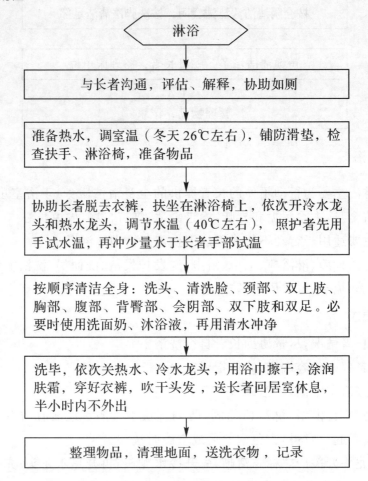

淋浴

↓

与长者沟通，评估、解释，协助如厕

↓

准备热水，调室温（冬天26℃左右），铺防滑垫，检查扶手、淋浴椅，准备物品

↓

协助长者脱去衣裤，扶坐在淋浴椅上，依次开冷水龙头和热水龙头，调节水温（40℃左右），照护者先用手试水温，再冲少量水于长者手部试温

↓

按顺序清洁全身：洗头、清洗脸、颈部、双上肢、胸部、腹部、背臀部、会阴部、双下肢和双足。必要时使用洗面奶、沐浴液，再用清水冲净

↓

洗毕，依次关热水、冷水龙头，用浴巾擦干，涂润肤霜，穿好衣裤，吹干头发，送长者回居室休息，半小时内不外出

↓

整理物品，清理地面，送洗衣物，记录

十二、床上洗浴（充气式洗浴床垫使用）

目的　应用充气式洗浴床垫，为生活不能自理的长者进行床上洗浴的清洁服务，可以是淋浴也可以是盆浴。目的是清洁全身，去除污垢和异味，增进舒适，维持自尊，愉悦身心。

适用　主要适用于卧床的失能、失智长者。身体有伤口者不宜使用。

用物　充气式洗浴床垫、充气泵、花洒水袋、架子、洗发护发液、沐浴液或香皂、毛巾、浴巾2块、清洁衣裤、吹风机、水壶、温水（40℃左右）、润肤霜、污水桶。

1.服务要求

（1）评估长者情况，尽量协助长者进行康复锻炼，促进长者离床洗浴。

（2）照护者仪容仪表端庄，修剪指甲，洗手。操作前备齐物品。

（3）关好门窗，调节室温，防受凉。

（4）充气式洗浴床垫需事先做好检查，确保不漏气，避免与刀、剪等锐器接触而损坏。最好专人专用,如非专用,则每次用后需做好消毒处理,可以用擦拭消毒,再清水洗净,晾干备用。

(5)洗浴前操作者先测水温再用手试温,然后少量冲水征询长者水温是否合适,防烫伤。花洒水袋装水不过满,避免直接将沸水装入袋内,宜在水壶中调好水温再入袋。

(6)以铺床法放入洗浴床垫,避免过多搬动长者。洗浴床垫铺好后充气,洗浴前再脱内衣,洗浴过程中注意遮挡长者,保护长者隐私。操作轻、稳、熟练,最好两人协助洗浴。

(7)一般以淋浴为好,如需要盆浴,则夹住出水口,洗浴床垫内充温水,不要注水过多。长者躺卧其中,头枕气垫枕。

(8)洗浴时间不宜过长,水温不宜过冷、过热,洗后及时擦干,吹干头发。

(9)长者上肢功能尚好者,可协助自行擦洗前胸、腹部、会阴等部位,照护者协助洗头和擦洗后背、下肢等。

(10)避免饱餐后或空腹时洗浴,避免使用碱性或刺激性强的清洁剂,沐浴后涂润肤霜。

(11)若用专用的洗浴床洗澡,按搬运法将长者搬到洗浴床上,推至浴室淋浴或者盆浴。

(12)尊重、关爱长者,随时询问和观察长者反应,与长者有很好的沟通。

2.服务流程

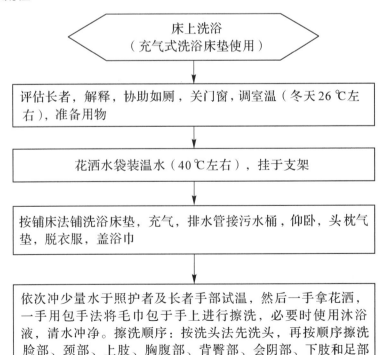

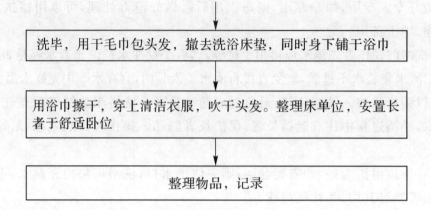

十三、协助盆浴

目的　协助盆浴是指协助喜欢盆浴且自理能力尚好、需要适当帮助的长者进行浴缸内洗浴。目的是清洁全身,去除污垢和异味,增进舒适,维持自尊,同时热水泡澡也能缓解疲倦,舒缓身心。

适用　主要适用于自理能力尚好、需要一定帮助的长者进行盆浴和泡热水澡。

用物　毛巾、浴巾、地巾、防滑垫、防滑拖鞋、清洁衣裤、润肤霜、浴缸、洗发液和沐浴液等。

1.服务要求

(1)评估长者情况,与长者沟通,确定需要帮助的内容。提醒做好洗浴前的准备,备齐物品。

(2)关好门窗,调节室温。

(3)在浴缸底部铺清洁的防滑垫。准备热水,水温40℃左右,根据季节和个人习惯稍作调整。

(4)长者穿防滑拖鞋,在浴缸旁铺好地巾,用手测试水温。呼叫铃置于方便使用的位置并让长者确认。

(5)长者如厕,脱去衣裤,手扶扶手步入浴缸,坐或斜躺于浴缸内,温水泡15~20分钟,用毛巾从上至下清洗皮肤。

(6)门外挂洗浴标识牌,不反锁房门。

(7)洗毕,扶扶手慢慢站立,站稳后稳步出浴缸,脚踏地巾,用浴巾擦干,穿好衣服。视需要涂润肤霜。

(8)浴缸内盆浴容易滑倒,嘱长者上下浴缸要扶住扶手,穿防滑拖鞋,垫防滑垫,建议尽量采取淋浴法。

(9)长者皮脂腺分泌功能下降,可不用沐浴液洗浴。若用清洁剂,则再用温水洗净皮肤。

（10）当前多数浴缸内洗发不方便，建议在盆浴前或盆浴后另行洗发。会阴部、皮肤有伤口者不宜盆浴。

（11）其他要求见淋浴。

2.服务流程

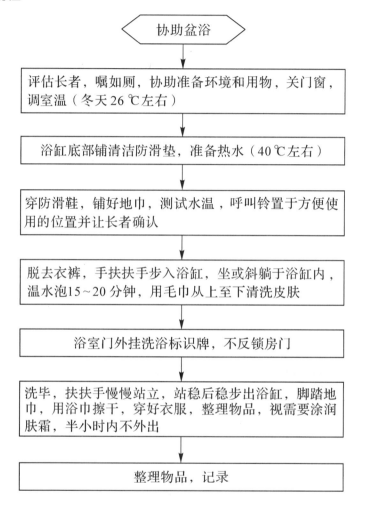

```
协助盆浴

评估长者，嘱如厕，协助准备环境和用物，关门窗，
调室温（冬天26℃左右）

浴缸底部铺清洁防滑垫，准备热水（40℃左右）

穿防滑鞋，铺好地巾，测试水温，呼叫铃置于方便使
用的位置并让长者确认

脱去衣裤，手扶扶手步入浴缸，坐或斜躺于浴缸内，
温水泡15～20分钟，用毛巾从上至下清洗皮肤

浴室门外挂洗浴标识牌，不反锁房门

洗毕，扶扶手慢慢站立，站稳后稳步出浴缸，脚踏地
巾，用浴巾擦干，穿好衣服，整理物品，视需要涂润
肤霜，半小时内不外出

整理物品，记录
```

十四、居室卫生

目的 维持居室清洁，增进舒适。

适用 主要适用于不能自理长者的室内清洁。

用物 干、湿拖把各1把，干、湿抹布各1块，水盆或水桶1只、清洁剂、扫帚、垃圾袋，必要时备吸尘器。

1.服务要求

（1）评估长者和室内环境情况，做好沟通，长者重要的物品做必要的整理。

（2）备好物品，仪容仪表整洁、大方，戴口罩。

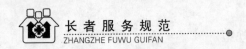

(3)清扫与擦拭顺序:从里到外,从角、边到中间,由小处到大处,由床下、桌底到居室较大的地面,依顺序倒退着向门口清扫。

(4)采用湿式清扫,不宜采用拍打、抖动或用鸡毛掸之类工具拂扫,以免引起尘土飞扬。

(5)清洁桌面、地面的抹布分开使用,居室与厕所用拖把分开使用,用后清洁,日光消毒。

(6)避免在长者用餐和治疗时进行室内清洁。

(7)选用合适的清洁剂,木质家具不宜用碱水擦拭,金属家具不接触酸碱等腐蚀性洗涤剂,藤、竹、柳家具忌用力拖拉,以免关节松散。

(8)不随意搬动长者室内物品,清洁后及时归位,不搬动大件物体。

(9)门窗清洁以安全为前提,可使用加柄之工具,不爬高。使用清洁剂,可戴手套,以保护皮肤。

(10)地面湿式清洁时,放防滑倒警示牌,并及时用干拖把擦干,防长者滑倒。

(11)居室地面每天清洁一次,窗台、桌面等处至少每周清洁一次。

(12)提升自我道德修养,不随便拿长者物品,尊重长者习惯。

2.服务流程

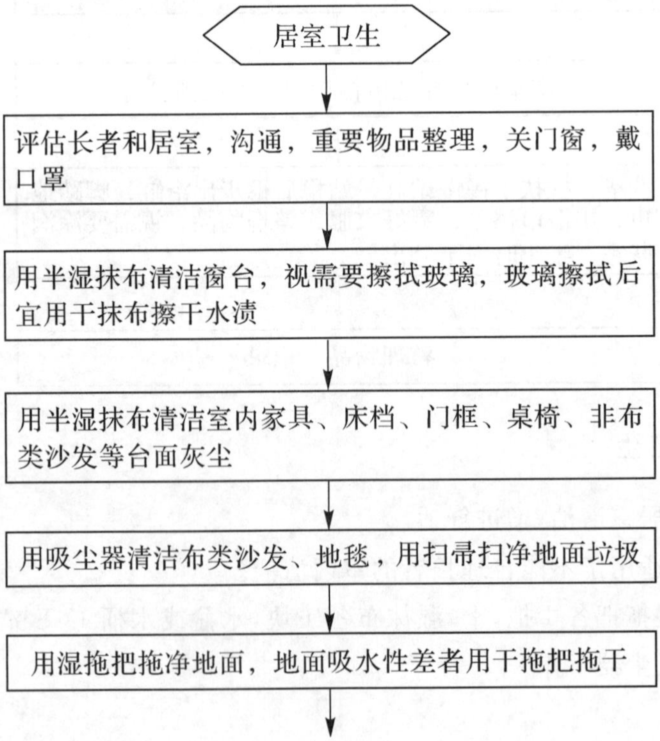
居室卫生
评估长者和居室,沟通,重要物品整理,关门窗,戴口罩
用半湿抹布清洁窗台,视需要擦拭玻璃,玻璃擦拭后宜用干抹布擦干水渍
用半湿抹布清洁室内家具、床档、门框、桌椅、非布类沙发等台面灰尘
用吸尘器清洁布类沙发、地毯,用扫帚扫净地面垃圾
用湿拖把拖净地面,地面吸水性差者用干拖把拖干

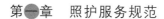

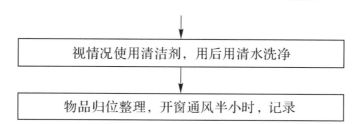

| 视情况使用清洁剂，用后用清水洗净 |

| 物品归位整理，开窗通风半小时，记录 |

十五、厕所、浴室清洁

目的　清除厕所、浴室污垢，去除异味，保持清洁，增进舒适。

适用　适用于机构内公共厕所、浴室和长者居室内的厕所、浴室清洁。

用物　拖把、抹布、厕所专用抹布和刷子、水盆或水桶、清洁剂、垃圾袋。

1.服务要求

(1)厕所、浴室墙面定期清洁，一般每周清洁一次；台面、地面每天至少清洁一次，一般于沐浴后清洁；如厕后用清水冲净，抽水马桶（厕坑）每天清洁一次，污染时随时清洁。

(2)清洁顺序从上到下，先清洁区后污染区（厕坑最后清洁）；先清洁镜面、墙面，再清洁扶手、台面及洗手盆，然后清洁浴缸，最后清洁抽水马桶和地面，清理垃圾。

(3)浴缸、洗手盆可用干净抹布蘸清洁剂清洗，然后用清水冲洗。抽水马桶盖、外立面用抹布擦干净，抽水马桶内面的污垢用专用的刷子蘸专用清洁剂进行刷洗，用清水冲洗。每次沐浴后及时清洁地面，注意清理下水道出口外的头发等异物，宜掀开盖子，周边进行刷洗，避免异物堆积产生异味。

(4)清洁抽水马桶内面（厕坑）的刷子放在固定的地方，不接触其他物品，每次刷洗厕坑后用清水冲净。厕所拖把、抹布固定使用，特别是擦洗抽水马桶内面的刷子不得用于擦洗其他地方。

(5)防滑垫每天清洗、检查。

(6)公共厕所有专人管理，定期巡视，一般每2小时巡视一次，可根据人数的多少规定巡视的时间，保持厕所清洁干燥，防滑倒等意外。

(7)厕所垃圾每天清倒，人多时半天清理一次。

(8)清洁厕坑、接触清洁剂前戴手套，保护皮肤。

(9)镜面湿式擦拭后，用干抹布擦去水渍。

(10)每次清洁时，检查扶手是否牢固，如厕和洗浴标识牌是否完好，有损坏及时报告管理人员。

(11)清洁结束，开窗或开排气扇通风，清洗抹布、拖把。

2.服务流程

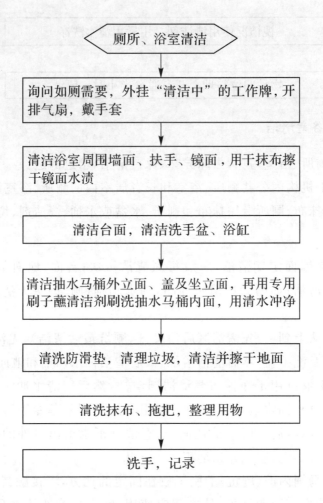

厕所、浴室清洁

↓

询问如厕需要，外挂"清洁中"的工作牌，开排气扇，戴手套

↓

清洁浴室周围墙面、扶手、镜面，用干抹布擦干镜面水渍

↓

清洁台面，清洁洗手盆、浴缸

↓

清洁抽水马桶外立面、盖及坐立面，再用专用刷子蘸清洁剂刷洗抽水马桶内面，用清水冲净

↓

清洗防滑垫，清理垃圾，清洁并擦干地面

↓

清洗抹布、拖把，整理用物

↓

洗手，记录

第二节　修饰服务

一、梳头

目的　促进头皮血液循环，整理发型，愉悦心身。

适用　主要适用于：①因失能、失智而无法自理生活的长者；②因病无法自行梳头的长者；③因社交需要而约定提供妆容整理服务者。

用物　干毛巾、梳子，必要时备牛皮筋或发绳。

1.服务要求

(1)梳头可起到按摩头皮，促进血液循环，促进康复，增进健康的作用。上肢活动不便者，提供长柄梳子，尽量协助、鼓励长者自行经常梳头。可根据长者的作息规律,帮助制订梳头计划。注意:避免选择梳齿较尖的梳子,防损伤头皮。

(2)为长者梳头,动作轻重适当,不强拉硬拽,不损伤长者头皮。头发缠绕、打结者,可先用少量清水湿润后,再小心梳理。

(3)发型美观,整洁。尊重长者意愿,适当修剪发型,以方便梳理。

(4)尽量协助坐位梳头。卧床长者亦应每天梳头,梳头时头侧转,先梳一侧,再梳另一侧。

(5)进食、治疗前30分钟停止梳头。

(6)可根据服务条件,整合梳头和头部按摩技术,按需要提供专项服务。

2.服务流程

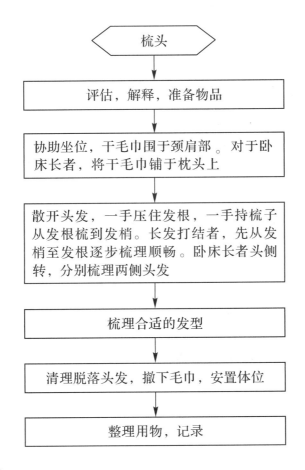

二、协助理发

目的　协助理发服务主要是指协助理发师为入住长者提供的专项服务项目。目的是整理、修剪发型,焕发精神,愉悦心身。

适用　主要适用于有理发需要而又不便自行去理发店理发的长者。

用物　洗头用物、理发围布、理发椅、吹风机、梳子、剃须刀、修面刀等。

1.服务要求

(1)与长者沟通,联系理发师。机构内有专用理发室和聘请的理发师时,按规定时间预约。若临时外请理发师,协助商谈价格,约定时间。定期上门的理发服务宜与相应的理发机构或者理发师签订好合同,约定服务。

(2)理发由有资质的理发师提供服务,为入住长者提供服务的理发师应接受上岗培训,了解长者的身心特点,避免理发过程中发生意外。

(3)按行业规范提供服务,长者低头、仰头、转头等动作柔和,避免粗暴动作,以免发生意外。从坐位或低头洗发后站立宜慢。理发后清理地面,室内物品及时归位,防跌倒、绊倒等意外。理发用围布围颈部松紧合适,不宜过紧。

(4)发型简洁美观,尊重长者的审美需求,充分与长者沟通,提供合理化建议,按长者需求修剪发型。

(5)理发用具一人一用一消毒,特别是修面刀,用后消毒。毛巾、脸盆长者专用。

(6)卧床长者理发,有专人协助,一般于洗澡之前理发,理发后洗头、洗澡和更换衣被。

(7)理发后洗头并及时吹干头发,清理颈部等处的碎发,半小时内不外出,防受凉。

2.服务流程

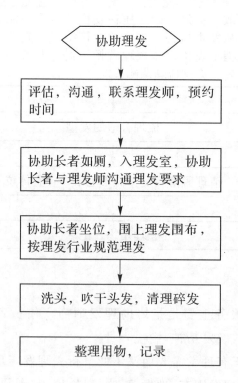

```
        协助理发
           │
           ▼
  评估,沟通,联系理发师,预约
  时间
           │
           ▼
  协助长者如厕,入理发室,协助
  长者与理发师沟通理发要求
           │
           ▼
  协助长者坐位,围上理发围布,
  按理发行业规范理发
           │
           ▼
  洗头,吹干头发,清理碎发
           │
           ▼
  整理用物,记录
```

三、修剪指(趾)甲

目的 修剪指(趾)甲主要为生活不能自理的长者提供的服务。目的是保持清洁,预防指(趾)甲过长受伤或者伤及皮肤。

适用 主要适用于:①失能、失智无法生活自理的长者;②视力受损等原因无法自行剪指(趾)甲者。

用物 指甲剪、指甲锉、毛巾、纸巾、脸盆、热水。

1.服务要求

(1)提供修剪指(趾)甲的工具,尽量协助长者自行修剪指(趾)甲。

(2)照护者仪容仪表端庄,洗手。

(3)修剪指(趾)甲前先用热水浸泡数分钟,使指(趾)甲变软,便于修剪。一般于长者沐浴后或者热水泡脚后修剪。

(4)指甲宜剪成弧形,趾甲应修平,两侧略修剪不留锐角即可,避免修剪过短损伤甲床和两侧修剪过深而致趾甲向两侧生长而嵌入脚趾皮肤内。

(5)指甲剪和指甲锉一人一用一消毒,最好个人专用。

(6)指(趾)甲有真菌感染者(甲癣),用专用的指甲剪,与其他指(趾)甲分开修剪,用后消毒,剪后遵医嘱涂药。先剪正常指(趾)甲,后剪病甲。

(7)为甲癣长者修剪指(趾)甲,照护者戴手套,剪后洗手。

(8)一般两周修剪一次,长者不宜涂指甲油。

2.服务流程

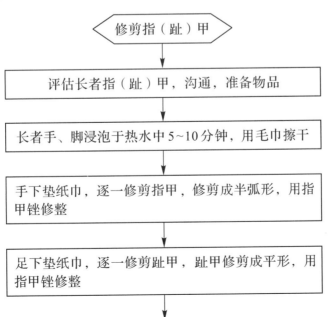

169

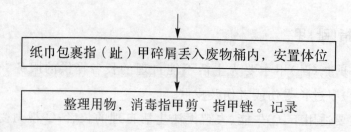

纸巾包裹指（趾）甲碎屑丢入废物桶内，安置体位

整理用物，消毒指甲剪、指甲锉。记录

四、剃胡须

目的　剃胡须是为生活不能自理的男性失能、失智长者提供的服务。目的是保持长者仪容整洁，维护自尊，愉悦心身。

适用　主要适用于：①生活不能自理的男性长者；②因病如手部骨折等无法自行剃胡须者。这里是指使用电动剃须刀为长者剃胡须，若需用刀片剃须，则请理发师执行。

用物　电动剃须刀、洗脸用物、热水。

1.服务要求

（1）准备好电动剃须刀，尽量协助长者每天自行剃胡须一次，一般于晨间起床做清洁工作的同时进行剃胡须。

（2）照护者仪容仪表端庄，关爱长者，与长者有很好的沟通，操作前洗手。

（3）如胡须太长，无法用电动剃须刀剃须，应请理发师用刀片式剃须刀修理，或用剪刀小心修短后再用电动剃须刀剃须，防皮肤损伤。

（4）动作轻、稳、慢，一手绷紧皮肤，另一手拿电动剃须刀，紧贴皮肤从上到下，先顺胡须生长的方向剃，再逆着胡须生长的方向剃一遍。剃毕，温水洗净。

（5）如用刀片式剃须刀刮胡须，要先用温水毛巾热敷一会，再涂剃须膏，然后用剃须刀刮须，刮后清洗。

（6）剃须刀专人专用。

2.服务流程

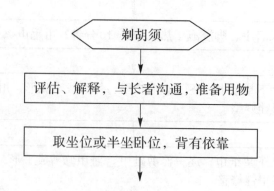

剃胡须

评估、解释，与长者沟通，准备用物

取坐位或半坐卧位，背有依靠

```
┌──────────────────────────────────────┐
│ 一手绷紧皮肤，另一手拿电动剃须刀   │
│ 紧贴皮肤转动，从上到下剃净         │
└──────────────────────────────────────┘
              │
              ▼
┌──────────────────────────────────────┐
│ 洗脸，安置舒适位置                 │
└──────────────────────────────────────┘
              │
              ▼
┌──────────────────────────────────────┐
│ 清理剃须刀，擦干备用，整理用物，   │
│ 记录                               │
└──────────────────────────────────────┘
```

五、化妆

目的 化妆主要是指为入住长者提供简单生活妆的面部妆容整理、修饰服务。目的是清洁和修饰面部,焕发精神,维护长者自尊,增强自信,愉悦心身。

适用 适用于所有有需要的长者。

用物 爽肤水、润肤霜、营养霜、隔离霜、粉饼、粉扑、眉笔、眉钳、唇膏、唇线笔、唇刷、胭脂、睫毛膏、镜子等。

1.服务要求

(1)营造良好的爱美、崇尚美的文化氛围,搭建互助平台,可以组织社区有化妆经验的老年志愿者或者美容行业的志愿者,提供化妆教学和化妆志愿服务。

(2)为长者提供简单生活妆容的整理和修饰服务者,应有一定化妆经验,并接受岗位培训,掌握基本的化妆技巧,熟悉为长者化妆的基本要求。如舞台妆等特殊妆容的化妆,则请专业化妆师提供服务。

(3)操作者仪容仪表端庄,修剪指甲,操作前洗手。

(4)长者大多皮脂腺分泌减少,皮肤较干燥而缺少光泽,注意相应化妆品的选择。

(5)面部化妆顺序一般是:清洁面部→涂爽肤水、营养霜→涂隔离霜→画眉→画眼影→打粉底→涂唇膏。胭脂、睫毛膏视情况使用。

(6)长者宜化淡妆,不宜浓妆艳抹。卸妆时用洗面乳清洁面部,再涂润肤霜保护。

(7)粉扑、唇线笔、唇刷等应专人专用,鼓励长者自备简单的化妆用品,如唇膏、眉笔、粉饼与粉扑等。

(8)化妆过程中随时与长者沟通,妆容与身份、衣饰相配,尊重关爱长者。

(9)可根据条件,开设专项的长者面部美容服务。

2.服务流程

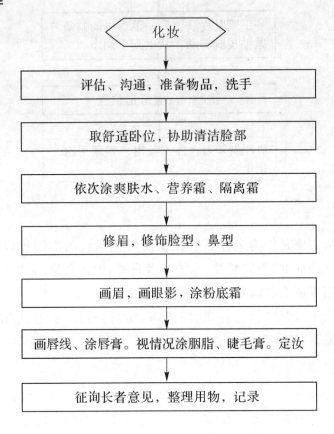

```
              ⬡ 化妆 ⬡
                 │
   ┌─────────────────────────────┐
   │  评估、沟通，准备物品，洗手       │
   └─────────────────────────────┘
                 │
   ┌─────────────────────────────┐
   │  取舒适卧位，协助清洁脸部          │
   └─────────────────────────────┘
                 │
   ┌─────────────────────────────┐
   │  依次涂爽肤水、营养霜、隔离霜      │
   └─────────────────────────────┘
                 │
   ┌─────────────────────────────┐
   │  修眉，修饰脸型、鼻型             │
   └─────────────────────────────┘
                 │
   ┌─────────────────────────────┐
   │  画眉，画眼影，涂粉底霜           │
   └─────────────────────────────┘
                 │
   ┌─────────────────────────────┐
   │  画唇线、涂唇膏。视情况涂胭脂、睫毛膏。定汝  │
   └─────────────────────────────┘
                 │
   ┌─────────────────────────────┐
   │  征询长者意见，整理用物，记录      │
   └─────────────────────────────┘
```

第三节　铺床、更换衣被

一、铺备用床

目的　保持房间整洁、美观。

适用　适用于所有的空床位,准备迎接长者入住。

用物　床、床垫、床褥、棉胎、枕芯、大单、被套、枕套。

1.服务要求

(1)仪容仪表整洁、大方,修剪指甲。

(2)动作轻、稳、熟练。

(3)床基紧、平整、四角美观,中线对齐,被套无虚边,枕套四角充实。

(4)治疗护理、进食半小时前停止铺床活动。

(5)铺床前检查床上各部件,如有损坏应先修理。

(6)先铺床头,后铺床尾。遵从节力原则,没有过多小动作和来回走动。

（7）居室内长者尽量暂时到室外。铺床时尽量避免大幅度的抖动,铺好后开窗通风,保持室内空气清新,减少灰尘飞扬。

2.服务流程

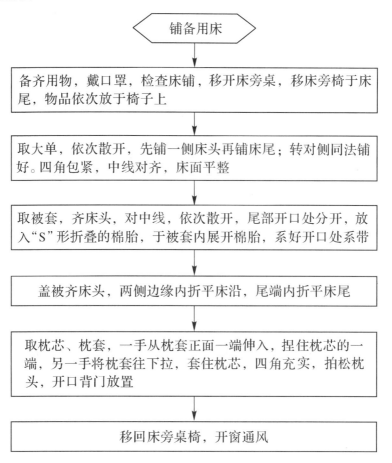

铺备用床

备齐用物,戴口罩,检查床铺,移开床旁桌,移床旁椅于床尾,物品依次放于椅子上

取大单,依次散开,先铺一侧床头再铺床尾;转对侧同法铺好。四角包紧,中线对齐,床面平整

取被套,齐床头,对中线,依次散开,尾部开口处分开,放入"S"形折叠的棉胎,于被套内展开棉胎,系好开口处系带

盖被齐床头,两侧边缘内折平床沿,尾端内折平床尾

取枕芯、枕套,一手从枕套正面一端伸入,捏住枕芯的一端,另一手将枕套往下拉,套住枕芯,四角充实,拍松枕头,开口背门放置

移回床旁桌椅,开窗通风

二、整理床铺

目的　整理床铺是为卧床的失能、失智长者提供的床铺清洁、整理服务,以保持床单位平整、清洁、美观,提高舒适度,预防并发症。

适用　主要适用于长期卧床长者。

用物　粘毛刷及一次性粘毛纸,或者床刷(外套床刷套)、抹布,必要时备清洁的床单、衣裤。

1.服务要求

（1）鼓励长者起床或进行床上康复锻炼,尽量维持其生活自理能力,避免长期卧床。

（2）照护者仪容仪表端庄,修剪指甲,戴口罩。

（3）遵从节力原则,避免拖、拉、推等动作。注意拉好对侧床档,避免坠床。

（4）卧床长者每日至少早晚各整理床铺一次，床铺整理后通风。避免在长者用餐和治疗护理时整理床铺，宜在治疗护理、进食半小时前结束铺床活动。

（5）能坐立的长者，协助离床，最好暂时离开房间。长期卧床长者，有条件者应设法利用一些辅具帮助长者每天上午、下午各离床一段时间，以保持正常的生活规律，促进身心康复。

（6）床刷套一人一用一消毒，清洗后日光消毒，晾干备用。也可使用一次性粘毛纸扫床。

（7）注意检查长者骨突受压部位皮肤，翻身、移位动作轻、稳，预防损伤和压疮发生。

（8）关爱长者，不过多暴露长者身体部位。注意保暖，防受凉。与长者有很好的沟通。

2. 服务流程

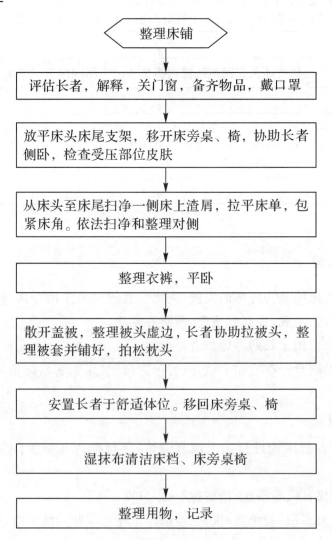

整理床铺

评估长者，解释，关门窗，备齐物品，戴口罩

放平床头床尾支架，移开床旁桌、椅，协助长者侧卧，检查受压部位皮肤

从床头至床尾扫净一侧床上渣屑，拉平床单，包紧床角。依法扫净和整理对侧

整理衣裤，平卧

散开盖被，整理被头虚边，长者协助拉被头，整理被套并铺好，拍松枕头

安置长者于舒适体位。移回床旁桌、椅

湿抹布清洁床档、床旁桌椅

整理用物，记录

三、卧床长者更换床单

目的 为卧床长者更换床单,保持床单位整洁、干燥,增进长者舒适。

适用 适用于不能起床的失能长者。

用物 大单、中单、枕套、床刷、床刷套,需要时备清洁衣裤。

1.服务要求

(1)仪容仪表整洁、大方,修剪指甲,洗手。

(2)关爱长者,与长者有较好的沟通。操作前协助长者大小便,操作过程中注意保暖,观察长者情况,保护长者隐私。

(3)避免在长者用餐和治疗护理时进行,治疗护理、进食半小时前停止铺床活动。

(4)遵从节力原则,动作轻、稳、熟练,避免拖、拉、推等动作,避免皮肤擦伤或撞伤,注意拉好床档,避免坠床。

(5)操作从床头至床尾进行,换下的床单勿扔到地上。

(6)中单应盖住橡胶单。床刷外包布套使用,床刷套一人一用一消毒。

2.服务流程

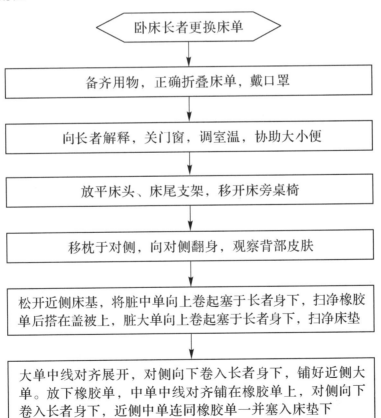

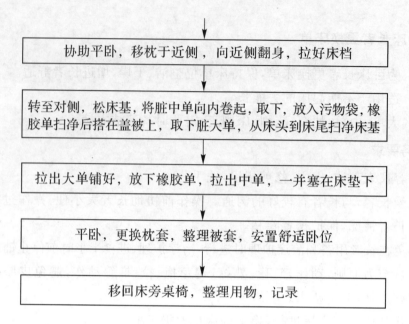

协助平卧，移枕于近侧，向近侧翻身，拉好床档

转至对侧，松床基，将脏中单向内卷起，取下，放入污物袋，橡胶单扫净后搭在盖被上，取下脏大单，从床头到床尾扫净床基

拉出大单铺好，放下橡胶单，拉出中单，一并塞在床垫下

平卧，更换枕套，整理被套，安置舒适卧位

移回床旁桌椅，整理用物，记录

四、穿脱衣服

目的 更衣服务主要是指为生活不能自理的长者提供的穿脱衣服服务。目的是协助长者整理仪容仪表，维持自尊，增进舒适，愉悦心身。

适用 主要适用于失能、失智而无法自行穿脱衣服的长者。

用物 清洁衣裤。

1.服务要求

(1)照护者仪容仪表端庄，修剪指甲，洗手，关门窗，防受凉。

(2)尽量协助长者自行穿衣，指导偏瘫长者进行穿脱衣服训练，尽可能地维持长者的生活自理能力。

(3)鼓励"老来俏"，鼓励、协助长者每天穿清洁、美观的衣服，卧床长者也应尽量每天穿上整洁的外衣离床活动，鼓励化淡妆，以良好的精神风貌过好每一天，发挥积极的心理"暗示效应"。

(4)协助长者挑选合适的衣服，内衣宜选择棉或丝绸质地，外衣质地宜挺括一些，以维持整洁形象。外衣颜色不宜过于沉闷，式样符合长者身份，尽量穿得稍为艳丽一些。内裤每天更换。裤带宜方便穿脱，特别是有急迫性尿失禁长者，裤腰采用松紧带以方便长者如厕。

(5)穿脱衣服动作轻柔，避免强拉硬扯，预防病理性骨折。一侧肢体活动障碍时，脱衣时先健侧后患侧，穿衣时先患侧后健侧。

(6)关爱长者，多鼓励、表扬。

2.服务流程

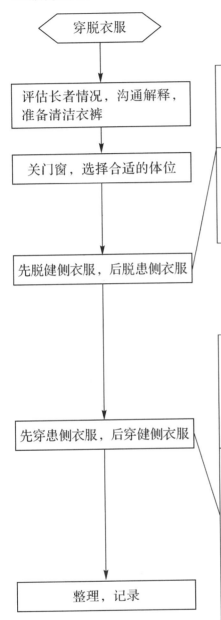

穿脱衣服

评估长者情况，沟通解释，准备清洁衣裤

关门窗，选择合适的体位

先脱健侧衣服，后脱患侧衣服

先穿患侧衣服，后穿健侧衣服

整理，记录

脱开襟上衣：解开纽扣，脱去一侧衣袖，将一侧上衣平整地掖于长者身下，从另一侧拉出，脱下另一侧衣袖

脱套头衫：将上衣拉至胸部，协助长者一侧手臂上举，顺势脱出一侧袖子，依法脱另一侧，再一手托起长者头颈部，另一手将衣服从头上脱出

脱裤子：协助松开裤带，护理员一手托腰骶部，另一手将裤腰向下褪至臀部以下，再协助褪至膝部，然后一手托膝部，另一手拉出裤管；同法脱出另一侧

穿开襟上衣（方法1）：协助长者穿好一侧衣袖，翻身侧卧，将另一侧衣服平整地掖于身下，协助平卧，从另一侧身下拉出衣服，穿好另一侧，扣好纽扣，整理

穿开襟上衣（方法2）：将衣服与衣袖展开，横放成"一"字形，一手托长者腰部，另一手将衣服横穿过长者腰下，展开衣服，穿好两侧衣袖，再一手托长者肩颈部，另一手将衣领轻轻向上提拉至颈部，扣好纽扣，整理

穿套头衫：辨清衣服前后面，照护者一手从衣服袖口处穿入衣服的下摆，手握长者手腕，将衣袖轻轻向长者手臂套入，同法穿好另一侧，再将衣服从长者头部套入，整理

穿裤子：护理员一手从裤管口伸入裤腰口，轻握长者脚踝，另一手将裤管向长者大腿方向提拉，同法穿好另一侧，向上提拉至臀下，再协助长者侧卧，提拉裤腰到腰部，平卧，系好裤带，整理

第四节　体位移动服务

一、搀扶

目的　搀扶主要是为行动不便的长者提供的协助体位移动服务。目的是协助长者日常活动、帮助行走功能训练及预防跌倒等。

适用　主要适用于行动不稳及行动乏力的长者需要上下楼梯、上下台阶、上下车或者外出散步、外出检查、参与一些社交活动等。

用物　根据外出需要配备。

1.服务要求

（1）搀扶服务贯穿于其他为老服务项目之中，在陪伴服务、生活照料及康复锻炼活动中，适当搀扶，锻炼肢体功能，避免长者跌倒等意外。

（2）尊重长者意愿，尽量自我完成各类活动，照护者提供辅具协助，不催促，必要时提供搀扶帮助。

（3）照护者一般站立于长者患病肢体一侧，扶于腋下及上臂。视身高及肢体功能情况，可让长者一手挽于照护者对侧肩部，照护者一手握住长者挽于肩部的手，另一手搂住长者腰部，搀扶行走。

（4）搀扶长者上下楼梯，长者应立在有扶手一侧，照护者禁穿高跟鞋，保持身体稳定，与长者步调一致。

（5）搀扶长者外出，避免长者疲劳，避免上下班高峰出行，注意交通安全。

（6）长者在搀扶行走过程中感到头晕、胸闷等不适时不能勉强搀扶行走，应原地休息，症状严重者可求助社区卫生服务站或者急救中心。

（7）禁止立即搀扶跌倒长者，应先评估伤情，避免二次损伤。

2.服务流程

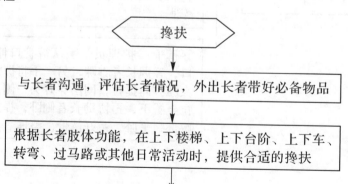

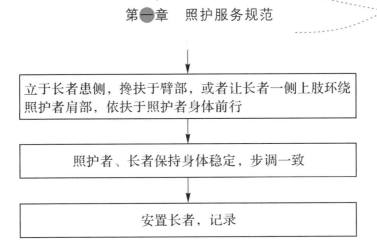

二、徒手搬运

目的　徒手搬运主要是指为无行走能力而无法自行转移体位的长者进行短距离转移的专项服务。目的是帮助长者转移体位,满足日常生活或者外出就医、活动等需要。

适用　主要适用于:①年老体弱无行走能力,需要帮助转移体位满足日常生活需要者;②需要搬运到辅助设施上如轮椅、担架、平车等,帮助长者外出、就医等远距离转移者。

用物　护腰腰带,根据需要备轮椅、担架、爬楼机、平车等。

1.服务要求

(1)尽量提供辅助设施,开展康复锻炼,尽可能地恢复和维持长者生活自理能力。

(2)遵循轮椅、平车、爬楼机或其他设施的使用规范。

(3)搬运前检查有无引流管、鼻饲管、导尿管等,预防脱落。搬运时避免拖、拉、推,搬动长者动作轻稳,多人搬运时一人喊口令,动作协调一致,确保长者安全、舒适。

(4)评估长者情况,根据长者体重安排搬运者,一人搬运适合体重较轻长者、力量较大照护者。

(5)骨折特别是脊柱骨折长者的搬动,需要在医护人员指导下进行。

(6)搬运者搬动前先系好护腰腰带,遵循节力原则,尽量避免弯腰搬运,搬运时尽量使长者靠近搬运者,预防搬运者腰部受伤。

(7)关爱长者,搬运过程中注意观察长者情况,冬天做好保暖,防受凉。

(8)根据条件向居家服务拓展,配备一些远距离搬运设施,如轮椅、平车、爬楼机等,提供租赁服务。可以组织一些力量较大、身体状况较好的社区志愿者,有针对性地开展培训,按需要为社区长者提供体位转移服务。

2.服务流程

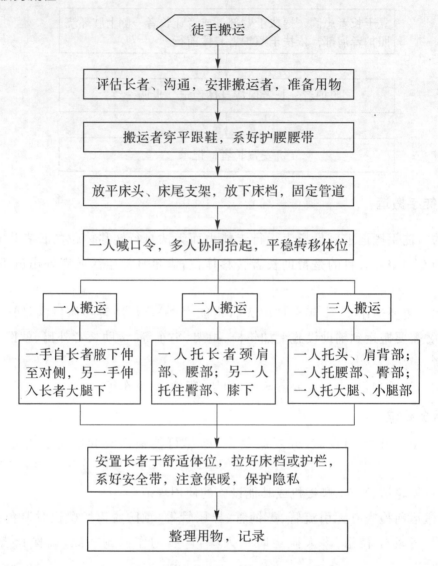

徒手搬运

↓

评估长者、沟通，安排搬运者，准备用物

↓

搬运者穿平跟鞋，系好护腰腰带

↓

放平床头、床尾支架，放下床档，固定管道

↓

一人喊口令，多人协同抬起，平稳转移体位

一人搬运	二人搬运	三人搬运
一手自长者腋下伸至对侧，另一手伸入长者大腿下	一人托长者颈肩部、腰部；另一人托住臀部、膝下	一人托头、肩背部；一人托腰部、臀部；一人托大腿、小腿部

↓

安置长者于舒适体位，拉好床档或护栏，系好安全带，注意保暖，保护隐私

↓

整理用物，记录

三、翻身

目的 翻身主要是指为长期卧床的失能长者提供的专项服务。目的是避免局部皮肤长时间受压,促进血液循环,增进舒适,预防压疮等并发症。

适用 主要适用于:①瘫痪长者;②极度虚弱而无力自主改变体位的长者;③因病禁忌自动翻身的长者。

用物 翻身枕1只、软枕2只、护腰腰带。必要时备清洁衣裤、床单等。

1.服务要求

(1)尽量提供辅具,促进康复锻炼,创造条件维持长者的自我翻身能力。

(2)长期卧床长者至少每2小时变换卧位一次,每次翻身观察骨突受压部位皮肤,加强受压部位的皮肤护理,预防骨突处皮肤因受压时间过长致缺血坏死。不同卧位骨突部位皮肤观察:①仰卧位:枕部、肩胛部、肘部、背部、尾骶部、足跟等处;②侧卧位:耳郭、肩部、肘部外侧、髂部、膝部外侧、踝部等处;③俯卧位:额部、肩部前侧、锁骨部位、胸部、膝盖、足趾等处。

(3)要注意保持床褥整洁、干燥、平整,翻身时避免拖、拉、拽,预防皮肤破损。长者身上有导管时,要先固定后翻身,防止脱落。给骨折长者翻身时,在医护人员指导下进行,注意保护骨折肢体,防止骨折移位。翻身同时进行叩背,促进肺部血液循环,预防肺炎。

(4)注意遮盖长者,冬天注意保暖、防受凉,保护隐私。

(5)注意朝向操作者一侧翻身,如向对侧翻身,应拉起对侧床档并做好防护,严防坠床、撞伤。

(6)翻身后安置好长者体位,关节处于功能位,遵医嘱进行被动活动,避免关节僵硬和肌肉挛缩。

(7)照护者搬动长者前系护腰腰带保护,操作时遵循节力原则,避免腰部受伤。

(8)建立翻身卡,做好翻身记录并做好交接班,发现皮肤红肿、破损等异常情况及时告知家属并有书面告知书。

(9)动作轻、稳、熟练,关爱长者,与长者有很好的沟通。

(10)视需要使用气垫、水床垫等以分散压力,预防压疮。

2.服务流程

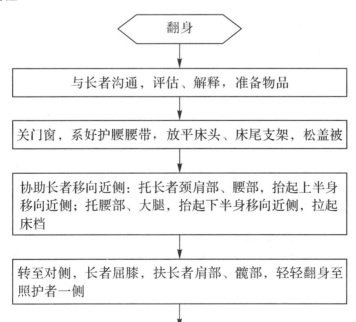

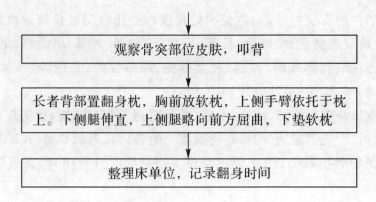

观察骨突部位皮肤，叩背

长者背部置翻身枕，胸前放软枕，上侧手臂依托于枕上。下侧腿伸直，上侧腿略向前方屈曲，下垫软枕

整理床单位，记录翻身时间

四、协助移向床头

目的　协助移向床头主要针对长期卧床长者，协助移向床头，使长者舒适。

适用　长期卧床长者身体滑向床尾，无法自行移动体位者。

用物　护腰腰带，必要时备干净衣裤、床单。

1.服务要求

(1)仪容仪表整洁、大方，动作轻、稳、熟练。关爱长者，与长者有很好的沟通。

(2)注意遮盖长者，冬天注意保暖、防受凉，保护隐私。

(3)头与床之间置枕头，用力适当，防头部撞伤。

(4)长者身上有导管时，要先固定好导管，防止脱落。

(5)长者不可用力过度，有心血管疾病的长者慎用力，可二人协同帮助移位。多人协同移位时要注意步调一致。

(6)注意保持床褥整洁、干燥、平整，预防压疮。

(7)半卧位时，可适当抬高床尾，以防止下滑。

(8)护理员操作前系腰带保护，操作时遵循节力原则。

2.服务流程

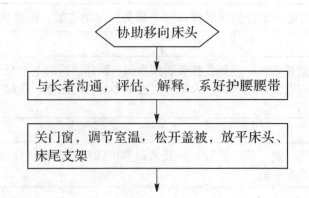

协助移向床头

与长者沟通，评估、解释，系好护腰腰带

关门窗，调节室温，松开盖被，放平床头、床尾支架

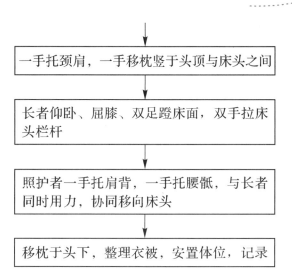

五、轮椅助行

　　目的　轮椅助行主要为下肢无力、行动不便但能坐立的长者提供的体位移动服务。目的是安全转移长者,增加长者活动范围,满足长者社交和户外活动需要。

　　适用　主要适用于:①长期卧床长者需要离床活动;②下肢瘫痪、残疾长者外出。

　　用物　护腰腰带、轮椅,必要时备气垫、毛毯。

1.服务要求

　　(1)轮椅设专人管理,定期检查,保证轮椅的扶手、脚踏板、安全带、轮胎、刹车等各部件功能良好,使用前再次检查,确保安全。

　　(2)根据长者体重、肢体功能情况选择合适的轮椅:头颈部控制不佳者选择高背轮椅或附加颈部支架;上肢功能良好者选择手动式轮椅,需要依赖他人的长者选择他人推动型;上肢功能较好、方便学习和工作者选择短扶手轮椅,需要上肢有较好依托者选择长扶手轮椅;体重80千克以上者选择特制轮椅。

　　(3)上下轮椅先拉紧刹车固定轮椅,收起脚踏板。协助长者坐上轮椅并靠后坐稳,系好安全带,脚踏在脚踏板上,松刹车后稳步推行。

　　(4)长时间坐轮椅者,垫气垫或水垫,每隔1小时,用双手支撑身体,使臀部离开片刻,防压疮。

　　(5)推轮椅上台阶时先上前轮,再上后轮;下台阶时倒退下行,先下后轮,再下前轮。在运送途中遇到较大的坡度(坡度大于15°),应采用倒车下坡的技术,缓慢倒退进行,保证安全。

　　(6)上下台阶及上下坡推行注意安全,如长者较重,道路坡度较大,应请人帮助,合力推动轮椅。推轮椅过程中速度缓慢,保持平稳,不可碰撞墙及门框,避免震动引

起长者不适,运送过程中注意观察长者的情况。注意保暖,防止受凉。

(7)协助长者床椅转移、起床站立等过程中速度宜慢,预防直立性低血压。

(8)协助长者进行康复锻炼,尽可能地恢复功能。

2.服务流程

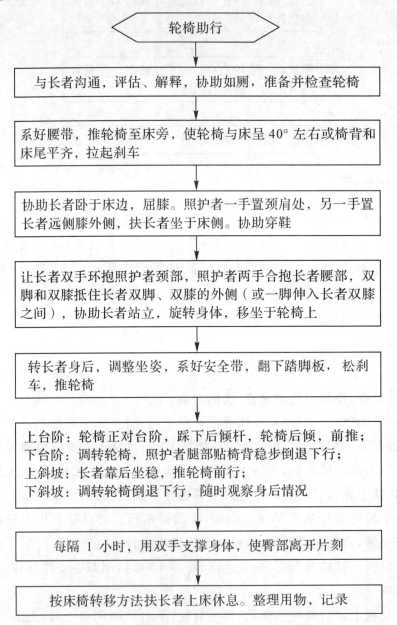

```
                    ⬡ 轮椅助行 ⬡
                         │
   ┌─────────────────────────────────────────────────┐
   │ 与长者沟通,评估、解释,协助如厕,准备并检查轮椅 │
   └─────────────────────────────────────────────────┘
                         │
   ┌─────────────────────────────────────────────────┐
   │ 系好腰带,推轮椅至床旁,使轮椅与床呈 40° 左右或椅背和 │
   │ 床尾平齐,拉起刹车                               │
   └─────────────────────────────────────────────────┘
                         │
   ┌─────────────────────────────────────────────────┐
   │ 协助长者卧于床边,屈膝。照护者一手置颈肩处,另一手置 │
   │ 长者远侧膝外侧,扶长者坐于床侧。协助穿鞋           │
   └─────────────────────────────────────────────────┘
                         │
   ┌─────────────────────────────────────────────────┐
   │ 让长者双手环抱照护者颈部,照护者两手合抱长者腰部,双 │
   │ 脚和双膝抵住长者双脚、双膝的外侧(或一脚伸入长者双膝 │
   │ 之间),协助长者站立,旋转身体,移坐于轮椅上         │
   └─────────────────────────────────────────────────┘
                         │
   ┌─────────────────────────────────────────────────┐
   │ 转长者身后,调整坐姿,系好安全带,翻下踏脚板,松刹   │
   │ 车,推轮椅                                       │
   └─────────────────────────────────────────────────┘
                         │
   ┌─────────────────────────────────────────────────┐
   │ 上台阶:轮椅正对台阶,踩下后倾杆,轮椅后倾,前推;   │
   │ 下台阶:调转轮椅,照护者腿部贴椅背稳步倒退下行;     │
   │ 上斜坡:长者靠后坐稳,推轮椅前行;                 │
   │ 下斜坡:调转轮椅倒退下行,随时观察身后情况           │
   └─────────────────────────────────────────────────┘
                         │
   ┌─────────────────────────────────────────────────┐
   │ 每隔 1 小时,用双手支撑身体,使臀部离开片刻         │
   └─────────────────────────────────────────────────┘
                         │
   ┌─────────────────────────────────────────────────┐
   │ 按床椅转移方法扶长者上床休息。整理用物,记录         │
   └─────────────────────────────────────────────────┘
```

六、手杖助行

目的 手杖助行主要是为高龄长者步态不稳或一侧下肢无力或受伤、疼痛等原因无法完全承重的长者提供的助行服务。目的是辅助行走,增加稳定性,预防跌倒,保护患侧下肢。

适用　主要适用于：①需要扶杖行走的高龄长者；②一侧下肢无力或关节疼痛、受伤等需要减轻下肢承重者。

用物　手杖。

1.服务要求

（1）设专人管理手杖，定期检查。

（2）根据长者肢体功能情况选择手杖，四脚手杖稳定性较好，但不适宜于不平路面使用。

（3）使用前检查手杖着地一端的胶头是否完整，衔接部位是否松动，预防意外。

（4）手杖高度以手臂下垂时手腕到地面的高度为宜。首次使用者应有照护人员在旁指导协助，正确使用手杖。行走的通道通畅，无障碍物，地面干燥，以免滑倒或绊倒。

（5）长者穿适当长度的裤子及合脚的防滑鞋，不宜穿拖鞋，防绊倒。

（6）手杖适用于上肢功能良好、下肢功能稍弱者。无法站立或行走稳定性很差者不宜使用。

（7）高龄长者行走鼓励使用手杖，增加行走稳定性，保护膝关节。

2.服务流程

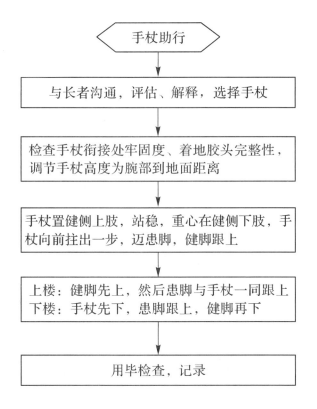

与长者沟通，评估、解释，选择手杖

检查手杖衔接处牢固度、着地胶头完整性，调节手杖高度为腕部到地面距离

手杖置健侧上肢，站稳，重心在健侧下肢，手杖向前挂出一步，迈患脚，健脚跟上

上楼：健脚先上，然后患脚与手杖一同跟上
下楼：手杖先下，患脚跟上，健脚再下

用毕检查，记录

七、腋杖助行

目的　腋杖助行主要是辅助一侧下肢无力或功能障碍而上肢功能良好的长者离床活动。目的是辅助行走,保护伤肢。

适用　主要适用于一侧下肢疼痛、受伤等无法行走,而上肢功能良好的长者。

用物　腋杖。

1.服务要求

(1)设专人管理,定期检查,做好使用登记。

(2)根据长者肢体功能情况选择拄单拐还是拄双拐行走,检查着地胶头、腋下胶垫是否完整,衔接部位是否完好。根据长者身高调节腋杖高度,以站立时拐杖头离腋下 3 厘米左右,两手按手柄时前臂与拐杖成 30°为宜。

(3)长者穿适当长度的裤子及合脚的防滑鞋,不穿拖鞋,行走的通道平整无障碍物,防滑倒或绊倒。

(4)使用腋杖时禁忌以腋窝为支撑着力点,必须用手按手柄着力,避免伤及臂神经。根据下肢功能状况选择步行方法。①患脚不着地的行步方法:双侧腋杖同时放前一步,患脚腾空,健脚跟上。②患脚可着地的行步方法:四点步,右拐前移,迈左脚,移左拐,右脚跟上;三点步,两侧腋杖与患脚同时向前,健脚跟上;二点步,右腋杖与左脚同时移动,左腋杖与右脚同时移动。

(5)上楼梯:健脚先上,然后患脚与左右腋杖同时上。下楼梯:两腋杖同时先下,患脚下移,健脚跟上。

(6)嘱长者稳步行走,避免在不平路面或交通要道、人群拥挤处行走,预防跌倒。

(7)高龄长者或者体力较差的长者,不宜使用腋杖。

2.服务流程

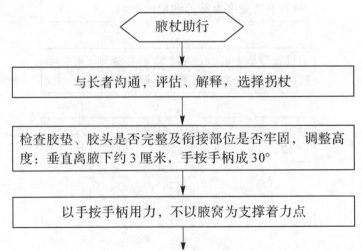

①患脚不着地的行步方法：双侧腋杖同时放前一步，患脚腾空，健脚跟上。②患脚可着地的行步方法：四点步，右拐前移，迈左脚，移左拐，右脚跟上；三点步，两侧腋杖与患脚同时向前，健脚跟上；二点步，右腋杖与左脚同时移动，左腋杖与右脚同时移动

上楼梯：健脚先上，然后患脚与左右腋杖同时上；下楼梯：两腋杖同时先下，患脚下移，健脚跟上

稳步行走，防绊倒、跌倒。用毕检查腋杖，记录

八、助步器助行

目的 助步器助行主要为长者提供步行的撑扶作用，目的是辅助长者行走，锻炼肢体功能，增大长者活动范围，促进康复。

适用 主要适用于：①下肢力量弱或者因伤因病而行动不便的长者；②疾病康复期进行行走锻炼的长者。

用物 助步器。

1.服务要求

(1)设专人管理，定期检查，做好登记。

(2)根据长者肢体功能情况选择助步器类型，根据身高调整高度。检查助步器衔接部位是否完好，带刹车的助步器其刹车是否灵敏，有轮助步器轮子是否转动灵活。

(3)长者穿适当长度的裤子及合脚的防滑鞋，不穿拖鞋，通道平整无障碍物，以免滑倒或绊倒。

(4)带轮子的助步器移动方便，但稳定性差，要注意陪护，最好使用带刹车的助步器，防止意外。

(5)无轮助步器在举起前行时，要注意预防长者站立不稳而跌倒。

(6)无轮助步器：举起助步器放前约15厘米，放稳，患脚前行，健脚跟上。有轮助步器：推动助步器向前约15厘米，放稳，有刹车的按下刹车，患脚前行，健脚跟上。未熟练使用前，照护者立于长者患侧，扶持或协助长者练习，防止跌倒。

(7)按康复计划顺序练习，不在不平路面、人多的通道上或马路上行走，注意安全。

2. 服务流程

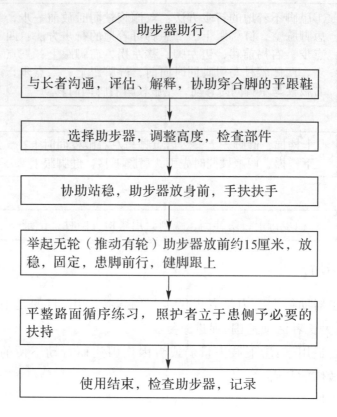

```
┌─────────────┐
│  助步器助行  │
└─────────────┘
      ↓
┌───────────────────────────────────┐
│ 与长者沟通，评估、解释，协助穿合脚的平跟鞋 │
└───────────────────────────────────┘
      ↓
┌───────────────────────────────────┐
│     选择助步器，调整高度，检查部件      │
└───────────────────────────────────┘
      ↓
┌───────────────────────────────────┐
│     协助站稳，助步器放身前，手扶扶手     │
└───────────────────────────────────┘
      ↓
┌───────────────────────────────────┐
│ 举起无轮（推动有轮）助步器放前约15厘米，放 │
│ 稳，固定，患脚前行，健脚跟上          │
└───────────────────────────────────┘
      ↓
┌───────────────────────────────────┐
│ 平整路面循序练习，照护者立于患侧予必要的   │
│ 扶持                             │
└───────────────────────────────────┘
      ↓
┌───────────────────────────────────┐
│     使用结束，检查助步器，记录         │
└───────────────────────────────────┘
```

九、平车助行

目的　平车助行主要为身体极度虚弱、无法坐立的长者提供体位转移的专项服务，目的是帮助转移长者，满足就医、检查等需要。

适用　平车主要适用于：①瘫痪、昏迷等长期卧床长者的转移；②因病（如骨折等）需要卧床的长者转移。

用物　平车、垫被、盖被、枕头。

1. 服务要求

（1）设专人管理，定期检查护栏和刹车等是否完好，做好使用记录。

（2）平车适用于平整的路面，主要用于短距离的运送。

（3）上下平车注意先踩刹车，平车两侧栏杆拉好，运送过程平稳，避免碰撞和颠簸，严防长者跌出平车。冬天注意保暖、防受凉。

（4）一般需二人推动平车，一人在前把住方向，一人在后平稳推动平车，上坡时头在前，下坡时头在后。长者头部应卧于大轮端，以减轻颠簸。

（5）长者身上有导管时，要先固定好导管，防止脱落。骨折特别是脊柱骨折长者，在医护人员指导下搬运，避免脊柱扭曲而导致骨折端移位而引发截瘫。

（6）关爱长者，与长者有较好沟通，运送过程中随时观察长者情况。

（7）平车用后擦拭消毒，清洁，备用。

2.服务流程

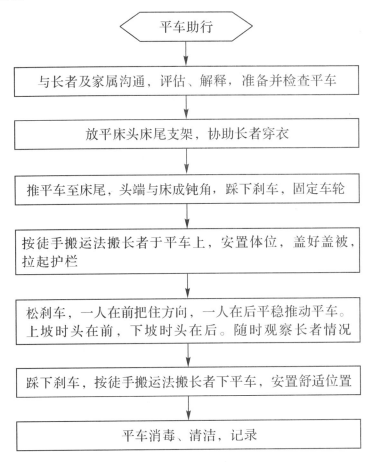

平车助行

与长者及家属沟通，评估、解释，准备并检查平车

放平床头床尾支架，协助长者穿衣

推平车至床尾，头端与床成钝角，踩下刹车，固定车轮

按徒手搬运法搬长者于平车上，安置体位，盖好盖被，拉起护栏

松刹车，一人在前把住方向，一人在后平稳推动平车。上坡时头在前，下坡时头在后。随时观察长者情况

踩下刹车，按徒手搬运法搬长者下平车，安置舒适位置

平车消毒、清洁，记录

第五节　饮食与排泄照护

一、协助进食、进水

目的　协助进食进水主要是为行动不便的长者提供必要的帮助和提供必要的辅具，尽可能维持长者自行进食的能力，满足进食和营养需求。

适用　主要适用于：①由于视力或行动不便或者卧床而无法自行取食者；②由于失智而失去选择食物、自行安排进餐能力者；③由于手及肢体功能损害需要一定辅具才能自行进餐者。

用物　食物、餐具、适当的辅具。

1.服务要求

（1）与长者沟通，评估长者的身心功能，做好充分解释。

（2）根据长者身心功能特点及意愿选择就餐地点，鼓励到餐厅集体就餐。

（3）结合长者身心功能提供合适的帮助，如帮助订餐、搀扶到餐厅、帮助送餐、协助床上或床边进餐等。

（4）根据需要提供适当的辅具，如高背轮椅、能固定的碗、粗柄筷子、床上小桌、围兜等，尽可能地让长者自行进食，享受进食过程，满足营养需求。

（5）尽量取坐位、半卧位进食，禁忌仰卧位进食进水；避免过于黏稠、粗糙、带骨带刺的食物，固体、流质食物交替食用；小口进食，细嚼慢咽，进食过程不催促，避免边进食边看电视或进食期间谈笑，预防进食意外。

（6）平时协助长者进行功能锻炼，促进康复，尽可能长地维持进食的能力。

（7）对长者进行营养健康教育，有规律进食，多参与各类活动维持身体功能，促进消化吸收。

2.服务流程

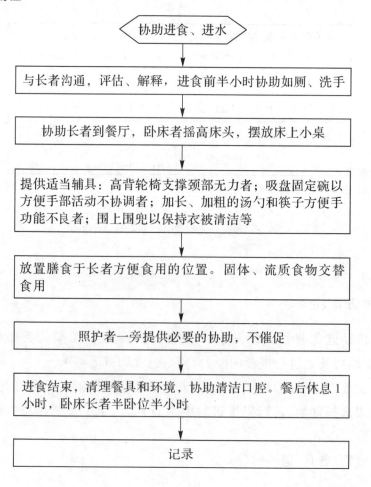

二、喂食

目的　为不能自行进食的长者喂食、喂水,满足长者食欲,维持机体良好的营养状况。

适用　适用于手功能障碍或者有伤无法自行进食,但意识清楚、吞咽功能良好者。

用物　餐具(碗、汤匙、筷子)及食物、小毛巾、餐巾、吸管、刷牙或漱口用具、洗手用具。

1.服务要求

(1)与长者有很好的沟通,做好评估与解释,仪容仪表整洁、大方,洗手。

(2)做好营养健康教育,尊重长者的习惯与喜好,尽量鼓励长者自行进食,对肢体活动不便者,可选择加长、加粗的汤勺,餐具下面以吸盘固定,以方便长者自行进食。

(3)尽量协助长者坐位或者半卧位进食,禁忌仰卧位进食、进水,以防误吸入气管。

(4)小口喂食,细嚼慢咽,干食、汤食交替喂,不催促长者。

(5)对视力障碍的长者,喂食时主动告知食物的名称。

(6)注意食物温度,冬天注意保温,喂食前先测试温度,预防烫伤。

(7)尽量避免球形、滑溜或黏性强的食物,食物去骨剔刺、切细、煮软,必要时将食物加工成糊状。

(8)进食前半小时结束室内清洁、铺床等工作,半小时前协助排便排尿,开窗通风,保持室内空气清新、环境整洁。

(9)少食多餐,平时多饮水。

2.服务流程

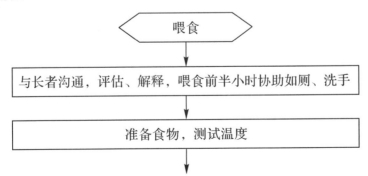

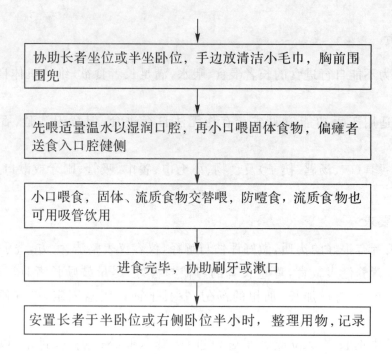

协助长者坐位或半坐卧位，手边放清洁小毛巾，胸前围围兜

先喂适量温水以湿润口腔，再小口喂固体食物，偏瘫者送食入口腔健侧

小口喂食，固体、流质食物交替喂，防噎食，流质食物也可用吸管饮用

进食完毕，协助刷牙或漱口

安置长者于半卧位或右侧卧位半小时，整理用物，记录

三、鼻饲

目的　鼻饲是指经过鼻饲管灌注食物和药物到胃内，以维持机体营养和治疗的需要。

适用　不能经口进食的长者。

用物　灌注器、餐巾、碗、温开水、纱布、牛皮筋、别针。

1.服务要求

(1)与长者有很好的沟通，评估长者营养及鼻饲管情况，做好解释。关爱长者，仪容仪表整洁、大方，洗手。

(2)动作轻、稳、熟练，避免拉出鼻饲管。

(3)每次鼻饲前先测试胃管是否在胃内，再缓慢注入少量温开水观察长者反应，如无异常再进行喂食。鼻饲后注入少量温开水冲洗鼻饲管，以防管内食物残留变质引起胃肠炎。

(4)每次鼻饲前要测试鼻饲液温度，可滴少量于前臂内侧皮肤，以不烫手为度。严防高温灌入而引起食道、胃黏膜损伤。

(5)每次200毫升左右，灌注前回抽时如发现胃内食物残留较多，可考虑延长间隔时间。

(6)灌注器每次用后清洗，每日煮沸消毒。

(7)灌注速度要慢，避免快速灌入致反射性呕吐，引起长者不适。

(8)忌将药物与牛奶、茶水一起灌入，新鲜果汁与牛奶应分开注入。

(9)每日口腔清洁 2 次,如遇呕吐、鼻饲管堵塞、滑出等,及时联系护士,长期鼻饲者请护士定期更换鼻饲管。

(10)活动、翻身时要注意固定鼻饲管,预防鼻饲管拉出。

2.服务流程

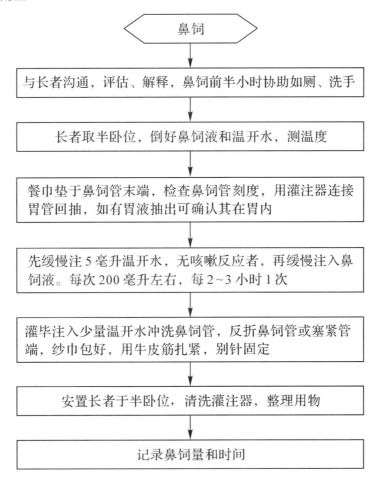

鼻饲

↓

与长者沟通、评估、解释,鼻饲前半小时协助如厕、洗手

↓

长者取半卧位,倒好鼻饲液和温开水,测温度

↓

餐巾垫于鼻饲管末端,检查鼻饲管刻度,用灌注器连接胃管回抽,如有胃液抽出可确认其在胃内

↓

先缓慢注 5 毫升温开水,无咳嗽反应者,再缓慢注入鼻饲液。每次 200 毫升左右,每 2~3 小时 1 次

↓

灌毕注入少量温开水冲洗鼻饲管,反折鼻饲管或塞紧管端,纱巾包好,用牛皮筋扎紧,别针固定

↓

安置长者于半卧位,清洗灌注器,整理用物

↓

记录鼻饲量和时间

四、协助如厕

目的 协助活动不便长者排便,满足长者排泄需要,维护尊严,促进舒适。

适用 主要适用于行动不便,但能坐立完成排便的长者。

用物 卫生纸,必要时备拐杖或轮椅等助行器。

1.服务要求

(1)与长者沟通,做好解释。仪容仪表整洁、大方,戴口罩。

(2)平时加强身体功能的康复锻炼,尽量让长者入卫生间如厕。长者宜坐位如厕,避免蹲位排便。

(3)卫生间地面干燥、防滑,扶手稳固。

(4)长者手扶扶手坐稳,起身要慢,以防摔倒。

(5)养成定时排便的习惯,平时多食新鲜蔬果,保持大便通畅。

(6)门外挂如厕标识,厕所门不倒锁,嘱长者耐心排便勿过于用力,防排便意外。

(7)若使用床旁坐便器如厕,先在便桶内放适量水,便桶置于架内,平时盖好盖子。长者如厕,则按床椅转移法协助长者坐于床旁坐便器上,便毕及时倒除粪便,清洗便桶。

2.服务流程

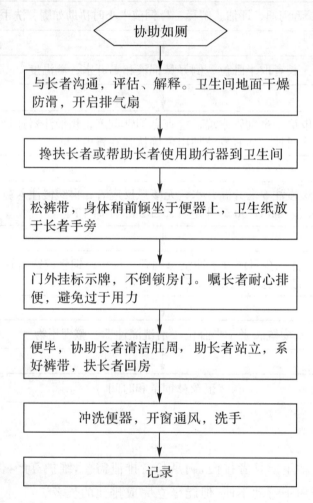

五、便盆使用

目的 协助卧床长者排便,满足长者排泄需要,增进舒适。

适用 主要适用于不能起床的卧床长者。

用物 便盆、卫生纸、中单或一次性尿布、一次性手套。

1.服务要求

(1)仪容仪表整洁、大方,戴口罩。与长者有很好的沟通。

（2）动作轻、稳、熟练,关爱长者。

（3）注意遮盖长者,防受凉,保护隐私。

（4）男性长者可协助其先用尿壶排尿,会阴部上方盖卫生纸,以防尿湿棉被。

（5）便盆须清洁、无破损。冬天可先用热水温暖便盆。

（6）取放便盆,托起长者臀部,避免硬塞硬拉,防擦伤皮肤。

（7）嘱长者耐心排便,避免过于用力。不习惯卧位排便者可略抬高床头或协助坐起。

2.服务流程

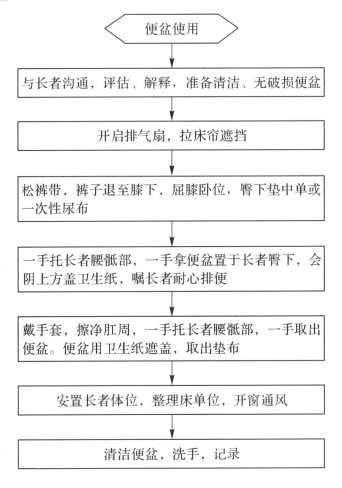

六、尿壶使用

目的　协助卧床长者排尿,满足长者排泄需要,保持衣被清洁、干燥,增进舒适,预防并发症。

适用　主要适用于不能起床如厕的长者。

用物　卫生纸、尿壶。

1.服务要求

(1)与长者有很好的沟通,仪容仪表整洁、大方,关爱长者。

(2)关门窗,拉好床帘,注意遮盖长者,防受凉,保护隐私。

(3)嘱长者自行扶住尿壶接口,避免尿液溢出。

(4)尿壶使用时,注意压力适当,特别是使用女性尿壶时,过轻易致尿液外溢,过重易致局部组织受压损伤。一般男性使用尿壶排尿,女性则使用便盆排尿较好。

(5)尿壶专人专用,及时倒除尿液,保持清洁,定期消毒。

(6)鼓励多饮水,定时排尿,避免憋尿或因排尿不便而控制饮水。

2.服务流程

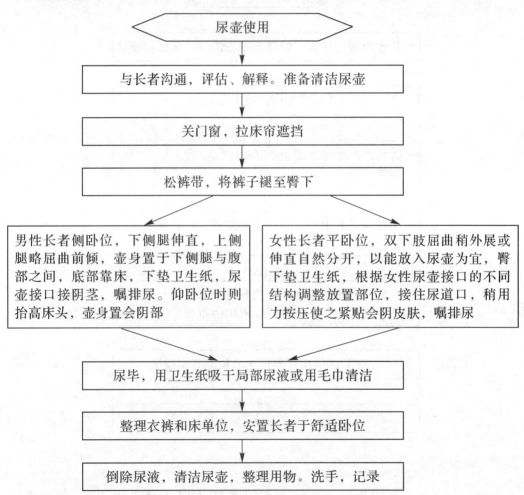

七、简易通便

目的 协助便秘长者排便,满足长者排泄需要,增进舒适,预防并发症。

适用 主要适用于便秘长者通便。

用物 开塞露或甘油栓、卫生纸、一次性手套。

1.服务要求

(1)与长者有很好的沟通,评估长者便秘情况,做好解释,关爱长者。

(2)关门窗,防受凉。注意遮盖长者,保护隐私。

(3)打开开塞露瓶盖时要检查开口是否平整,封口用剪刀剪者要注意修剪平整,先挤少量液体润滑,插入肛门轻稳,防止损伤直肠黏膜和肛周皮肤。

(4)挤入开塞露后,嘱长者放松、深呼吸,保留5~10分钟后再排便。挤入甘油栓后,抵住肛门处轻轻按摩,以免滑出。

(5)督促长者养成定时排便的习惯,协助长者多食富含膳食纤维的食物,多食新鲜蔬果,保持大便通畅。

(6)结合长者需求提供通便服务:①腹部按摩通便;②专项通便膳食。

(7)教育长者排便时勿用力过度,预防心脑血管意外。

2.服务流程

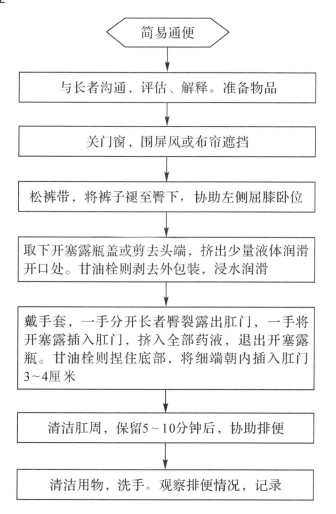

八、更换纸尿裤

目的 为不能自理的尿失禁长者更换纸尿裤,清洁会阴部,保持衣被整洁、干燥,预防并发症,增进舒适。

适用 主要适用于失能的尿失禁长者。

用物 纸尿裤、毛巾、水盆、热水、卫生纸、一次性手套。

1.服务要求

(1)与长者有很好的沟通,评估尿湿情况,做好解释。仪容仪表整洁、大方,动作轻、稳、熟练,关爱长者。

(2)注意遮盖长者,防受凉,保护隐私。

(3)选择合适型号的纸尿裤,注意腰部、腿部不要粘贴得太紧,以能放入一指为度。

(4)注意不同性别长者纸尿裤放置的位置,女性长者大头朝后,男性长者大头朝前,防止尿液漏出。

(5)如有大便,则先用卫生纸擦净,撤离尿裤,再清洗。如局部皮肤发红,可涂凡士林或鞣酸软膏保护。选择棉质纸尿裤,尿湿及时更换,减少刺激,预防红臀和会阴部的湿疹甚至糜烂。

(6)尿失禁长者如无禁忌,尽量鼓励多饮水,预防尿路感染。

2.服务流程

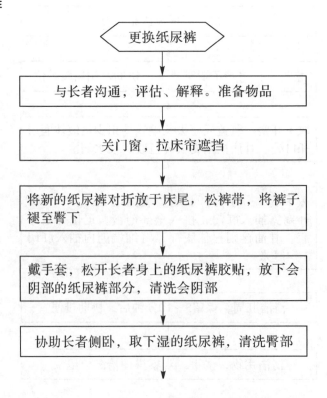

更换纸尿裤

↓

与长者沟通,评估、解释。准备物品

↓

关门窗,拉床帘遮挡

↓

将新的纸尿裤对折放于床尾,松裤带,将裤子褪至臀下

↓

戴手套,松开长者身上的纸尿裤胶贴,放下会阴部的纸尿裤部分,清洗会阴部

↓

协助长者侧卧,取下湿的纸尿裤,清洗臀部

↓

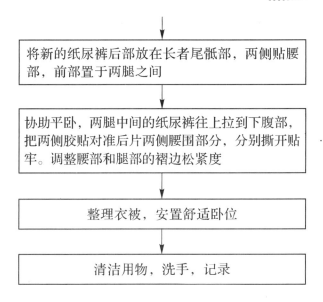

将新的纸尿裤后部放在长者尾骶部，两侧贴腰部，前部置于两腿之间

↓

协助平卧，两腿中间的纸尿裤往上拉到下腹部，把两侧胶贴对准后片两侧腰围部分，分别撕开贴牢。调整腰部和腿部的褶边松紧度

↓

整理衣被，安置舒适卧位

↓

清洁用物，洗手，记录

第六节　协助治疗与康复护理

一、协助口服给药

目的　协助不同程度失能、失智长者正确按医嘱服用药物,控制疾病,促进康复。

适用　主要适用于不同程度失能、失智,需要按时提醒和帮助服药的长者。（此处主要指照护者提供的服务,非护士执行的发药服务。）

用物　药物、药杯、水杯、温水。

1.服务要求

（1）由护士按医嘱执行摆药、发药,按"三查七对"制度,根据医嘱对药名、浓度、剂量、用法等一一核对。正确取药配药:固体药用药匙取,必要时研碎;液体药先摇匀,用量杯取后倒入药杯;配油剂时,先在药杯倒少量水,再用滴管吸取药物;如液体药不足 1 毫升也应用滴管吸取。

（2）长者常服用多种药物,为便于管理,护士可选用专用的药盒子摆放一周或一天的药物,将每一餐用药集中放置,做好标识。

（3）护士对长者服用的药物及要求告知长者及照护者,照护者根据护士发放的药物,进行核对和检查,按时协助长者正确口服:协助长者坐位或半卧位;先用温开水湿润口腔,再逐片分次用温开水送服;无特殊禁忌者,再饮水 200 毫升左右,以利药物吸收;服药后保持该体位 10～15 分钟。

（4）注意药物服用的特殊要求：促进食欲和胃功能的药物，如多潘立酮、甲氧氯普胺等应在饭前 30 分钟服用，对胃有刺激的药物（如阿司匹林等）应在饭后服用，以减少刺激；止咳糖浆对呼吸道黏膜有安抚作用，服后不宜立即饮水；磺胺类药物服后宜多饮水，以免药物结晶导致肾小管堵塞；服用强心苷类药物应先测脉率及节律，脉率小于 60 次/分时不可服用，并及时与护士联系；对牙齿有腐蚀作用或使牙齿染色的药物，如酸剂或铁剂，用饮水管吸服，避免与牙齿直接接触，服药后及时漱口。特殊用药做好标识。

（5）不可用茶水、咖啡、中药汤剂或牛奶送服药物。

（6）不可将许多药物一口吞入，以免造成长者吞咽困难、误咽或恶心呕吐等。服用多种药物时，注意药物之间的配伍禁忌，必要时按医嘱要求分次间隔服用。

（7）凡是标签不清楚、变色、受潮、有异味、溶液出现絮状物、超过有效期的药物都不能使用。

（8）服药前洗手，服药后注意按护嘱观察病情，有特殊情况及时向护士反映。

2.服务流程

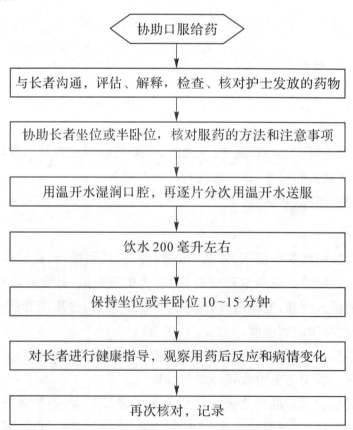

协助口服给药

与长者沟通，评估、解释，检查、核对护士发放的药物

协助长者坐位或半卧位，核对服药的方法和注意事项

用温开水湿润口腔，再逐片分次用温开水送服

饮水 200 毫升左右

保持坐位或半卧位 10～15 分钟

对长者进行健康指导，观察用药后反应和病情变化

再次核对，记录

二、皮肤贴剂使用

目的　通过将贴剂粘贴在皮肤上,药物产生局部作用或者通过皮肤吸收而产生全身作用,从而达到治疗的目的。皮肤贴剂由背衬层、有(或无)控释膜的药物贮库、粘贴层及临用前需除去的保护层几部分组成。皮肤贴剂种类很多,常用的有止痛膏、雌激素皮肤贴剂、硝酸甘油皮肤贴剂等。

适用　皮肤贴剂主要适用于失能、失智长者或者粘贴部位位于背部等处自身无法完成而需要协助的长者。

用物　皮肤贴剂,清洁用物。

1.服务要求

(1)与长者沟通,遵医嘱用药,协助长者使用贴剂。

(2)使用前核对医嘱,检查贴剂的有效期。

(3)使用皮肤贴剂前清洁皮肤,评估局部皮肤情况,除了伤口使用的贴剂外,避免贴于破损、感染、皮疹等部位,避免贴于皮肤皱褶处。

(4)使用皮肤贴剂时应使药膜平整,充分与皮肤接触,并按压2分钟,必要时可用胶带加固,以免药膜因活动而卷曲、脱落。粘贴时注意技巧,如贴剂较大,可先撕开保护膜一端,平整贴于皮肤,再慢慢撕下保护膜,边撕边将贴剂粘在皮肤上。

(5)保持贴剂处干燥,避免潮湿致脱落。

(6)注意观察局部皮肤及全身反应,如出现局部红、肿、痛、痒等症状或全身异常症状,应立即停止,及时与医护人员联系。

(7)根据所含药物性质确定使用时间。去除贴剂时清洁皮肤,可用松节油去除胶布痕迹。

(8)贴皮肤贴剂时,注意遮挡,保护长者隐私。

(9)记录用药情况。

2.服务流程

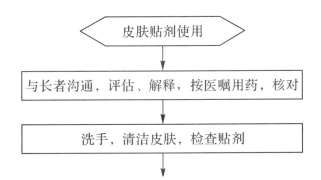

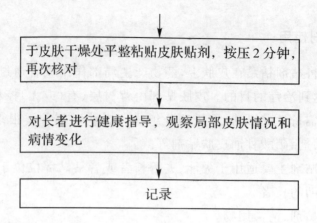

于皮肤干燥处平整粘贴皮肤贴剂，按压 2 分钟，
再次核对

↓

对长者进行健康指导，观察局部皮肤情况和
病情变化

↓

记录

三、协助服用中药汤剂

目的　遵医嘱协助长者服用中药,达到治疗疾病、调理体质等作用。中药有各种剂型,这里主要指协助长者服用汤剂。

适用　主要适用于医嘱使用中药汤剂治疗,不能完全自理而需要适当帮助服药的长者。

用物　中药汤剂(袋装)、剪刀、盛温开水的杯子、热水及大水杯(若采用保温杯盛中药者,则准备倒药的水杯)。

1. 服务要求

(1)仪容仪表整洁,洗手。与长者有很好的沟通,询问身体状况和服药后的反应。

(2)遵医嘱用药,服用前核对医嘱和中药袋(杯)上的姓名等信息,检查药袋保质期和药液情况,若过期、药袋破损等,应丢弃并告知医护人员。

(3)中药服用时间于二餐之间较好,避免饱餐后马上服用,至少进餐 1 小时后服。特殊服用方法遵医嘱执行:补益药、泻下药宜在饭前服用,即在饭前 30～60 分钟服药;具有滋补作用的汤药,宜早晨空腹服用,以利于充分吸收;解表药、消食药及对胃肠有刺激作用的药物宜饭后服,即在饭后 15～30 分钟服药。

(4)服用中药时,不宜与牛奶、咖啡、茶水等同时服用,以免影响药物有效成分的吸收。

(5)服用中药汤剂时忌烟酒,忌食辛辣、生冷、油腻等不易消化食物。

(6)中药汤剂用保温杯盛装者,服用前将中药倒入水杯中冷却,避免烫伤。若用药袋盛装,则将药袋置热水中加温,剪去一角将药液倒入水杯中服用,或用吸管吸饮。

(7)中药汤剂一般味道不太好,嘱长者勿大口饮服,预防误吸。同时备温开水,中药服后饮少量温水或进行温水漱口,消除口中不适味道。

（8）中药汤剂一般医院代为煎制，若在机构内煎制，则以砂锅按医嘱煎煮，避免用铁、铜、铝锅煎煮。

（9）一般中药汤剂一煎两袋，一天两次服用。若长者一次无法服完一袋，则可用浓煎法减少水量，或者分多次服用。

（10）煎好的中药低温保存，在保质期内服用。

（11）除中药汤剂以外，中药丸剂、片剂一般服用颗数、片数较多，嘱长者分次服用，切忌一大把同时吞服，避免误吸、噎住或引发恶心、呕吐等。

2.**流务流程**

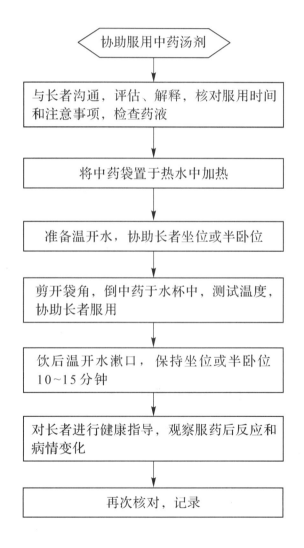

四、滴眼药

目的　将药液滴入结膜囊，以达到相应的治疗目的。

适用　医嘱需要用眼药治疗，需要帮助滴眼药的长者。

用物　药液，清洁毛巾或纸巾。

1. 服务要求

(1)仪容仪表整洁、大方,动作轻、稳、熟练,关爱长者,与长者有很好的沟通。

(2)滴药前洗手。

(3)遵医嘱用药,给药前仔细核对、检查药液,滴药后再次核对。同时注意药液是否过期,有无浑浊、变色、沉淀、异味,若有异常,应及时请示医护人员。

(4)药液用完后妥善保管,忌与滴鼻药、滴耳药混放,以免误用。

(5)滴眼药水时滴管应距眼2厘米左右,避免触及睫毛而污染滴管或碰伤眼球。

(6)需滴两种以上眼药时,至少应间隔3分钟。

(7)滴完眼药后压迫内眦2~3分钟,防药液经鼻泪管流入鼻腔而增加吸收,引起副反应。

(8)冬天可将眼药水捏在手心片刻进行加温,减少寒冷刺激。

(9)滴眼药后休息片刻,避免马上活动,以防视物不清而致跌倒。

(10)注意观察用药后的眼睛情况,如有异常情况,应及时告知医护人员。

2. 服务流程

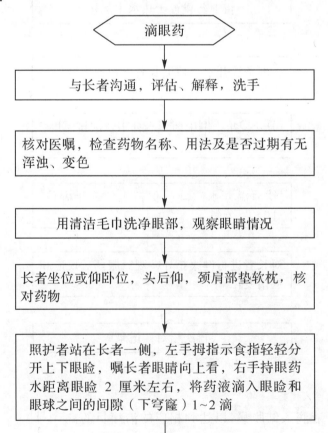

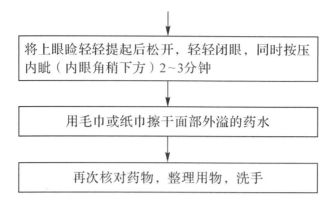

将上眼睑轻轻提起后松开，轻轻闭眼，同时按压内眦（内眼角稍下方）2~3分钟

用毛巾或纸巾擦干面部外溢的药水

再次核对药物，整理用物，洗手

五、滴鼻药

目的　通过鼻腔滴入药物,治疗鼻腔及鼻窦疾病。

适用　医嘱需要用鼻药治疗,需要帮助滴鼻药的长者。

用物　滴鼻药、消毒棉签、毛巾或纸巾。

1.服务要求

(1)仪容仪表整洁、大方,动作轻、稳、熟练,关爱长者,与长者有很好的沟通。

(2)滴药前洗手。

(3)给药前应仔细查对药名、用法,检查药液是否过期,有无浑浊、变色等。滴药后再核对。

(4)滴鼻药后,保持头后仰位片刻。注意观察用药后的反应,如有异常,及时与医护人员联系。

(5)滴药前先清洁鼻腔,滴鼻药时药管不要碰到鼻部,以免污染药液。

(6)遵医嘱用药,不能擅自依靠滴鼻液来改善鼻腔症状,避免长期用药。

2.服务流程

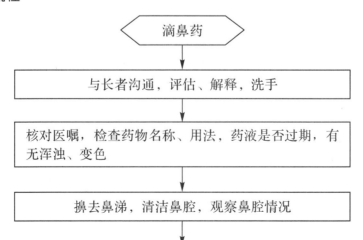

滴鼻药

与长者沟通，评估、解释，洗手

核对医嘱，检查药物名称、用法，药液是否过期，有无浑浊、变色

擤去鼻涕，清洁鼻腔，观察鼻腔情况

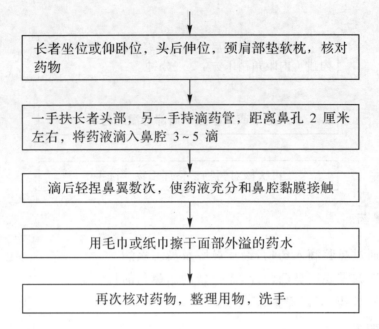

长者坐位或仰卧位，头后伸位，颈肩部垫软枕，核对药物

一手扶长者头部，另一手持滴药管，距离鼻孔 2 厘米左右，将药液滴入鼻腔 3~5 滴

滴后轻捏鼻翼数次，使药液充分和鼻腔黏膜接触

用毛巾或纸巾擦干面部外溢的药水

再次核对药物，整理用物，洗手

六、滴耳药

目的　将滴耳药滴入耳道，治疗耳道疾病。

适用　医嘱需要用耳药治疗，需要帮助滴耳药的长者。

用物　滴耳药、消毒棉签、毛巾或纸巾。

1.服务要求

（1）仪容仪表整洁、大方，动作轻、稳、熟练，关爱长者，与长者有很好的沟通，询问长者病情和耳部情况。

（2）滴药前洗手。

（3）给药前应仔细查对药名、用法，检查药液是否过期，有无浑浊、变色等。滴药后再次核对。

（4）滴耳药的温度应与体温接近，避免过冷刺激耳膜。

（5）滴耳药的管头不要碰到耳郭及外耳道口，滴药时让药液沿外耳道壁注入耳道深部，按压耳屏数次。

（6）切忌将药液直接滴在鼓膜上。滴后保持在原位5分钟。

（7）软化耵聍时，每次药量可适当增加，最好在睡前滴药。

（8）几种药物同时应用时，应间隔1~2小时交替滴入。

（9）注意观察用药后反应，若有异常情况及时联系医护人员。

2.服务流程

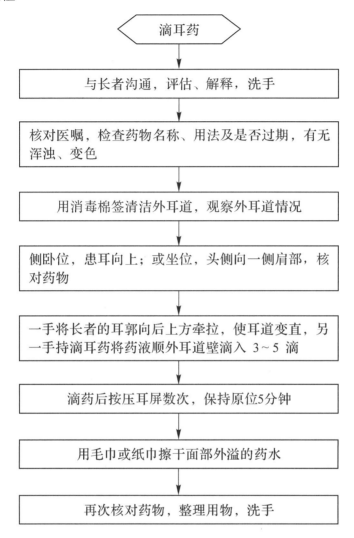

七、管道照护

目的　做好管道护理,恰当固定,保持管道通畅、清洁,避免扭曲、堵塞、意外拔出和脱落,预防逆流而引起感染,同时观察管道情况和长者的症状体征,减少各类并发症,减轻不适,保证治疗护理的顺利进行。

适用　管道照护主要指输液管道、留置导尿管、鼻饲管、各类引流管、造瘘管等的日常护理。

用物　消毒棉签、尿杯、一次性手套、会阴清洁用物(不同管道有不同的照护要求,此处以留置导尿管照护为例)。

1.服务要求

(1)仪容仪表整洁、大方,动作轻、稳、熟练,关爱长者,与长者有很好的沟通,意

识清醒者询问长者病情。

（2）操作前、后洗手，在护士指导下管理管道。

（3）观察管道情况，有异常及时报告护士。①观察管道是否固定良好，若有固定的胶布松动、脱落，及时更换胶布固定好（胸腔引流、"T"管引流等重要管道管理，由护士处理）；②观察管道是否通畅，如输液滴速是否正常，皮肤穿刺部位是否肿胀，导尿管、引流管、造瘘管是否有尿液，引流液是否正常引出，负压引流时瓶口及管道是否密封；③观察管道内容物是否正常：输液管内是否有回血，导尿管、引流管、造瘘管引流的液体有无浑浊、血性液体或者其他异常情况，引流量是否异常等。

（4）保持管道通畅，避免扭曲、堵塞、逆流。管道固定在合适的位置，避免扭曲、折叠和压在身下，一般输液瓶或袋挂于穿刺肢体一侧的上方，穿刺肢体稍作固定，管道留合适的长度。鼻饲管末端折叠或用管塞塞住，纱布包裹，用别针固定于一侧肩部衣服，不过长。引流管一端接引流袋或引流瓶，卧床者宜低于床面底部，行走活动者宜低于引流口 30 厘米。若长者需要搬动，可先夹闭管道，安置好后及时放开，避免逆流引起逆行感染。

（5）翻身、活动等体位移动时，首先固定管道，对意识不清的长者做适当的约束，严防管道拔出和脱落。

（6）记录管道插入时间，根据管道性质确定更换的时间，及时告诉护士更换管道。

（7）严格执行无菌操作，更换输液瓶或输液袋、更换引流袋或引流瓶等需要无菌操作的，协助护士执行。输液时要观察滴速，滴速过快或过慢及时报告护士，输液瓶或输液袋内液量快输完时报告护士，做好更换输液的准备。

（8）做好清洁工作。鼻饲者每天清洁口腔至少 2 次，在鼻翼和面颊处固定鼻饲管的胶布每天更换一次，擦净，必要时用松节油清除胶布痕迹，等干后用新胶布重新固定，尽量不粘在同一部位以保护皮肤。留置导尿管者每天清洁会阴一次，尿道口用消毒棉签擦拭消毒。输液者，每天清除皮肤胶布痕迹，保持皮肤清洁，若有留置针，避免洗浴时沾湿穿刺部位，预防局部固定的薄膜脱落，避免局部碰撞、挤压。穿脱衣服时注意保护，防止留置针滑脱。引流管、造瘘管处皮肤伤口用纱布覆盖固定的，保持局部清洁干燥，观察纱布情况，若有渗血、渗液则请医护人员换药处理。

（9）及时倒除引流液。目前临床多用无菌的一次性引流袋，袋底部的盖子拉下即可将引流液放出。注意勿将引流袋直接放在尿盆或者尿杯中。

（10）接触体液、血液时，照护人员做好自我防护，戴一次性手套操作。

2.服务流程

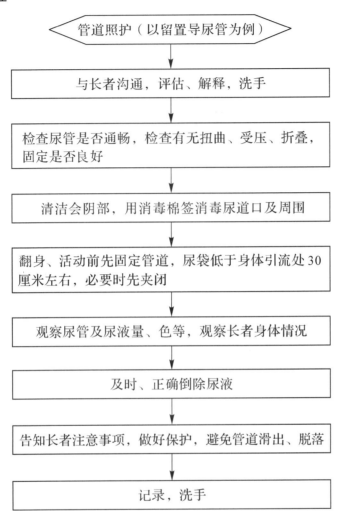

八、叩背

目的 卧床长者定期进行叩背,促进血液循环,预防压疮和肺部感染,同时借助叩击时对气道的振动,协助呼吸道分泌物排出体外,保持呼吸道通畅。

适用 适用于卧床长者或者呼吸道痰液多者。

用物 椅子、靠枕。

1.服务要求

(1)操作者仪容仪表整洁、大方,动作轻、稳、熟练;关爱长者,与长者有很好的沟通。

(2)长者坐于椅子上,前胸朝向椅背,垫以软枕;卧床长者侧卧位,抱枕于胸前。叩击的力量不宜过重,操作中注意询问长者感受,调整叩击力度。叩背过程中要使长者上身有较好的支撑,注意安全。

(3)将手成背隆掌空状态,以腕部力量有节奏地自下而上、由外向内叩打背部3分钟左右。

(4)不可在脊柱、伤处叩击;避免用手指叩击,防损伤。

(5)注意遮盖长者,防受凉,保护隐私。

(6)如长者痰液多,应鼓励长者多饮水,在稀释痰液的基础上叩背。

(7)避免在进餐前后叩背,剧烈咳嗽时暂停叩背。

2.服务流程

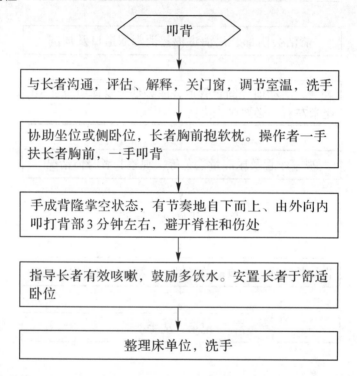

九、呼吸道管理

目的 通过促进痰液排出、呼吸功能锻炼及低流量给氧等措施,保持呼吸道通畅,促进气体交换,改善呼吸功能,促进康复。

适用 主要适用于慢性阻塞性肺疾病或伴呼吸道感染痰多的长者。

用物 温水、水杯、家用吸氧机及吸氧用管道等。

1.服务要求

(1)操作者仪容仪表整洁、大方,动作轻、稳、熟练;关爱长者,与长者有很好的沟通。

(2)评估呼吸道情况,询问咳痰、胸闷情况,观察是否有气急、发绀等情况。

(3)患有慢性阻塞性肺疾病(COPD)而痰多的长者,采取以下措施稀释痰液:①

空气相对湿度维持在60％左右,空气干燥时可用加湿器增加湿度;②保证一天饮水2000毫升左右,保持尿量在1500毫升以上;③遵医嘱雾化吸入或者服用祛痰药;④可咨询中医师,适当食用一些滋阴润燥的食物,如梨汤、木耳汤等。

(4)叩背协助排痰,鼓励有效咳嗽。

(5)缺氧者遵医嘱吸氧,COPD长者由于长期二氧化碳滞留,在轻度缺氧状态下呼吸,因此需要低流量长时间吸氧。照护者切忌随意增加氧流量,不随意使用安眠药,以防引起呼吸停止。

(6)开展呼吸功能锻炼。①腹式呼吸:吸气时鼓腹,呼气时尽力凹腹,用手轻压腹部进行练习,吸呼时比为1∶2。②缩唇呼吸:用鼻深吸一口气,再缩唇慢慢吹气,延长呼气时间,以减少余气量。腹式呼吸与缩唇呼吸相结合进行练习,每次进行15次左右,每天练习数次。

(7)呼吸道疾病流行时不去人员集中的公共场合,呼吸道感染者不探视长者。长者平时参加适宜的活动,增强抵抗力,戒烟,预防呼吸道感染。

2.服务流程

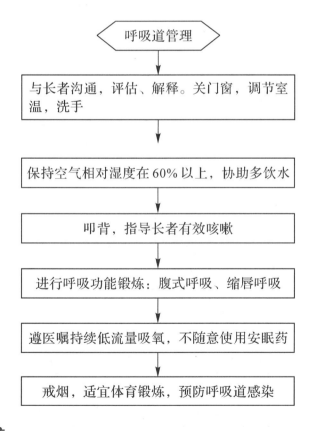

十、压疮预防

目的　预防局部组织因受压过久导致缺血、缺氧而坏死。

适用 主要适用于生活不能自理的卧床长者或因截瘫、牵引、约束等情况下易发生压疮风险者。

用物 翻身枕、软枕、翻身卡、笔等,必要时备充气床垫或者水床垫、坐位气垫等。

1.服务要求

(1)操作者仪容仪表整洁、大方,动作轻、稳、熟练;关爱长者,与长者有很好的沟通。

(2)卧床不能自我翻身的长者,建立床头翻身卡,每2小时翻身一次并记录。翻身时观察骨突受压部位皮肤。若受压部位有红肿,或者长者有水肿、低蛋白血症等皮肤情况时,增加翻身次数。

(3)翻身时,背部垫翻身枕,身体空虚处垫上适当的软枕或气垫,以分散压力,减轻骨突部位的压力。

(4)半卧位时,适当摇高床尾支架,以减少尾骶部、背部皮肤的剪切力。

(5)保持床单位、衣裤平整无皱褶,床上无渣屑,体位移动避免拖、拉、推,防皮肤损伤。

(6)交接班时交接皮肤,若皮肤出现红肿、水疱,甚至破损,及时按不良事件上报流程上报处理,并按压疮护理常规执行。

(7)及时更换纸尿裤,清洗会阴部,保持皮肤清洁干燥。

(8)加强长者营养,在护士指导下按摩受压部位和背部,增强皮肤抵抗力。

(9)下肢截瘫者坐轮椅,臀下垫气垫、小腿部用垫子保护,利用良好的上肢功能,每隔1小时抬起上身让臀部放松片刻。

(10)因骨折牵引或约束的长者,注意局部受压皮肤垫上棉垫,每隔1小时观察并放松片刻。骨折牵引者在护士指导下操作。

(11)协助护士对长者的压疮风险进行评估,做好家属告知工作。

2.服务流程

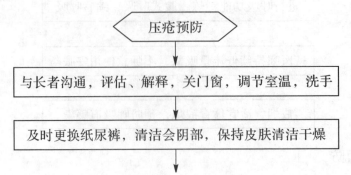

压疮预防

↓

与长者沟通,评估、解释,关门窗,调节室温,洗手

↓

及时更换纸尿裤,清洁会阴部,保持皮肤清洁干燥

↓

按翻身法协助长者翻向一侧，观察尾骶部、背部、肩胛部等受压部位皮肤情况

背垫翻身枕，身体空虚处适当垫软枕。整理床单位、衣被，保持平整无皱褶

牵引、约束者，局部皮肤受压部位垫上棉垫，每小时观察、记录并放松片刻。视需要按摩骨突部位和背部

必要时使用水床垫或气床垫，减少骨突部位压力

建床头翻身卡，每2小时翻身一次并记录

十一、主动运动

目的　结合长者身体功能状态，协助个性化的主动运动，促进功能康复，延缓衰退。

适用　适合所有的长者。

用物　各类运动器具及设施。

1.服务要求

(1)操作者仪容仪表整洁、大方，动作轻、稳、熟练；关爱长者，与长者有很好的沟通。

(2)配合护士对长者的评估，参与长者运动计划的制订。

(3)结合长者兴趣，因地制宜，共同讨论每周、每天的活动安排，提供必要的辅具，督促、协助参与各类活动。有条件者按医生的运动处方进行主动活动。

(4)有条件时定期监测体能情况，定期评估长者肢体功能，不断反馈跟进。

(5)传播理念，营造氛围，发挥长者的主观能动性，坚持适宜运动，尽可能长地维持生活自理能力。

(6)集体活动与个性化功能训练相结合，创新运动方式，开展传统体育、养生康复操等多种形式的运动。使用不同辅具，使不同功能状态的长者都能开展合适的主动运动。

(7)做好运动前准备，检查设施，避免空腹和饱餐后运动。长者运动注意度，避免剧烈的、屏气爆发式的、容易跌倒的运动。每次运动时间不宜过长，以 20～30 分

钟为宜,可分阶段进行,避免疲劳。有条件者在运动过程中监测心率,防运动意外。

(8)发挥志愿者作用,帮助不同程度失能长者进行个性化的活动。

2.服务流程

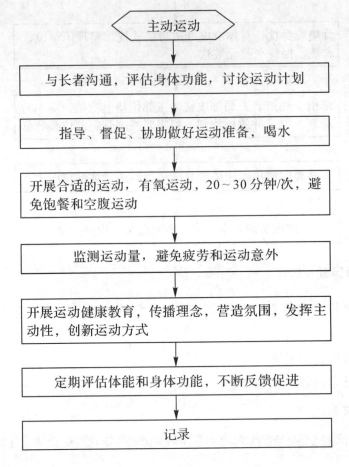

```
┌────────────────────┐
│      主动运动        │
└────────────────────┘
           │
┌────────────────────────────────────┐
│ 与长者沟通,评估身体功能,讨论运动计划    │
└────────────────────────────────────┘
           │
┌────────────────────────────────────┐
│ 指导、督促、协助做好运动准备,喝水       │
└────────────────────────────────────┘
           │
┌────────────────────────────────────┐
│ 开展合适的运动,有氧运动,20~30分钟/次, │
│ 避免饱餐和空腹运动                     │
└────────────────────────────────────┘
           │
┌────────────────────────────────────┐
│ 监测运动量,避免疲劳和运动意外           │
└────────────────────────────────────┘
           │
┌────────────────────────────────────┐
│ 开展运动健康教育,传播理念,营造氛围,发挥主 │
│ 动性,创新运动方式                     │
└────────────────────────────────────┘
           │
┌────────────────────────────────────┐
│ 定期评估体能和身体功能,不断反馈促进       │
└────────────────────────────────────┘
           │
┌────────────────────────────────────┐
│              记录                    │
└────────────────────────────────────┘
```

十二、被动运动

目的 为意识不清或偏瘫长者进行肢体被动运动,预防肌肉萎缩、关节僵硬等并发症。

适用 主要适用于无法自行活动肢体的卧床长者,如意识不清的瘫痪长者。

用物 床及用物。

1.服务要求

(1)照护者仪容仪表整洁、大方,动作轻、稳、熟练;关爱长者,与长者有很好的沟通。

(2)照护者需要学习并考核通过后方可在医嘱和护士指导下为长者进行被动运动。照护者要充分了解各关节运动的方式和范围,采取正确的体位和手法,协助长者开展肢体被动运动训练。

（3）运动前可配合揉法、拿法、拍法等按摩手法进行肢体的放松训练。

（4）按正确的方法进行被动运动。

上肢被动运动：①肩关节运动：照护者两手分别握于患侧腕关节和肘关节稍上方，慢慢将患侧上肢向上高举过头，肘伸直，然后还原，完成肩关节前屈运动；将患侧上肢缓慢拉向身体外侧，然后还原，进行肩关节外展运动；将患侧上肢收到身体内侧，可逐渐移至对侧髂部、腰部、肩部，然后还原，完成肩关节内收运动；肩关节取90°外展位，手向头的方向运动为外旋，手向足的方向运动为内旋。一手握腕关节，一手放肩关节后方以做支撑，轻巧地进行肩关节的旋转或绕环运动，然后反方向旋转；肩关节运动结束，以拍法进行上肢的放松训练。②肘关节运动：照护者一手握长者患侧上臂，一手握腕部或手掌，使肘关节屈曲和伸展；协助长者肘部屈曲，转动长者前臂完成前臂旋前旋后运动。③腕关节运动：照护者一手固定长者患侧手腕，一手握其手掌，进行腕关节的屈曲、被伸运动；然后进行外展、内收以及旋转运动。④掌指关节运动：照护者一手握患侧四指，另一手握拇指，使拇指屈曲、伸直，屈曲、伸直，然后进行旋转运动；再一手握腕部，另一手依次进行其他四指的屈、伸及旋转运动。每个动作重复3～5次。上肢关节运动结束，可配合中医按摩推拿手法如推法、抖法以放松肌肉。

下肢被动运动：①髋关节运动：照护者一手握长者患侧踝关节，另一手按其膝关节上部，使膝关节伸直，做髋关节前曲运动，然后还原，完成髋关节前屈练习；照护者一手扶长者患肢腘窝处，一手握踝部，将下肢拉向外侧，然后还原，再越过身体中线推向内侧，然后还原，完成髋关节的外展、内收运动；照护者一手扶长者患侧膝关节，一手托足跟以做支撑，使膝关节屈曲，缓慢地进行髋关节的旋转运动，然后反方向旋转。髋关节运动结束，以拍法进行下肢的放松训练。②膝关节运动：照护者一手托长者腘窝处，一手握其踝部，缓慢将长者的膝关节屈曲、伸直，然后分别向内侧、外侧转动下肢，协助完成髋关节的内旋、外旋运动。③踝、趾运动：照护者一手托长者患足踝部，一手握长者足背，使足背屈、跖屈，然后将踝部向左右两侧活动，完成踝关节被动运动；照护者一手握长者足背，另一手分别进行五趾的屈、伸以及旋转运动。每个动作重复3～5次，下肢关节被动运动结束，可配合进行涌泉、太冲等穴位的挤压或按摩；同时以中医拍法放松肌肉结束操作。

（5）被动运动每天2～3次，每次以10～20分钟为宜；活动顺序由大关节到小关节；活动幅度从小到大，动作宜轻柔缓慢，避免损伤。

（6）运动时一手固定其近端关节以防止代偿性运动，另一手尽量做接近正常范围的关节运动。

（7）被动活动应同时配合对肌肉或穴位的揉、摩、拿、拍、抖等手法，使肌肉充分放松，防止抵抗和使用暴力。

(8)为偏瘫长者进行被动运动,照护者应指导长者活动时不能憋气;督促长者配合主动运动,用健肢带动患肢进行锻炼。

2.服务流程

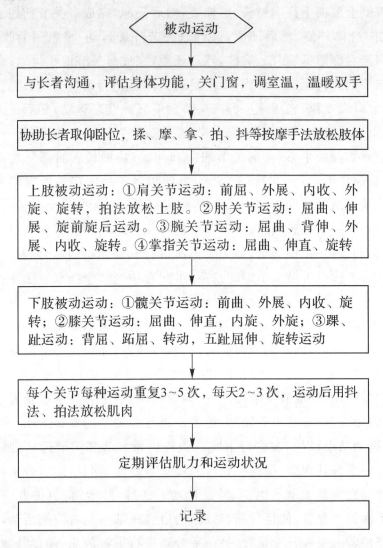

```
          ┌─────────────────┐
          │    被动运动       │
          └─────────────────┘
                  ↓
┌─────────────────────────────────────────┐
│ 与长者沟通,评估身体功能,关门窗,调室温,温暖双手 │
└─────────────────────────────────────────┘
                  ↓
┌─────────────────────────────────────────┐
│ 协助长者取仰卧位,揉、摩、拿、拍、抖等按摩手法放松肢体 │
└─────────────────────────────────────────┘
                  ↓
┌─────────────────────────────────────────┐
│ 上肢被动运动:①肩关节运动:前屈、外展、内收、外   │
│ 旋、旋转,拍法放松上肢。②肘关节运动:屈曲、伸     │
│ 展、旋前旋后运动。③腕关节运动:屈曲、背伸、外     │
│ 展、内收、旋转。④掌指关节运动:屈曲、伸直、旋转    │
└─────────────────────────────────────────┘
                  ↓
┌─────────────────────────────────────────┐
│ 下肢被动运动:①髋关节运动:前曲、外展、内收、旋    │
│ 转;②膝关节运动:屈曲、伸直,内旋、外旋;③踝、     │
│ 趾运动:背屈、跖屈、转动,五趾屈伸、旋转运动        │
└─────────────────────────────────────────┘
                  ↓
┌─────────────────────────────────────────┐
│ 每个关节每种运动重复3~5次,每天2~3次,运动后用抖 │
│ 法、拍法放松肌肉                            │
└─────────────────────────────────────────┘
                  ↓
┌─────────────────────────────────────────┐
│           定期评估肌力和运动状况              │
└─────────────────────────────────────────┘
                  ↓
┌─────────────────────────────────────────┐
│                 记录                      │
└─────────────────────────────────────────┘
```

十三、物理降温

目的　用物理方法为发热长者降温,避免高热和体温骤降而产生不良反应。

适用　适用于中度以上发热的长者(轻度发热:37.3~38.0℃;中度发热:38.1~39.0℃;高热:39.1~41.0℃;超高热:>41.0℃)。

用物　根据具体需要配备。

1.服务要求

(1)照护者仪容仪表整洁、大方,动作轻、稳、熟练;关爱长者,与长者有很好的沟通。

(2)评估长者病情,测量体温。

(3)发热是机体的一种防御性反应,轻度发热不需做特别的降温处理,遵医嘱对因治疗,多饮水;中度以上发热需积极降温处理,但要避免体温骤降,防虚脱;超高热会危及生命,要及时送医救治,配合医护人员迅速降温。

(4)根据长者病情和发热程度选择降温的方法。物理降温方法有降低环境温度、增加通风、减少衣被、冷敷、温水擦浴、酒精擦浴等,前三种方法可用于所有的长者,尤其是中暑发热者,后三种主要用于中度以上发热者。若长者有明显的畏寒情况,则注意保暖,避免冷敷等刺激,观察体温,遵医嘱治疗。

(5)物理降温过程中注意观察长者反应,如出现寒战、面色苍白、脉速等症状,应立即停止冷敷、擦浴等,联系医护人员及时处理。

(6)监测体温,物理降温后半小时测量体温并记录。

(7)指导长者多饮水,多食新鲜蔬果补充维生素,向长者传播有关物理降温的知识和方法。

2.服务流程

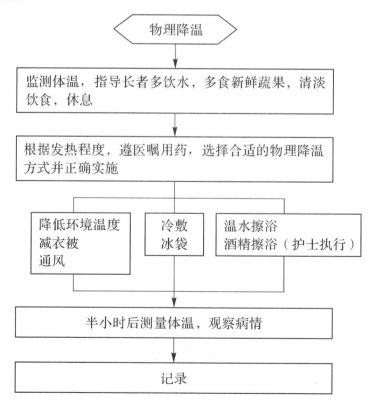

十四、协助理疗服务

目的　利用电、光、声、磁、温度和机械力等物理因素对人体局部组织的直接作用和通过神经、体液的间接作用,达到一定的调节血液循环,改善营养代谢,提高免疫功能,调节神经系统功能,促进组织修复等作用。

适用 主要适用于患各类慢性病的长者,根据机构理疗仪器情况及理疗师的专长,确定适用范围。在长者慢性疾病预防、治疗、康复及日常养生中,中医理疗技术有其独到的应用效果,受到长者欢迎。

用物 理疗仪及相应的用物。

1.服务要求

(1)根据国家中医药管理局规定的理疗目录,结合人员配备,制订并展示服务目录,设专人管理。

(2)机构内制订不同理疗仪的使用规范和理疗服务规范。注意理疗技术执行的权限,照护者学习相应的技术并经考核合格者,可以操作允许使用的仪器。

(3)照护者仪容仪表整洁、大方,动作轻、稳、熟练;关爱长者,与长者有很好的沟通。

(4)评估长者的病情,充分沟通,在护士指导下选择合适的理疗项目。

(5)根据理疗项目不同,结合时间、场地和理疗部位等,协助长者做好理疗前的准备工作,清洁皮肤,理疗前如厕,携带毛巾等必备物品。

(6)按服务规范提供理疗服务。理疗过程中观察长者反应,随时沟通,避免理疗过程因用力过度、温度过高等因素导致意外受伤。

(7)遵医嘱提供服务,观察理疗效果,根据疗效调整疗程。

(8)严格遵守消毒隔离制度,接触皮肤的共用设施设备做到一人一用一消毒,或者使用一次性外套,一人一用。

(9)理疗有局限性和适用性,注意预防不良反应,过程中如出现不适症状及时停止。同时要注意预防并发症,如长者骨质疏松多见,按摩技术应用就需要注意用力适度,预防骨折。

(10)服务结束征求长者意见,建立反馈跟进机制。

2.服务流程

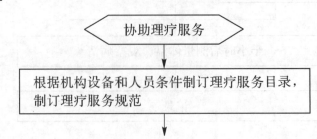

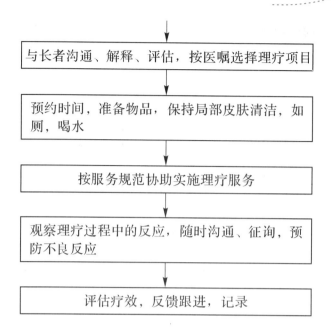

与长者沟通、解释、评估，按医嘱选择理疗项目

预约时间，准备物品，保持局部皮肤清洁，如厕，喝水

按服务规范协助实施理疗服务

观察理疗过程中的反应，随时沟通、征询，预防不良反应

评估疗效，反馈跟进，记录

十五、中药泡脚

目的　利用水温的物理作用和对中药成分的吸收作用,配合穴位的刺激,达到疏通经络,改善血液循环,调节神经功能,进而促进睡眠、缓解疼痛、治疗疾病。

适用　主要适用于失眠、关节疼痛及一些慢性病长者。

用物　泡脚桶、热水、中药、毛巾、水温计。

1.服务要求

(1)照护者仪容仪表整洁、大方,动作轻、稳、熟练;关爱长者,与长者有很好的沟通。

(2)中药由中医师根据长者情况配备,可直接泡洗,也可先煎好再放入,一剂中药使用一次。

(3)泡脚桶专人专用,若非专用,使用一次性专用薄膜,一人一用,预防交叉感染。

(4)不宜在空腹或饱餐时泡脚,泡脚前协助长者如厕。

(5)水温不宜过高,夏天低些,冬天稍高,以 38～42℃ 为宜。水面以达踝关节上10 厘米为宜。

(6)泡脚时间以 20～30 分钟为宜,观察长者反应,若有胸闷等不适,及时停止并告知医护人员。

(7)配合按摩三阴交、涌泉穴,增进疗效。

(8)泡脚后饮温开水一杯,半小时内不外出,防受凉感冒。

(9)皮肤破损者不宜泡脚。

(10)若用自动加热泡脚盆,要定期检查测试温度,避免烫伤。

2.服务流程

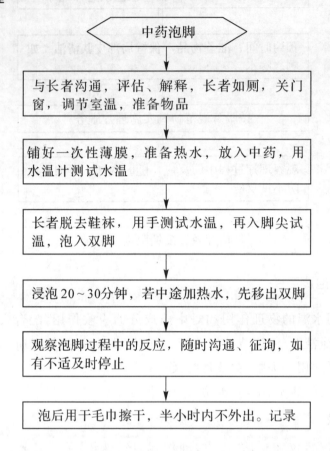

```
                        ┌─────────────────┐
                        │     中药泡脚      │
                        └─────────────────┘
                                 │
        ┌──────────────────────────────────────────────┐
        │ 与长者沟通,评估、解释,长者如厕,关门          │
        │ 窗,调节室温,准备物品                         │
        └──────────────────────────────────────────────┘
                                 │
        ┌──────────────────────────────────────────────┐
        │ 铺好一次性薄膜,准备热水,放入中药,用          │
        │ 水温计测试水温                                │
        └──────────────────────────────────────────────┘
                                 │
        ┌──────────────────────────────────────────────┐
        │ 长者脱去鞋袜,用手测试水温,再入脚尖试          │
        │ 温,泡入双脚                                  │
        └──────────────────────────────────────────────┘
                                 │
        ┌──────────────────────────────────────────────┐
        │ 浸泡20~30分钟,若中途加热水,先移出双脚        │
        └──────────────────────────────────────────────┘
                                 │
        ┌──────────────────────────────────────────────┐
        │ 观察泡脚过程中的反应,随时沟通、征询,如        │
        │ 有不适及时停止                                │
        └──────────────────────────────────────────────┘
                                 │
        ┌──────────────────────────────────────────────┐
        │ 泡后用干毛巾擦干,半小时内不外出。记录          │
        └──────────────────────────────────────────────┘
```

第七节　冷热使用及其他护理

一、热水袋使用

目的　为长者保暖或辅助治疗。

适用　主要用于长者冬天足部保暖或者局部热敷。

用物　热水袋、布套、50~55℃热水、水温计。

1.服务要求

(1)照护者仪容仪表整洁、大方,动作轻、稳、熟练,关爱长者,与长者有很好的沟通。

(2)热水袋温度不宜过高,以50~55℃为宜,使用中经常观察和询问长者感受,及时更换,预防烫伤。

（3）袋外包布套,使用前认真检查热水袋,保证完好无损。

（4）放置热水袋应离身体约10厘米或置于毛毯外面间接给热,截瘫或意识不清的长者使用热水袋时要特别注意对局部皮肤的观察,并记录放置部位、放置时间和水温,预防烫伤。

（5）热水袋使用结束,将水倒出倒挂晾干,向袋内吹入空气后拧紧袋塞,存放备用。

（6）急性损伤48小时内禁止热水袋外敷,面部三角区的炎症禁止热敷。

（7）关节等局部的热敷,应衬以垫子,并注意观察皮肤情况。

2.服务流程

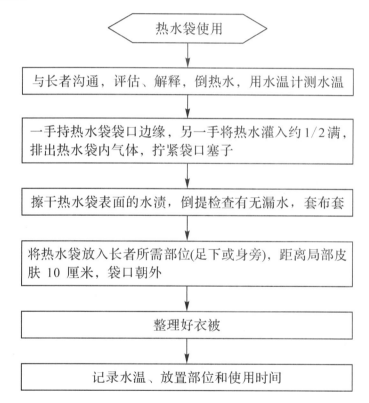

二、冰袋使用

目的　为高热长者降低体温或局部冷疗。

适用　主要适用于高热长者或者局部组织损伤急性期长者。

用物　冰袋、布套、冰块、脸盆、水。

1.服务要求

（1）照护者仪容仪表整洁、大方,动作轻、稳、熟练,关爱长者,与长者有很好的沟通。

（2）冰袋禁忌置于后项部、胸前、腹部、会阴部、足底等处。

（3）用冰袋降温30分钟后测量体温,体温降至38℃左右时停止使用。

（4）随时观察长者的反应,如有畏寒不适,应及时撤除冰袋。

（5）避免冰袋直接与皮肤接触,应外包布套,冷敷部位垫毛巾,随时观察局部皮肤情况,防冻伤。

（6）长者发热时如无冰袋,可用冷水毛巾放置于长者前额以助降温。

（7）皮肤破损处不可直接敷冰袋,应请医护人员换药覆盖纱布后进行,并保持干燥。

2.服务流程

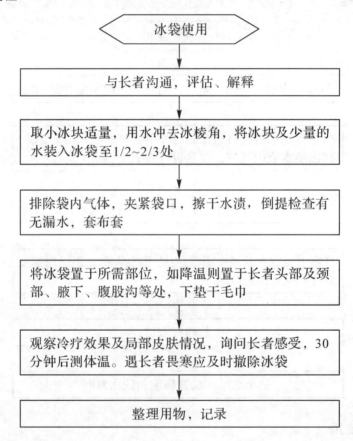

```
        ⬡ 冰袋使用 ⬡
              │
              ▼
    ┌──────────────────────┐
    │  与长者沟通、评估、解释  │
    └──────────────────────┘
              │
              ▼
    ┌────────────────────────────┐
    │ 取小冰块适量,用水冲去冰棱角,  │
    │ 将冰块及少量的水装入冰袋至    │
    │ 1/2~2/3处                   │
    └────────────────────────────┘
              │
              ▼
    ┌────────────────────────────┐
    │ 排除袋内气体,夹紧袋口,擦干水渍,│
    │ 倒提检查有无漏水,套布套       │
    └────────────────────────────┘
              │
              ▼
    ┌────────────────────────────┐
    │ 将冰袋置于所需部位,如降温则置  │
    │ 于长者头部及颈部、腋下、腹股沟  │
    │ 等处,下垫干毛巾              │
    └────────────────────────────┘
              │
              ▼
    ┌────────────────────────────┐
    │ 观察冷疗效果及局部皮肤情况,询问 │
    │ 长者感受,30分钟后测体温。遇长者 │
    │ 畏寒应及时撤除冰袋            │
    └────────────────────────────┘
              │
              ▼
    ┌────────────────────────────┐
    │      整理用物,记录           │
    └────────────────────────────┘
```

三、晨间护理

目的 协助长者起床、梳洗、如厕、进食,清洁环境,增进舒适,愉悦心身,维持良好的精神风貌。

适用 适用于生活不能完全自理的长者。

用物 清洁衣裤、梳洗用物、水杯、温开水、润肤霜等。

1.服务要求

（1）照护者仪容仪表整洁、大方，动作轻、稳、熟练；关爱长者，与长者有很好的沟通。

（2）长者晨间醒来，根据天气情况，协助穿上干净衣裤和美观外衣。

（3）协助刷牙、洗脸后，喝一杯温开水。

（4）协助如厕，便秘者嘱耐心排便，勿过于用力。

（5）协助梳头，涂润肤霜，鼓励化淡妆，鼓励"老来俏"。

（6）整理床单位，铺成暂空床，清洁地面。开窗通风半小时，避免对流，防长者受凉。

（7）协助进餐，尽可能地提供辅具让长者自行进食，享受进食过程，少食多餐勿过饱。

（8）与长者商议一天的活动计划，尽量根据长者情况安排合适的活动，增进健康和促进康复。外出者准备随身携带的物品和必要的用具。如逢医生查房日，等待查房后外出。

2.服务流程

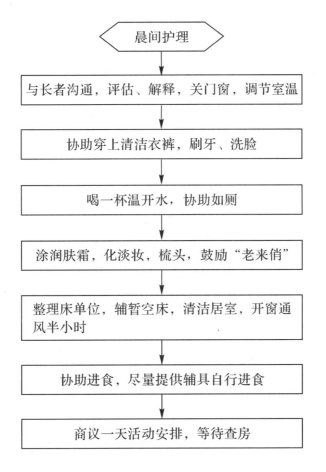

四、晚间护理

目的　协助长者晚间清洁,调整环境,促进睡眠,预防不良事件发生。

适用　主要适用于生活不能完全自理的长者,对于自理能力好的长者进行指导。

用物　毛巾、脸盆、脚盆、热水、润肤霜等。

1.服务要求

(1)操作者仪容仪表整洁、大方,动作轻、稳、熟练;关爱长者,与长者有很好的沟通。

(2)按时就寝,维持良好的作息习惯。

(3)入睡前通风,入睡时调节室温,关电视机及其他音响设备。

(4)协助长者如厕、刷牙、洗脸,冬天用热水泡脚15～20分钟,涂润肤霜。

(5)铺好被筒,冬天必要时用热水袋温被窝,入睡时取出。

(6)协助脱衣裤,根据长者习惯拉好床档,呼叫铃放在可及之处,长者确认。使用尿壶者,尿壶放在长者随手可取之处。

(7)拉好窗帘、床帘,关照明灯,留地灯。

(8)尽可能地提供合适的辅具,协助长者自我照护。

(9)白天适当活动,促进睡眠。避免晚餐过饱,避免睡前喝浓茶、咖啡等饮料。

(10)入睡前1小时喝一杯水,睡前如厕。晚间适当减少饮水量,避免起夜影响睡眠。但对于有脑血栓形成病史的长者,为其准备温开水,建议晚间起夜时喝一杯温开水。

2.服务流程

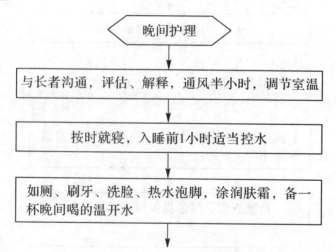

晚间护理

↓

与长者沟通,评估、解释,通风半小时,调节室温

↓

按时就寝,入睡前1小时适当控水

↓

如厕、刷牙、洗脸、热水泡脚,涂润肤霜,备一杯晚间喝的温开水

↓

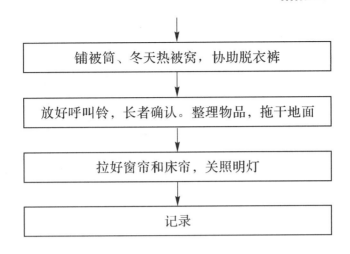

铺被筒、冬天热被窝，协助脱衣裤

放好呼叫铃，长者确认。整理物品，拖干地面

拉好窗帘和床帘，关照明灯

记录

第八节　常用消毒隔离技术

一、洗手

目的　去除手部皮肤污垢,减少微生物数量,预防交叉感染。

适用　适用于所有人,主要是:①接触公共场所后,如乘公交车、使用公用电脑鼠标等;②接触钱币后;③如厕后;④打扫卫生后;⑤接触血液、体液、分泌物、排泄物、伤口敷料及擤鼻涕之后;⑥接触动物、垃圾及其他污染物品之后;⑦进餐、服药前;⑧照护长者接触皮肤黏膜及伤口之前;⑨接触其他清洁物品之前。

用物　清水、洗手液。

1.服务要求

(1)接触污染物品后、接触清洁物品前洗手。

(2)照护长者前后洗手。为长者清洁护理、协助如厕、处理大小便、伤口护理之后要洗手;协助长者备餐、进食、服药、伤口护理及其他服务之前要洗手。

(3)配备方便的洗手设施,用流动水清洗,最好用感应水龙头或脚踩水龙头,避免用清洁的手去关污染的水龙头。配备一次性干手纸或者感应干手器。

(4)正确洗手,同时向长者及家属传播洗手的知识与技术。于洗手池的墙上张贴七步洗手法的图片。

(5)照护工作中不宜戴戒指等首饰。

2.服务流程

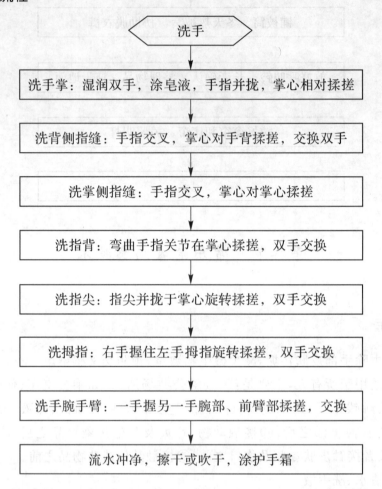

洗手

洗手掌：湿润双手，涂皂液，手指并拢，掌心相对揉搓

洗背侧指缝：手指交叉，掌心对手背揉搓，交换双手

洗掌侧指缝：手指交叉，掌心对掌心揉搓

洗指背：弯曲手指关节在掌心揉搓，双手交换

洗指尖：指尖并拢于掌心旋转揉搓，双手交换

洗拇指：右手握住左手拇指旋转揉搓，双手交换

洗手腕手臂：一手握另一手腕部、前臂部揉搓，交换

流水冲净，擦干或吹干，涂护手霜

二、布类物品清洁消毒

目的　照护者对长者使用的床单、被套、枕套、毛巾、手帕、口罩、工作服、长者衣服等物品进行分类清洗和必要的消毒，预防交叉感染。

适用　主要适用于机构内需要照护者清洗的长者被服类。

用物　洗衣机、布类物品、洗涤剂。

1.服务要求

（1）机构内一般布类物品采用清洁剂清洗后，于日光下晒干即可。

（2）布类物品分类清洗，内衣裤、袜子、外衣、洗脸毛巾与洗脚毛巾、不同长者衣物等分开清洗，洗衣机定期消毒，有加热功能的洗衣机可用加温洗涤法消毒。

（3）洗后于日光下晒干，分类整理。注意晾晒环境清洁，避免被风吹落、吹走。

（4）毛巾宜一人一用一清洗，如集中清洗宜做好标记，洗后日光暴晒消毒，也可用煮沸消毒法（煮沸5～10分钟）。

（5）如系传染病患者或病原携带者使用过的布类物品,则先消毒后清洗。可采取浸泡消毒,在护士指导下根据病原体不同选择有效的消毒剂。

（6）根据条件为入住长者提供清洗消毒服务,也可根据实际情况将布类物品送到专门的机构内清洗、消毒。外送服务时做好标识和记录,避免丢失。

2.服务流程

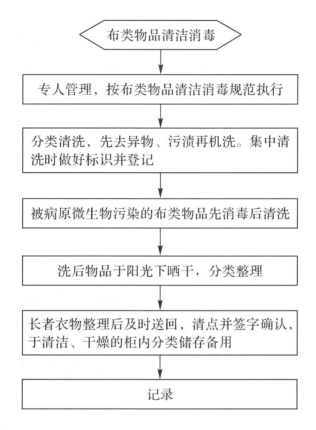

三、地面消毒

目的　利用化学消毒剂对机构内厕所、走廊、病房等地面的定期消毒或者养老公寓居室的终末消毒,杀死病原微生物,预防交叉感染。

适用　主要适用于护理院及养老公寓的公共场所,养老公寓长者居室地面以清洁为主,一般不进行地面消毒,避免过度使用消毒液造成环境污染。

用物　消毒液、清洁干拖把 2 把、手套、防滑标识。

1.服务要求

（1）养老公寓长者居室,每日用清水拖净地面保持清洁即可。根据地面清洁度,定期使用洗涤剂擦洗,然后用清水擦净。每日清洁 1～2 次,如有污染随时清洁。

（2）厕所、走廊和居室地面被排泄物或分泌物污染时应进行消毒处理。长者去世后、传染病患者离开后,居室地面进行消毒,老年护理院病室按卫生系统消毒隔离制度执行。

（3）以清洁干拖把于含有效氯 500～1000 毫克/升的 84 消毒液或 500 毫克/升的二氧化氯消毒液中浸湿,拖洗地面,一般一个单间一更换,大房间里 3 个清洁单元一更换,公共走廊等区域 100 平方米一更换。保持湿润消毒 30 分钟后用清水拖净。消毒后开窗通风 30 分钟。

（4）厕所使用的拖把固定,贴上明显的标识。

（5）消毒剂浓度应符合使用要求,连续使用的消毒液每天使用前应进行有效浓度的监测。含氯消毒液易挥发应现用现配,不应使用过期、失效的消毒剂。

（6）拖把使用后先消毒,用含有效氯 1000 毫克/升的消毒液浸泡 30 分钟,再用清水冲洗干净,悬挂于阳光下晒干备用。

（7）消毒、清洁地面时,注意放防滑标识,并及时用干拖把拖干,防长者滑倒。

（8）配制、接触消毒液时戴橡胶手套,做好皮肤保护。

（9）做好登记。

2.服务流程

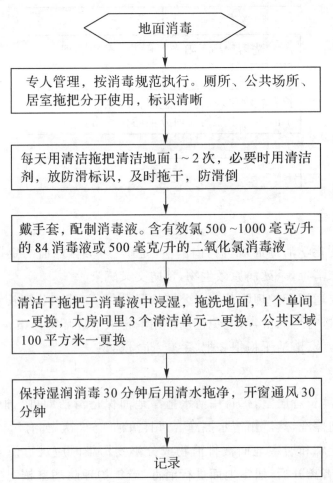

四、厕所、便器清洁消毒

目的 对厕所内男式小便池、蹲式厕坑、坐式抽水马桶进行清洁、消毒,保持清洁,去除异味,预防交叉感染。

适用 适用于机构内长者居室内厕所和公共厕所内的便器。

用物 厕所用拖把、消毒液、标识牌、抹布、便器清洁专用刷子等。

1.服务要求

(1)设专人管理,制定相应的管理制度。结合条件,制订具体的厕所保洁消毒措施。安排保洁员负责清洁消毒工作,对保洁员进行专门的培训。

(2)于厕所内合适位置张贴标识,提示便后冲洗的方法。定期检查排气扇、冲水设施、水龙头是否完好。

(3)配备专用的清洁用物:厕坑清洁刷子、便池外立面抹布、清洁地面拖把、洗手池及台面、墙面抹布等,贴好标签,固定放置,分别清洗不互用,特别是厕坑内面清洁用具不得使用于其他地方。

(4)厕所每天清洁1~2次。保洁员戴手套,按照从上到下、从清洁区到污染区顺序清洁厕所。清洁方法:抹布蘸清洁剂或其水溶液擦拭,去除污垢,再用清水清洁。清洁顺序:先清洁镜子、墙面,再清洁扶手、洗手盆及台面,最后清洁便器。

(5)厕所便器每天清洁、消毒1次。保洁员戴手套,备好清洁剂,配好消毒液。清洁消毒方法:①一冲:冲去便池内污物,向厕坑或抽水马桶内壁喷洒去污清洁剂,持有柄的专用刷子或者专用拖布擦拭,除去污垢,用清水冲净;②二擦:用湿抹布蘸清洁剂擦洗便池外立面、马桶盖、座垫圈,去除污垢,用清水擦净;③三消毒:专用干抹布于配好的含氯消毒液中浸湿,擦拭便器外立面、座垫圈,干拖把浸消毒液进行厕所地面的消毒,30分钟后用清水擦净、拖净;④四抹干:用干抹布、干拖把擦干、拖干。开窗、开排气扇通风,排除异味。

(6)平时定时巡视,若有污染及时清洁。根据一天的厕所使用情况,调整巡视和清洁时间,保持厕所整洁、无异味,并保持地面干燥,防长者滑倒。

(7)做好巡视、清洁消毒和检查的记录。

2.服务流程

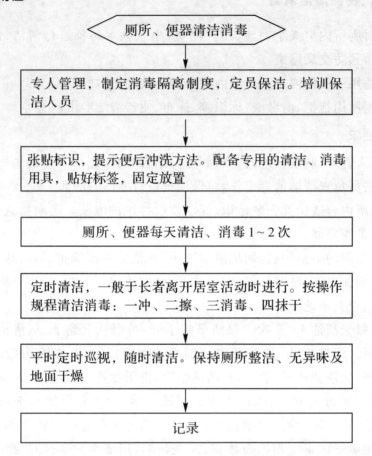

厕所、便器清洁消毒

专人管理，制定消毒隔离制度，定员保洁。培训保洁人员

张贴标识，提示便后冲洗方法。配备专用的清洁、消毒用具，贴好标签，固定放置

厕所、便器每天清洁、消毒1～2次

定时清洁，一般于长者离开居室活动时进行。按操作规程清洁消毒：一冲、二擦、三消毒、四抹干

平时定时巡视，随时清洁。保持厕所整洁、无异味及地面干燥

记录

第二章　照护操作评分标准

第一节　清洁服务操作评分标准

一、洗脸

项目	分值	操作步骤及要求	评分等级 A	B	C	D	得分	备注
准备工作	15	仪容仪表整洁、大方,修剪指甲,洗手	5	4	3	2~0		
		关门窗,避免对流,防受凉	5	4	3	2~0		
		备齐物品:脸盆、毛巾、热水、洗面奶或洗面皂、润肤霜	5	4	3	2~0		
操作过程	55	向长者解释,语言表述自然、内容贴切	6	5	4	3~0		
		倒好热水,测试温度(42℃左右)	6	5	4	3~0		
		毛巾浸湿、拧干,正确折叠	9	7	5	4~0		
		擦洗顺序:眼睛→前额→鼻部→脸颊→耳部→颈部→手部	10	8	6	4~0		
		用力适当,方法正确	6	5	4	3~0		
		正确使用清洁剂	6	5	4	3~0		
		洗后涂润肤霜	6	5	4	3~0		
		安置长者于舒适体位,整理用物	6	5	4	3~0		
总体评价	10	动作轻、稳、熟练	4	3	2	1~0		
		关爱长者,与长者有很好的沟通	3	2	1	1~0		
		灵活处理有关情况	3	2	1	1~0		

续表

项目	分值	操作步骤及要求	评分等级				得分	备注
			A	B	C	D		
注意事项	20	尽量协助长者自行洗脸,不包办,以促进自理功能的保持	5	4	3	2~0		
		清洁剂及润肤霜的使用考虑到长者的习惯	5	4	3	2~0		
		洗脸毛巾不互用,与洗脚毛巾分开使用	5	4	3	2~0		
		眼睛周围不用清洁剂,避免清洁剂流入眼内。眼部清洁轻稳,避免用力压迫眼体	5	4	3	2~0		
计0分(任一条)		清洁剂入眼内						
		指甲划破皮肤或压伤眼球						
合计得分:								

二、坐位洗头

项目	分值	操作步骤及要求	评分等级				得分	备注
			A	B	C	D		
准备工作	15	仪容仪表整洁、大方,修剪指甲,洗手	5	4	3	2~0		
		关门窗,冬天调节室温至26℃左右	5	4	3	2~0		
		用物准备:洗发毛巾、浴巾、洗发液、护发素、梳子、椅子、润肤霜、棉球、吹风机、小桌子、塑料布围兜、洗头盆、水杯或水壶、污水桶、热水(若利用浴室淋浴花洒冲水,减少相应用物)	5	4	3	2~0		
操作过程	55	评估长者是否能低头、坐稳;向长者解释,语言表述自然、内容贴切;协助长者如厕	5	4	3	2~0		
		正确安置体位:长者坐于椅子上,前方放小桌,桌上置洗头盆,出水管接污水桶,长者双手扶于小桌两边	5	4	3	2~0		
		松开长者衣领、内折,围好塑料围兜,取干毛巾围于长者颈部,棉球塞耳道,松开头发	5	4	3	2~0		
		倒好热水,测试温度	5	4	3	2~0		
		嘱长者低头于洗头盆内,闭双眼,少量冲水,征询水温	6	5	4	3~0		
		正确洗发:温水冲湿头发,倒少量洗发液于手心,均匀涂于头发上,用指腹揉搓头发并按摩头皮。力量适中,揉搓方向从发际向头顶部	6	5	4	3~0		

续表

项目	分值	操作步骤及要求	评分等级				得分	备注
			A	B	C	D		
操作过程	55	用温水冲净头发,必要时重复使用一次洗发液,再用温水冲净。涂护发液,轻轻揉搓,温水冲净。长发者边冲水边梳顺头发	6	5	4	3~0		
		擦干面部,用颈部干毛巾擦干头发。取出耳内棉球,梳通头发,用吹风机吹干,梳理整齐	7	6	5	4~0		
		面部涂润肤霜,安置舒适体位	5	4	3	2~0		
		撤除用物,拖干地面,记录	5	4	3	2~0		
总体评价	10	动作轻、稳、熟练,节力	4	3	2	1~0		
		关爱长者,与长者有很好的沟通	3	2	1	1~0		
		灵活处理有关情况	3	2	1	1~0		
注意事项	20	避免受凉,操作前关门窗,洗毕半小时内不外出,过程中避免沾湿衣服	5	4	3	2~0		
		小桌高度适宜,时间不宜过长,避免不适	5	4	3	2~0		
		防水入眼内、耳内,随时观察长者反应,询问感受	5	4	3	2~0		
		冲洗前先询问水温,防烫伤	5	4	3	2~0		
计0分(任一条)		烫伤或指甲损伤头皮						
		洗发液入眼内,引起长者不适						
合计得分:								

三、卧位洗头

项目	分值	操作步骤及要求	评分等级				得分	备注
			A	B	C	D		
准备工作	15	仪容仪表整洁、大方,修剪指甲,洗手	5	4	3	2~0		
		关门窗,冬天调节室温至26℃左右	5	4	3	2~0		
		用物准备:马蹄形垫或床上洗发垫、浴巾(或中单)、干毛巾、塑料布或橡胶单、洗发护发液、润肤霜、水杯、脸盆、污水桶、水壶、热水、棉球、梳子、吹风机	5	4	3	2~0		

续表

项目	分值	操作步骤及要求	评分等级				得分	备注
			A	B	C	D		
操作过程	55	向长者解释,语言表述自然、内容贴切。协助长者如厕	5	4	3	2～0		
		松开长者衣领、内折,取干毛巾围于长者颈部	5	4	3	2～0		
		正确安置体位:斜角平卧,移枕于肩背下,塑料布或橡胶单、浴巾(或中单)依次铺于枕上、头下	7	6	5	4～0		
		正确放置洗头垫:一手托头部,一手将洗头垫垫于头下,排水端接污水桶。棉球塞于耳内,松开头发,梳通	7	6	5	4～0		
		倒好热水,测试温度,嘱闭上双眼,干毛巾盖于眼部。少量冲洗,试水温	5	4	3	2～0		
		正确洗发:用温水冲湿头发,倒少量洗发液于手心,均匀涂于头发上,用指腹揉搓头发并按摩头皮。力量适中,揉搓方向从发际向头顶部	6	5	4	3～0		
		用温水冲净头发,必要时重复使用一次洗发液,再用温水冲净。涂护发液,轻轻揉搓,用温水冲净	5	4	3	2～0		
		用眼部毛巾擦干面部,用颈部干毛巾包裹头发。一手托头部,一手撤去洗发垫,移枕于头下	5	4	3	2～0		
		取出耳内棉球,用包头毛巾擦干头发,梳通头发,用吹风机吹干,梳理整齐	5	4	3	2～0		
		撤去头下橡胶单和浴巾(或中单),安置舒适体位,整理用物	5	4	3	2～0		
总体评价	10	动作轻、稳、熟练,节力	4	3	2	1～0		
		关爱长者,与长者有很好的沟通	3	2	1	1～0		
		灵活处理有关情况	3	2	1	1～0		
注意事项	20	避免长者受凉,调好室温,洗后半小时不外出	5	4	3	2～0		
		防水入眼内、耳内	5	4	3	2～0		
		随时观察长者的反应,询问感受	5	4	3	2～0		
		冲洗前先询问水温,防烫伤	5	4	3	2～0		
计0分(任一条)		烫伤或指甲损伤头皮						
		洗发液入眼内引起长者不适或洗头盆放置不当引起颈部不适或损伤						
合计得分:								

四、协助卧床长者刷牙

项目	分值	操作步骤及要求	评分等级 A	B	C	D	得分	备注
准备工作	15	仪容仪表整洁、大方,修剪指甲,洗手	5	4	3	2~0		
		关门窗,拉好床帘	5	4	3	2~0		
		用物准备:牙刷、牙膏、漱口杯(内盛水,冬天用温水)、吸管、小脸盆或小弯盘、干毛巾或一次性防湿围布、润唇膏、移动小桌	5	4	3	2~0		
操作过程	55	与长者沟通、评估、解释、语言自然、内容贴切	6	5	4	3~0		
		协助长者于半坐卧位或坐位,干毛巾或塑料围巾围于下颌和前胸,小脸盆置于床上小桌上或用手托住,以方便长者将漱口水吐至盆内	10	8	6	4~0		
		助长者持漱口杯或经吸管吸水,漱口后吐出	8	6	5	4~0		
		协助牙刷沾湿,涂上适量的牙膏,递给长者自行刷牙。指导正确刷牙	8	6	5	4~0		
		漱口,用毛巾擦干口唇及周围水迹	8	6	5	4~0		
		安置长者于舒适体位,整理用物	8	6	5	4~0		
		涂润唇膏	7	6	5	4~0		
总体评价	10	动作轻、稳、熟练	4	3	2	1~0		
		关爱长者,与长者有很好的沟通	3	2	1	1~0		
		灵活处理有关情况	3	2	1	1~0		
注意事项	20	能自行刷牙者尽量让长者刷牙	5	4	3	2~0		
		最好能在每次进食后进行刷牙,以维持口腔清洁。根据长者习惯,至少早晚刷牙、进食后漱口	5	4	3	2~0		
		根据长者习惯选择牙膏,避免使用味道强烈的牙膏	5	4	3	2~0		
		有活动性义齿者宜先取下义齿再刷牙,义齿清洗后再戴上	5	4	3	2~0		
计0分		漱口水误吸入气道或义齿处理不当、脱落引起不良后果						
合计得分:								

五、棉棒清洁口腔

项目	分值	操作步骤及要求	A	B	C	D	得分	备注
准备工作	15	仪容仪表整洁、大方,修剪指甲,洗手	5	4	3	2~0		
		关门窗,拉好床帘	5	4	3	2~0		
		用物准备:漱口杯(内盛水,冬天用温水)、吸管、小脸盆或小弯盘、污物杯或袋、干毛巾或一次性防湿围布、润唇膏、棉棒,意识不清者备压舌板、纱布、手电筒,有口腔溃疡者按医嘱备外用药	5	4	3	2~0		
操作过程	55	评估长者情况,解释,语言自然、内容贴切	10	8	6	4~0		
		抬高床头,协助长者侧卧或头偏向护理人员侧,干毛巾或塑料围布围于颌下和前胸,以保护衣被和枕巾,弯盘或小塑料碗置于口角旁,以方便长者将漱口水吐至盘或碗内	10	8	6	4~0		
		助长者张口,观察口腔内情况。使用压舌板要用纱布包裹,从白齿间插入	10	8	6	4~0		
		棉棒沾水,擦洗顺序、方法正确	10	8	6	4~0		
		擦干口唇及面部水渍,涂润唇膏	8	6	5	4~0		
		安置长者于舒适体位,整理用物	7	6	5	4~0		
总体评价	10	动作轻、稳、熟练,遵循节力原则	4	3	2	1~0		
		关爱长者,与长者有很好的沟通	3	2	1	1~0		
		灵活处理有关情况	3	2	1	1~0		
注意事项	20	适用于无法自行刷牙的长者	5	4	3	2~0		
		棉棒沾水不可过湿,意识不清者禁漱口,预防误吸	5	4	3	2~0		
		棉棒不可交互使用,口腔溃疡者遵嘱局部涂药	5	4	3	2~0		
		有活动性义齿者宜先取下义齿再擦洗,义齿清洗后再戴上	5	4	3	2~0		
计0分(任一条)		棉棒沾水过多引起误吸或义齿处理不当、脱落引起不良后果						
		压舌板使用不当,导致口腔黏膜或牙齿损伤						
备注:可用棉球代替棉棒擦洗,另备血管钳,一次夹一个棉球,水不过湿,棉球不遗漏于口腔内								
合计得分:								

六、义齿护理

项目	分值	操作步骤及要求	评分等级				得分	备注
			A	B	C	D		
准备工作	15	仪容仪表整洁、大方,修剪指甲,洗手	5	4	3	2~0		
		关门窗,拉好床帘	5	4	3	2~0		
		用物准备:杯子、牙刷、牙膏、一次性手套,视情况准备口腔清洁用物	5	4	3	2~0		
操作过程	55	评估长者情况,解释,语言自然、内容贴切	10	8	6	4~0		
		助长者张口,轻轻取下义齿(一般先取上义齿,后取下义齿)	10	8	6	4~0		
		用软毛牙刷沾牙膏刷洗义齿各面,流水冲净	10	8	6	4~0		
		帮助长者清洁口腔	5	4	3	2~0		
		轻轻装上义齿,暂时不用则将义齿浸于凉水中保存	10	8	6	4~0		
		安置长者于舒适体位,整理用物	10	8	6	4~0		
总体评价	10	动作轻、稳、熟练	4	3	2	1~0		
		关爱长者,与长者有很好的沟通	3	2	1	1~0		
		灵活处理有关情况	3	2	1	1~0		
注意事项	20	每次进食后应取下义齿,漱口以清洁口腔	5	4	3	2~0		
		义齿浸泡于凉水中保存,不可用热水或酒精浸泡	5	4	3	2~0		
		进行口腔内各项操作时应先取下活动性义齿,避免义齿脱落引起窒息	5	4	3	2~0		
		非进食期间,可不用戴义齿,但白天应戴上义齿,以免影响外观,影响说话和交流。一般于睡前取下,次晨装上,避免牙龈长期受压	5	4	3	2~0		
计0分(任一条)		动作粗暴,损伤口腔黏膜						
		义齿跌落、碰撞而损坏						
合计得分:								

七、坐位洗脚

项目	分值	操作步骤及要求	评分等级 A	B	C	D	得分	备注
准备工作	15	仪容仪表整洁、大方,修剪指甲	5	4	3	2~0		
		关门窗,避免对流,冬天调节室温至26℃左右,防受凉	5	4	3	2~0		
		备齐物品:洗脚盆、热水、洗脚毛巾、润肤霜、座椅,视需要备香皂或其他类型的清洁剂、指甲剪、一次性手套	5	4	3	2~0		
操作过程	55	评估长者情况,解释,语言自然、内容贴切	6	5	4	3~0		
		倒好热水,用手或水温计测试温度(水温40~42℃)	7	6	5	4~0		
		协助长者坐稳,脱去鞋袜,裤管卷至膝部。用足尖试水温合适后,双脚放入盆内	8	6	5	4~0		
		双足浸泡数分钟(热水泡脚则浸泡20~30分钟)	8	6	5	4~0		
		依次擦踝部→足背→足底→趾缝。必要时使用清洁剂,清水洗净	8	6	5	4~0		
		撤去水盆,必要时修剪趾甲	6	5	4	3~0		
		涂润肤霜,整理床单位,安置舒适体位	6	5	4	3~0		
		整理用物,拖干地面,洗手	6	5	4	3~0		
总体评价	10	动作轻、稳、熟练	4	3	2	1~0		
		关爱长者,与长者有很好的沟通	3	2	1	1~0		
		灵活处理有关情况	3	2	1	1~0		
注意事项	20	长者坐稳,及时拖干地面,防滑倒	5	4	3	2~0		
		如有足底裂开,根据长者习惯涂软膏保护	5	4	3	2~0		
		晚间常用热水泡脚,促进睡眠	5	4	3	2~0		
		注意先试温后将脚泡于水中,防烫伤	5	4	3	2~0		
计0分		指甲划破皮肤或烫伤						
合计得分:								

八、卧位洗脚

项目	分值	操作步骤及要求	A	B	C	D	得分	备注
准备工作	15	仪容仪表整洁、大方,修剪指甲	5	4	3	2～0		
		关门窗,避免对流,冬天调节室温至26℃左右,防受凉	5	4	3	2～0		
		备齐物品:橡胶单(塑料布)、大毛巾(或浴巾)或一次性垫布、软枕、洗脚盆、热水、水温计、洗脚毛巾、润肤霜、椅子,视需要备香皂或其他类型的清洁剂、指甲剪、一次性手套等	5	4	3	2～0		
操作过程	55	评估长者情况,解释,语言自然、内容贴切	6	5	4	3～0		
		倒好热水,测试温度(水温40～42℃)	7	6	5	4～0		
		安置合适体位:协助长者仰卧位,掀开盖被,被尾向上折,屈膝,软枕垫在长者膝下,将橡胶单(或塑料布)和浴巾依次铺于足下	8	6	5	4～0		
		裤管卷至膝部,放水盆于浴巾上,先用足趾试水湿,再将脚放入水盆内,浸泡数分钟	8	6	5	4～0		
		正确洗脚:依次擦踝部→足背→足底→趾缝,擦干放于浴巾上,必要时使用清洁剂,用清水洗净	8	6	5	4～0		
		撤去水盆,必要时修剪趾甲	6	5	4	3～0		
		涂润肤霜,整理床单位,安置舒适体位	6	5	4	3～0		
		整理用物,洗手	6	5	4	3～0		
总体评价	10	动作轻、稳、熟练	4	3	2	1～0		
		关爱长者,与长者有很好的沟通	3	2	1	1～0		
		灵活处理有关情况	3	2	1	1～0		
注意事项	20	水盆放稳,避免打湿衣被,如有沾湿及时更换	5	4	3	2～0		
		如有足底裂开,根据长者习惯涂软膏保护	5	4	3	2～0		
		冬天常用热水泡脚,促进睡眠	5	4	3	2～0		
		注意水盆底部的清洁	5	4	3	2～0		
计0分		指甲划破皮肤或烫伤						
合计得分:								

九、会阴清洁

项目	分值	操作步骤及要求	A	B	C	D	得分	备注
准备工作	15	仪容仪表整洁、大方、修剪指甲	3	2	1	1～0		
		关门窗，避免对流，冬天调节室温至26℃左右，防受凉	4	3	2	1～0		
		屏风或床帘遮挡长者	4	3	2	1～0		
		备齐物品：橡胶单（或塑料布）、中单或一次性垫布、水壶、热水、毛巾、清洁内裤、便盆、一次性手套	4	3	2	1～0		
操作过程	55	评估长者，解释，语言自然、内容贴切	6	5	4	3～0		
		倒好热水，用手或水温计测试温度（水温40℃左右）	7	6	5	4～0		
		长者臀下垫橡胶单（或塑料布）、中单（或一次性垫布），脱下对侧裤管盖于近侧腿上，棉被盖于对侧腿上，协助屈膝仰卧位，暴露会阴部	10	8	6	4～0		
		冲洗法：照护者一手托臀，另一手将便盆放于长者臀下。一手持水壶将温水从上倒下（先倒少许，询问水温），另一手戴手套，拿毛巾从上到下擦洗会阴至清洁。擦干，撤去便盆和橡胶单、中单，更换内裤	10	8	6	4～0		
		擦拭法：戴一次性手套，将毛巾浸湿，拧干，从会阴上部向下至肛门擦洗干净。长者能自行擦洗者，将毛巾拧干后交长者自行擦洗。撤去橡胶单、中单，更换内裤	10	8	6	4～0		
		整理衣被和床单位，安置舒适体位	6	5	4	3～0		
		整理用物，洗手	6	5	4	3～0		
总体评价	10	动作轻、稳、熟练	4	3	2	1～0		
		关爱长者，与长者有很好的沟通	3	2	1	1～0		
		灵活处理有关情况	3	2	1	1～0		
注意事项	20	鼓励长者自行清洗会阴，每日至少一次	4	3	2	1～0		
		注意保护长者隐私，不过多暴露长者，注意保暖	4	3	2	1～0		
		不过热过冷，避免烫伤和引起不适	4	3	2	1～0		
		注意由上到下、由前向后擦洗，避免往复擦拭	4	3	2	1～0		
		注意避免衣被沾湿，如有，及时更换	4	3	2	1～0		
计0分		指甲划破皮肤或烫伤						
合计得分：								

十、床上擦浴

项目	分值	操作步骤及要求	A	B	C	D	得分	备注
准备工作	15	仪容仪表整洁、大方,修剪指甲	5	4	3	2~0		
		关门窗,避免对流,冬季调节室温至26℃左右,防受凉	5	4	3	2~0		
		备齐物品:水盆3个、毛巾4块(洗脸巾、擦澡巾、清洁会阴毛巾、洗脚毛巾)、热水、浴巾2条、清洁衣裤、梳子、污水桶等,必要时备一次性手套、洗面奶、洗浴液、一次性垫布	5	4	3	2~0		
操作过程	55	向长者解释,用床帘遮挡长者	3	2	1	1~0		
		协助长者平卧,松开盖被,按需要给予便器,协助如厕	4	3	2	1~0		
		倒好热水,测试水温(40~45℃),征求水温感受	4	3	2	1~0		
		洗脸:浴巾铺于枕头,按洗脸法清洁脸部、颈部	4	3	2	1~0		
		擦洗上肢:脱去长者远侧衣袖,臂下铺浴巾,小毛巾沾湿包裹于手上,擦洗肩、腋下、上臂、前臂,再将手泡于脸盆热水中,洗净指尖及指缝,用臂下浴巾轻轻擦干。同法洗近侧上肢	8	6	5	4~0		
		擦洗胸腹:棉被向下折叠,浴巾直接盖于胸、腹部,一手略掀起浴巾,另一手裹擦洗毛巾,擦洗前胸、腹部,用浴巾擦干,盖上棉被	8	6	5	4~0		
		擦洗背部:协助长者侧卧,将背部棉被向上折,暴露背、臀部,将浴巾铺于背、臀下,手裹湿毛巾依次擦洗后颈部、背部,再擦洗臀部,用浴巾擦干,更换清洁上衣	8	6	5	4~0		
		擦洗下肢:脱下长者裤子,棉被盖于近侧,远侧下肢屈膝,下铺浴巾,擦洗髋部、大腿、膝部、小腿。同法洗近侧下肢	8	6	5	4~0		
		按会阴清洁法清洁会阴,按洗脚法清洁足部	4	3	2	1~0		
		更换清洁裤子,整理床单位,安置长者。整理用物	4	3	2	1~0		
总体评价	10	动作轻、稳、熟练	4	3	2	1~0		
		关爱长者,与长者有很好的沟通	3	2	1	1~0		
		灵活处理有关情况	3	2	1	1~0		
注意事项	20	擦洗中注意观察长者反应,如出现寒战等情况应及时停止,注意保暖	4	3	2	1~0		
		视清洁度随时更换清水和调整水温,防受凉	4	3	2	1~0		
		洗脸、洗脚、洗会阴的毛巾、脸盆分开使用	4	3	2	1~0		
		注意保护长者隐私,随时遮盖长者身体暴露部位,不过多翻动长者	4	3	2	1~0		
		操作时注意节力原则	4	3	2	1~0		
计0分		擦伤皮肤或长者坠床						
合计得分:								

十一、淋浴

项目	分值	操作步骤及要求	A	B	C	D	得分	备注
准备工作	15	仪容仪表整洁、大方，修剪指甲	5	4	3	2~0		
		关门窗，避免对流，冬天调节浴室温度至26℃左右，防受凉	5	4	3	2~0		
		备齐物品：毛巾、浴巾、洗发液、护发素、洗面奶、洗浴液（或洗浴皂）、润肤霜、清洁衣裤、梳子、淋浴坐椅、吹风机、防滑垫	5	4	3	2~0		
操作过程	50	评估长者情况，解释，协助如厕，携用物协助长者入浴室	5	4	3	2~0		
		调节淋浴水温（40℃左右），先开冷水开关，后开热水开关，照护者用手试温	5	4	3	2~0		
		协助长者脱去衣裤，搀扶长者坐在淋浴椅上	5	4	3	2~0		
		冲少量水于长者手部，征询长者水温。先协助长者洗头，再用洗面奶洗脸，洗净	10	8	6	4~0		
		冲湿全身，用洗浴液或洗浴皂依次涂擦耳后、颈部、双上肢、胸部、腹部、背臀部、会阴部、双下肢、双足，用温水冲净，关淋浴器	10	8	6	4~0		
		用浴巾擦干头发、身体，视需要涂润肤霜，协助穿衣裤	10	8	6	4~0		
		送长者回房休息，整理用物，清理地面	5	4	3	2~0		
总体评价	10	动作轻、稳、熟练	4	3	2	1~0		
		关爱长者，随时询问和观察长者反应，与长者有很好的沟通	3	2	1	1~0		
		灵活处理有关情况	3	2	1	1~0		
注意事项	25	长者自行洗澡时不反锁房门，在门外悬挂标识牌	5	4	3	2~0		
		浴室安装扶手，铺防滑垫	5	4	3	2~0		
		冷热水龙头开关标志明显	5	4	3	2~0		
		长者上肢功能尚好者，自行擦洗前胸、腹部、会阴等部位，照护者协助洗头和擦洗后背、下肢等	5	4	3	2~0		
		淋浴时间不宜过长，水温不宜过热、过冷，以免长者因闷热发生头晕或因冷水刺激而诱发心脑血管意外	5	4	3	2~0		
计0分（任一条）		烫伤皮肤						
		长者跌倒						
合计得分：								

十二、床上洗浴(充气式洗浴床垫使用)

项目	分值	操作步骤及要求	A	B	C	D	得分	备注
准备工作	15	仪容仪表整洁、大方,修剪指甲	5	4	3	2~0		
		关门窗,避免对流,冬天调节浴室温度至26℃左右,防受凉	5	4	3	2~0		
		备齐物品:毛巾、浴巾2块、洗发液、护发素、洗面奶、洗浴液(或洗浴皂)、润肤霜、清洁衣裤、梳子、吹风机、充气式洗浴床垫、充气泵、花洒水袋、架子、水壶、温水(40℃左右)、污水桶	5	4	3	2~0		
操作过程	50	评估长者情况,解释,协助如厕	5	4	3	2~0		
		水壶内调水温(40℃左右),冲入花洒水袋,挂于支架	5	4	3	2~0		
		按铺床法铺洗浴床垫,充气,排水管接污水桶。长者仰卧,头枕气垫,脱衣服,盖浴巾	5	4	3	2~0		
		依次冲少量水于照护者及长者手部试温,然后一手拿花洒,一手用包手法将毛巾包于手上进行擦洗,必要时使用沐浴液,用清水冲净。先按洗头法清洗头发,再按顺序擦洗	10	8	6	4~0		
		擦洗顺序:脸部、颈部、上肢、胸腹部、背臀部、会阴部、下肢和足部	10	8	6	4~0		
		洗毕用干毛巾包头发,撤去洗浴床垫,同时身下铺干浴巾;用浴巾擦干身体,穿上清洁衣裤,吹干头发	10	8	6	4~0		
		整理床单位,安置长者于舒适卧位。整理用物,清理地面,记录	5	4	3	2~0		
总体评价	10	动作轻、稳、熟练	4	3	2	1~0		
		关爱长者,随时询问和观察长者反应,与长者有很好的沟通	3	2	1	1~0		
		灵活处理有关情况	3	2	1	1~0		
注意事项	25	事先检查充气式洗浴床垫,确保不漏气;花洒水袋装水不过满,避免直接将高温热水装入袋内,宜在水壶中调好水温再入袋	5	4	3	2~0		
		冲淋过程中注意遮盖,保护隐私	5	4	3	2~0		
		冲淋前先测试和征询水温,防烫伤,同时防受凉	5	4	3	2~0		
		长者上肢功能尚好者,协助长者自行擦洗前胸、腹部、会阴等部位,照护者协助洗头和擦洗后背、下肢等	5	4	3	2~0		
		洗浴气垫可采用擦拭消毒,不与刀剪等一起存放,防破损	5	4	3	2~0		
计0分(任一条)		烫伤皮肤						
		长者跌倒						
合计得分:								

十三、协助盆浴

项目	分值	操作步骤及要求	A	B	C	D	得分	备注
准备工作	15	仪容仪表整洁、大方,修剪指甲	5	4	3	2~0		
		关门窗,避免对流,冬天调节浴室温度至26℃左右,防受凉	5	4	3	2~0		
		备齐物品:毛巾、浴巾、地巾、防滑垫、防滑拖鞋、清洁衣裤、润肤露、浴缸、洗发液和沐浴液等	5	4	3	2~0		
操作过程	50	评估长者情况,沟通、解释,确认协助内容。嘱长者如厕	5	4	3	2~0		
		浴缸底部铺清洁防滑垫	5	4	3	2~0		
		准备热水,调水温至40℃左右,水面高度以1/2~2/3浴缸内面高度为宜,避免长者入浴缸时水溢出	5	4	3	2~0		
		穿防滑拖鞋,铺好地巾,用手测试水温,呼叫铃置于方便使用的位置并让长者确认	10	8	6	4~0		
		脱去衣裤,手扶扶手步入浴缸,坐或斜躺于浴缸内,温水泡15~20分钟,用毛巾从上到下依次清洗身体	10	8	6	4~0		
		浴室门外挂洗浴标识牌,不倒锁房门。洗毕,扶扶手慢慢站立,站稳后出浴缸,脚踏地巾,用浴巾擦干,穿好衣裤,视需要涂润肤露	10	8	6	4~0		
		整理用物,清理地面,记录	5	4	3	2~0		
总体评价	10	动作轻、稳、熟练	4	3	2	1~0		
		关爱长者,随时询问,与长者有很好的沟通。在盆浴过程中,根据长者情况和意愿在旁边或者在浴室外等候	3	2	1	1~0		
		灵活处理有关情况	3	2	1	1~0		
注意事项	25	浴缸内盆浴容易滑倒,嘱长者上下浴缸要扶住扶手,穿防滑拖鞋,垫防滑垫	5	4	3	2~0		
		尊重长者意愿,注意保护隐私	5	4	3	2~0		
		入浴缸前先测试水温,防烫伤,同时防受凉	5	4	3	2~0		
		长者皮脂腺分泌功能下降,可不用沐浴液洗浴。若用清洁剂,则再用温水洗净皮肤	5	4	3	2~0		
		可于盆浴前或盆浴后另行洗发	5	4	3	2~0		
计0分(任一条)		烫伤皮肤						
		长者跌倒						
合计得分:								

十四、居室卫生

项目	分值	操作步骤及要求	评分等级				得分	备注
			A	B	C	D		
准备工作	10	仪容仪表整洁、大方,戴口罩,戴手套	5	4	3	2~0		
		备齐物品:拖把、抹布、水盆或水桶、清洁剂、扫帚、垃圾袋,必要时备吸尘器	5	4	3	2~0		
操作过程	45	评估长者及环境,沟通清洁内容和要求,建议长者离房休息	6	5	4	3~0		
		用半湿抹布清洁窗台,视需要擦拭玻璃,玻璃擦拭后宜用干抹布擦干水渍	6	5	4	3~0		
		用半湿抹布清洁室内家具、床档、门框、桌椅、非布类沙发等台面灰尘,操作有序	8	6	5	4~0		
		用吸尘器清洁布类沙发、地毯,用扫帚扫净地面垃圾	6	5	4	3~0		
		用湿拖把拖净地面,吸水性差的地板宜用干拖把拖干	6	5	4	3~0		
		用清洁剂后需用清水擦净	6	5	4	3~0		
		室内物品归位,整理用物,开窗通风半小时	7	6	5	4~0		
总体评价	10	动作轻、稳、熟练	4	3	2	1~0		
		清洁工作有条不紊	3	2	1	1~0		
		灵活处理有关情况	3	2	1	1~0		
注意事项	35	按顺序清扫与擦拭:从里到外,从角、边到中间,由小处到大处,由床下、桌底到居室较大的地面,依顺序倒退着向门口清扫	5	4	3	2~0		
		湿式清扫,不宜采用拍打、抖动或用鸡毛掸之类工具拂扫,以免引起尘土飞扬	5	4	3	2~0		
		避免在长者用餐和治疗时进行室内清洁	5	4	3	2~0		
		选用合适的清洁剂,木质家具不宜用碱水擦拭,金属家具不接触酸碱等腐蚀性洗涤剂,藤、竹、柳家具忌用力拖拉,以免关节松散	5	4	3	2~0		
		不随意搬动长者室内物品,清洁后及时归位;不搬动大件物体;清洁地面时放防滑倒标识牌,并及时用干拖把拖干	5	4	3	2~0		
		门窗清洁以安全为前提,可使用加柄之工具,不爬高	5	4	3	2~0		
		使用清洁剂时戴手套以保护皮肤	5	4	3	2~0		
计0分		损坏物品或操作不当引起长者跌倒						
合计得分:								

十五、厕所、浴室清洁

项目	分值	操作步骤及要求	A	B	C	D	得分	备注
准备工作	10	仪容仪表整洁、大方,戴口罩,戴手套	5	4	3	2~0		
		备齐物品:干湿拖把各1把、干湿抹布各1块、水盆或水桶1只、清洁剂、垃圾袋、厕所专用抹布和刷子	5	4	3	2~0		
操作过程	50	向长者解释,询问是否需要如厕	8	6	5	4~0		
		用抹布蘸少量清洁剂擦拭,去除水渍和污垢,再用清水洗净。清洁顺序:先墙面、镜子,再清洁扶手、洗手盆及台面,然后清洁浴缸。镜子清洁后用干抹布擦干水渍	10	8	6	4~0		
		抽水马桶用专用抹布和刷子清洁,同样先用清洁剂擦洗,后用清水洗净。先清洁马桶盖及外立面,抽水马桶内面用专用的刷子刷洗	8	6	5	4~0		
		清理厕所垃圾,装入垃圾袋丢弃	8	6	5	4~0		
		地面用拖把蘸清洁剂进行清洁,再用清水拖净,后用干拖把拖干	8	6	5	4~0		
		清洁后通风半小时,整理用物	8	6	5	4~0		
总体评价	10	动作轻、稳、熟练	4	3	2	1~0		
		清洁工作有条不紊	3	2	1	1~0		
		灵活处理有关情况	3	2	1	1~0		
注意事项	30	清洁顺序从上到下,先清洁区,后污染区	5	4	3	2~0		
		清洁抽水马桶内面的刷子放在固定的地方,不接触其他物品,并定期消毒	5	4	3	2~0		
		地面清洁后应及时擦干,避免滑倒	5	4	3	2~0		
		使用清洁剂擦洗,宜戴手套以保护皮肤	5	4	3	2~0		
		检查扶手是否松动,如有异常应及时维修固定	5	4	3	2~0		
计0分		损坏物品或操作不当引起长者跌倒						
合计得分:								

第二节　修饰服务操作评分标准

一、梳头

项目	分值	操作步骤及要求	评分等级 A	B	C	D	得分	备注
准备工作	15	仪容仪表整洁、大方,修剪指甲,洗手	5	4	3	2～0		
		关门窗,防对流	5	4	3	2～0		
		用物准备:干毛巾、梳子、牛皮筋或发绳(需要时)	5	4	3	2～0		
操作过程	55	评估,向长者解释,语言表述自然、内容贴切	7	6	5	4～0		
		协助长者坐起,将干毛巾围于长者颈肩部,对于卧床长者,将干毛巾铺于枕上	6	5	4	3～0		
		用力恰当,方法正确:散开头发,一手压住发根,一手持梳子从发根梳到发梢。长发打结者,先从发梢至发根逐步梳理顺畅后再从发根到发梢梳理整齐	10	8	6	4～0		
		头发缠绕、打结,可先用少量清水湿润,再小心梳理	8	6	5	4～0		
		卧床长者可先梳一侧,再梳另一侧	8	6	5	4～0		
		按长者习惯梳理合适的发型	8	6	5	4～0		
		将脱落的头发丢入垃圾箱,整理衣被	8	6	5	4～0		
总体评价	10	动作轻重适当、稳、熟练	4	3	2	1～0		
		发型美观,整洁	3	2	1	1～0		
		关爱长者,与长者有较好的沟通	3	2	1	1～0		
注意事项	20	动作稳妥,不强拉硬拽	5	4	3	2～0		
		治疗、进食前 30 分钟停止梳头	5	4	3	2～0		
		尊重长者意愿修剪适当发型,以方便梳理	5	4	3	2～0		
		选择长柄梳子,鼓励长者尽量经常自行梳头	5	4	3	2～0		
计 0 分		动作粗暴,长者头皮损伤						
合计得分:								

二、协助理发

项目	分值	操作步骤及要求	评分等级 A	B	C	D	得分	备注
准备工作	15	仪容仪表整洁、大方,修剪指甲,洗手	5	4	3	2~0		
		关门窗,防对流	5	4	3	2~0		
		用物准备:洗发用物、理发围布、理发椅、吹风机、梳子、剃须刀、修面刀等	5	4	3	2~0		
操作过程	55	评估,与长者沟通,语言表述自然、内容贴切	7	6	5	4~0		
		联系理发师,约定时间	6	5	4	3~0		
		协助长者如厕,入理发室,协助长者与理发师沟通理发要求	10	8	6	4~0		
		协助长者坐稳于椅子上,松衣领,围上理发围布。协助理发师按行业规范理发,理合适的发型	8	6	5	4~0		
		协助修面、剃须、洗发,观察长者情况	8	6	5	4~0		
		吹干头发,协助回居室,30 分钟内不外出	8	6	5	4~0		
		清理碎发,清洁地面,整理用物,记录	8	6	5	4~0		
总体评价	10	动作轻重适当、稳、熟练	4	3	2	1~0		
		发型美观,整洁	3	2	1	1~0		
		关爱长者,与长者有较好的沟通	3	2	1	1~0		
注意事项	20	耐心沟通,不催促	5	4	3	2~0		
		修面、剃须尽量用长者自备的专用工具,公用刀具一人一用一消毒	5	4	3	2~0		
		尊重长者意愿,提合理建议,修剪便于梳理的发型	5	4	3	2~0		
		聘请的理发师具有行业资质,接受过为老服务培训	5	4	3	2~0		
计 0 分(任一条)		没有充分沟通,发型不符合长者需求						
		刀剪损伤皮肤						
合计得分:								

三、修剪指(趾)甲

项目	分值	操作步骤及要求	A	B	C	D	得分	备注
准备工作	15	仪容仪表整洁、大方,洗手	5	4	3	2~0		
		关门窗,避免对流	5	4	3	2~0		
		备齐物品:指甲剪、指甲锉、毛巾、纸巾、脸盆、热水	5	4	3	2~0		
操作过程	50	向长者解释,语言表述自然、内容贴切	5	4	3	2~0		
		倒好热水,测试温度(40℃左右),征询长者感受	5	4	3	2~0		
		将长者手和脚分别浸泡于热水中5~10分钟,然后用毛巾擦干	6	5	4	3~0		
		手下垫纸巾,逐一修剪指甲,修剪成半弧形,用指甲锉修整指甲	8	6	5	4~0		
		足下垫纸巾,逐一修剪趾甲,修剪成平形,两侧略作修剪不留锐角,用指甲锉修整	8	6	5	4~0		
		纸巾包裹剪下的指(趾)甲碎屑丢入废物桶内,安置长者于舒适卧位,整理床单位	6	5	4	3~0		
		整理用物,消毒指甲刀具(长者自己专用的指甲剪清洁后放回)	6	5	4	3~0		
		照护者洗净自己的手	6	5	4	3~0		
总体评价	10	动作轻、稳、熟练	4	3	2	1~0		
		关爱长者,与长者有很好的沟通	3	2	1	1~0		
		灵活处理有关情况	3	2	1	1~0		
注意事项	25	指(趾)甲避免剪得过深,不伤及皮肤	5	4	3	2~0		
		指甲剪成弧形,趾甲修平	5	4	3	2~0		
		指(趾)甲有真菌感染者,用专用的指甲剪,与其他指(趾)甲分开修剪,用后消毒,剪后遵医嘱涂药	5	4	3	2~0		
		指甲剪用后消毒,最好个人专用	5	4	3	2~0		
		剪前先热水浸泡,使指(趾)甲变软便于修剪,可于长者沐浴后修剪	5	4	3	2~0		
计0分		指(趾)甲剪得过深,伤及皮肤						
合计得分:								

四、剃胡须

项目	分值	操作步骤及要求	评分等级				得分	备注
			A	B	C	D		
准备工作	15	仪容仪表整洁、大方,洗手	5	4	3	2~0		
		关门窗,避免对流	5	4	3	2~0		
		备齐物品:电动剃须刀、洗脸用物、热水	5	4	3	2~0		
操作过程	50	评估,向长者解释,语言表述自然、内容贴切	6	5	4	3~0		
		检查电动剃须刀	6	5	4	3~0		
		协助长者取合适体位,背靠椅背,卧床长者可取半坐卧位。如使用刀片式剃须刀,则围上围布	8	6	5	4~0		
		一手绷紧皮肤,另一手拿电动剃须刀,紧贴皮肤转动,按顺序剃净胡须	8	6	5	4~0		
		按洗脸法清洁脸部	8	6	5	4~0		
		打开剃须刀盖,清理剃须刀头,擦干备用	8	6	5	4~0		
		安置长者于舒适体位,整理用物,记录	6	5	4	3~0		
总体评价	10	动作轻、稳、熟练	4	3	2	1~0		
		关爱长者,与长者有很好的沟通	3	2	1	1~0		
		灵活处理有关情况	3	2	1	1~0		
注意事项	25	尽量协助长者每天自行剃胡须一次,一般于晨间护理时剃胡须	5	4	3	2~0		
		动作轻、稳、慢,一手绷紧皮肤,另一手拿电动剃须刀,紧贴皮肤从上到下,先顺胡须生长的方向剃,再逆着胡须生长的方向剃。剃刮完毕,用温水洗净	5	4	3	2~0		
		如胡须太长,无法用电动剃须刀剃须时,应请理发师用刀片式的剃须刀修理,或用剪刀小心修短后再用电动剃须刀剃须,防皮肤损伤	5	4	3	2~0		
		如用刀片式剃须刀刮胡须,要先用温水毛巾热敷一会,再涂剃须膏,然后用剃须刀刮须,刮后清洗	5	4	3	2~0		
		剃须刀专人专用,公用剃须刀一人一用一消毒	5	4	3	2~0		
计0分		损伤皮肤						
合计得分:								

五、化妆

项目	分值	操作步骤及要求	A	B	C	D	得分	备注
准备工作	15	仪容仪表整洁、大方,洗手	5	4	3	2~0		
		关门窗,避免对流	5	4	3	2~0		
		备齐物品:洗脸用物、热水、化妆用品	5	4	3	2~0		
操作过程	50	评估,沟通,语言表述自然、内容贴切	5	4	3	2~0		
		准备用物,洗手	5	4	3	2~0		
		协助长者清洁脸部,取卧位,坐位时头后有依靠,依次涂上爽肤水、营养霜及隔离霜	6	5	4	3~0		
		根据长者要求及发型、衣饰等特点适当做眉毛修剪	8	6	5	4~0		
		用粉底霜均匀涂擦脸部皮肤。用阴影粉条做面型修改和鼻型修整,用干粉直接扑在粉底上	8	6	5	4~0		
		画眉、画眼线、抹眼影、涂胭脂,定妆	6	5	4	3~0		
		用唇线笔勾画唇型轮廓,用唇刷涂唇膏	6	5	4	3~0		
		征求长者意见,整理用物,记录	6	5	4	3~0		
总体评价	10	动作轻、稳、熟练	4	3	2	1~0		
		关爱长者,与长者有很好的沟通	3	2	1	1~0		
		灵活处理有关情况	3	2	1	1~0		
注意事项	25	营造氛围,鼓励长者化淡妆,不宜浓妆艳抹	5	4	3	2~0		
		卸妆时用洗面乳清洁面部,涂润肤霜保护	5	4	3	2~0		
		粉扑、唇线笔、唇刷等应专人专用,鼓励长者自备简单的化妆用品,如唇膏、眉笔、粉饼与粉扑等	5	4	3	2~0		
		化妆过程中随时与长者沟通,妆容与身份、衣饰相配,尊重关爱长者	5	4	3	2~0		
		可根据条件,开设专项的长者面部美容服务	5	4	3	2~0		
计0分		损伤黏膜、皮肤						
合计得分:								

第三节 铺床、更换衣被操作评分标准

一、铺备用床

项目	分值	操作步骤及要求	A	B	C	D	得分	备注
准备工作	20	仪容仪表整洁、大方,修剪指甲,洗手	5	4	3	2~0		
		备齐物品:床、床垫、床褥、棉胎、枕芯、大单、被套、枕套	5	4	3	2~0		
		将大单、被套、棉胎正确折叠,按次序叠放于床上	10	8	6	4~0		
操作过程	50	移开床头柜,移床旁椅于床尾正中,有序放置枕芯、枕套、棉胎、被套、大单于床旁椅上	6	5	4	3~0		
		检查床铺有无破损,翻转床垫,铺床褥,上缘紧靠床头	6	5	4	3~0		
		取大单,依次于床上散开,按序铺好:先铺一侧床头,再铺床尾,转对侧铺好床头、床尾,四角包紧,中线对齐,床面平整	10	8	6	4~0		
		取被套,齐床头,对中线,依次散开,尾部开口处分开,放入"S"形折叠的棉胎,于被套内展开棉胎,系好开口处系带,拉平	10	8	6	4~0		
		盖被齐床头,两侧边缘内折平床沿,尾端内折平床尾。盖被平整无虚边	6	5	4	3~0		
		取枕芯、枕套,一手从枕套正面一端伸入,捏住枕芯的一端,另一手将枕套往下拉,套住枕芯,四角充实,拍松枕头,开口背门放置	6	5	4	3~0		
		移回床旁桌、床旁椅	6	5	4	3~0		
总体评价	10	动作轻、稳、熟练,5分钟内完成	4	3	2	1~0		
		床基紧、平整,四角美观,中线对齐	3	2	1	1~0		
		被套无虚边,枕套四角充实	3	2	1	1~0		
注意事项	20	治疗、进食半小时前停止铺床活动	5	4	3	2~0		
		先铺床头,后铺床尾	5	4	3	2~0		
		遵从节力原则,动作熟练,没有过多小动作	5	4	3	2~0		
		铺床前检查床上各部件,如有损坏应先修理	5	4	3	2~0		
合计得分:								

二、整理床铺

项目	分值	操作步骤及要求	评分等级 A	B	C	D	得分	备注
准备工作	15	仪容仪表整洁、大方,修剪指甲,洗手,戴口罩	5	4	3	2～0		
		关门窗,调节室温	5	4	3	2～0		
		备齐物品:床刷、床刷套,必要时备清洁的床单、衣裤	5	4	3	2～0		
操作过程	55	评估长者,向长者解释	6	5	4	3～0		
		放平床头、床尾支架,移开床旁桌、椅	8	6	5	4～0		
		协助长者向对侧侧卧,检查背部及尾骶部皮肤	8	6	5	4～0		
		从床头至床尾扫净床上渣屑,注意扫净枕下。拉平床单,包紧床角。协助近侧侧卧,转至对侧,依法扫净和整理对侧床单	10	8	6	4～0		
		整理长者衣裤,平卧,整理被套,将枕头拍松放回原处	8	6	5	4～0		
		安置长者于舒适体位。移回床旁桌椅	8	6	5	4～0		
		整理用物,取下床刷套,清洗消毒、晾干备用	7	6	5	4～0		
总体评价	10	动作轻、稳、熟练	4	3	2	1～0		
		关爱长者,与长者有很好的沟通	3	2	1	1～0		
		灵活处理有关情况	3	2	1	1～0		
注意事项	20	能起床的长者,协助离床,最好暂时离开房间。鼓励长者自行整理床单位,保持整洁	5	4	3	2～0		
		在长者用餐和治疗护理半小时前停止铺床活动	5	4	3	2～0		
		遵从节力原则,避免拖、拉、推等动作,注意拉好床档,避免坠床	5	4	3	2～0		
		注意保暖,不过多暴露长者身体,防受凉	5	4	3	2～0		
计0分		长者擦伤、撞伤或坠床						
合计得分:								

三、卧床长者更换床单

项目	分值	操作步骤及要求	评分等级				得分	备注
			A	B	C	D		
准备工作	15	仪容仪表整洁、大方，修剪指甲，洗手	3	2	1	1~0		
		备齐物品：大单、中单、枕套、床刷、床刷套，需要时备被套及清洁衣裤	4	3	2	1~0		
		关门窗，调节室温	3	2	1	1~0		
		将大单、中单、枕套正确折叠，依次放置	5	4	3	2~0		
操作过程	55	向长者解释，协助如厕	4	3	2	1~0		
		移开床头柜，移床旁椅于床尾，放平床头、床尾支架	4	3	2	1~0		
		移枕于对侧，协助长者向对侧翻身，观察背部皮肤	6	5	4	3~0		
		松开近侧床基，将脏中单向上卷起塞于长者身下，橡胶单去尘后搭在盖被上，脏大单向上卷起塞于长者身下，用床刷从床头至床尾扫净床垫	8	6	5	4~0		
		将大单中线与床中线对齐展开，对侧床单向下卷入长者身下，铺好近侧大单。放下橡胶单，中单中线对齐铺在橡胶单上，对侧向下卷入长者身下，近侧中单连同橡胶单一并塞入床垫下	8	6	5	4~0		
		协助平卧，移枕于近侧，向近侧翻身，拉好床档	6	5	4	3~0		
		转至对侧，松床基，将脏中单向内卷起，取下放入床尾污物架或污物袋内。橡胶单扫净后搭在盖被上，取下脏大单，从床头到床尾扫净床基	6	5	4	3~0		
		从长者身下拉出大单并铺好，放下橡胶单，拉出中单，一并塞在床垫下	5	4	3	2~0		
		协助平卧，更换枕套，整理被套，安置舒适卧位	4	3	2	1~0		
		移回床旁桌、床旁椅，整理用物	4	3	2	1~0		
总体评价	10	动作轻、稳、熟练	4	3	2	1~0		
		关爱长者，与长者有较好的沟通	3	2	1	1~0		
		灵活处理有关情况	3	2	1	1~0		
注意事项	20	长者用餐和治疗护理半小时前停止铺床活动	5	4	3	2~0		
		避免拖、拉、推等动作，注意拉好床档，避免坠床	5	4	3	2~0		
		遵从节力原则。换下的床单勿扔于地上	5	4	3	2~0		
		注意保暖，观察长者情况，保护长者隐私	5	4	3	2~0		
计0分		长者擦伤、撞伤或坠床						
合计得分：								

四、穿脱衣服

项目	分值	操作步骤及要求	评分等级				得分	备注
			A	B	C	D		
准备工作	15	仪容仪表整洁、大方,修剪指甲,洗手	5	4	3	2～0		
		关门窗,避免对流,冬季室温26℃左右	5	4	3	2～0		
		备齐物品:清洁、得体的长者衣裤	5	4	3	2～0		
操作过程	55	评估,向长者解释,语言表述自然、内容贴切	4	3	2	1～0		
		脱开襟上衣:解开纽扣,协助脱去一侧衣袖,将一侧上衣平整地披于长者身下,从另一侧拉出,脱下另一侧衣袖,整理衣服	6	5	4	3～0		
		脱套头衫:将上衣拉至胸部,协助长者一侧手臂上举,顺势脱出一侧袖子,依法脱另一侧,再一手托起长者头颈部,另一手将衣服从头上脱出	6	5	4	3～0		
		穿开襟上衣(方法1):协助长者穿好一侧衣袖,翻身侧卧,将另一侧衣服平整披于身下,协助平卧,从另一侧身下拉出衣服,穿好另一侧,扣好纽扣,整理衣服	7	6	5	4～0		
		穿开襟上衣(方法2):将衣服与衣袖展开,横放成"一"字形,一手托长者腰部,另一手将衣服横穿过长者腰下,展开衣服,穿好两侧衣袖,再一手托长者肩颈部,另一手将衣领轻轻向上提拉至颈部,扣好纽扣,整理衣服	7	6	5	4～0		
		穿套头衫:辨清衣服前后面,照护者一手从衣服袖口处穿入到衣服的下摆,手握长者手腕,将衣袖轻轻向长者手臂套入,同法穿好另一侧,再将衣身及领口从长者头部套入,整理衣服	6	5	4	3～0		
		脱裤子:协助松开裤带,照护者一手托腰骶部,另一手将裤腰向下褪至臀部以下,再协助褪至膝部,然后一手托膝部,另一手拉出裤管,同法脱出另一侧	6	5	4	3～0		
		穿裤子:照护者一手从裤管口伸入到裤腰口,轻握长者脚踝,另一手将裤管向长者大腿方向提拉,同法穿好另一侧,向上提拉至臀部,再协助长者侧卧,提拉裤腰到腰部,平卧,系好裤带,整理裤子	8	6	5	4～0		
		安置长者于舒适卧位,整理床单位	5	4	3	2～0		
总体评价	10	动作轻、稳、熟练	4	3	2	1～0		
		关爱长者,与长者有很好的沟通	3	2	1	1～0		
		灵活处理有关情况	3	2	1	1～0		
注意事项	20	先脱健侧,后脱患侧。脱套头衫时,若长者一侧上肢活动不便,则先脱健侧,再脱头部,后脱患侧	5	4	3	2～0		
		先穿患侧,后穿健侧	5	4	3	2～0		
		操作前提醒长者,消除紧张心理,获得长者合作	5	4	3	2～0		
		休息时先脱裤子、后脱上衣,起床时先穿上衣、后穿裤子	5	4	3	2～0		
计0分		动作粗暴,导致长者肢体损伤						
合计得分:								

第四节 体位移动服务操作评分标准

一、搀扶

项目	分值	操作步骤及要求	评分等级				得分	备注
			A	B	C	D		
准备工作	10	仪容仪表整洁、大方	4	3	2	1~0		
		协助长者穿好衣服,整理妆容	3	2	1	1~0		
		提醒和协助长者备好外出物品	3	2	1	1~0		
操作过程	50	与长者沟通,评估长者身体功能,说明此行目的	5	4	3	2~0		
		协助长者站立,缓步行走,根据长者情况调整搀扶方式	5	4	3	2~0		
		若长者功能尚好,适当搀扶一侧上臂部,在上下楼、上下台阶、转弯过马路时双手用力搀扶长者上臂近腋下部位,防跌倒	5	4	3	2~0		
		若长者下肢行走较困难,可让长者一手挽于照护者对侧肩部,照护者一手握住长者挽于肩部的手,另一手搂住长者腰部,搀扶行走	12	10	7	5~0		
		观察长者情况,随时与长者沟通,避免疲劳	8	6	5	4~0		
		跟着长者步伐前行,不催促长者,随时提醒注意行走安全	10	8	6	4~0		
		照护者搀扶长者时要保持自身身体的稳定	5	4	3	2~0		
总体评价	10	动作轻、稳、熟练	4	3	2	1~0		
		关爱长者,与长者有很好的沟通	3	2	1	1~0		
		灵活处理有关情况	3	2	1	1~0		
注意事项	30	尊重长者,根据具体情况提供合适的服务	5	4	3	2~0		
		搀扶长者上下楼梯,长者应立在有扶手一侧	5	4	3	2~0		
		搀扶长者参与各类康复锻炼,循序渐进,防疲劳	5	4	3	2~0		
		照护者禁穿高跟鞋,保持身体稳定,与长者步调一致	5	4	3	2~0		
		长者跌倒不马上搀扶,先原地评估伤情	5	4	3	2~0		
		外出要预留足够时间,不焦急赶路	5	4	3	2~0		
计0分		长者跌倒						
合计得分:								

二、徒手搬运

项目	分值	操作步骤及要求	A	B	C	D	得分	备注
准备工作	10	仪容仪表整洁、大方	4	3	2	1~0		
		关门窗,调节室温	3	2	1	1~0		
		按需要备好其他转运工具	3	2	1	1~0		
操作过程	55	与长者沟通、解释,语言自然贴切,协助如厕	5	4	3	2~0		
		系好护腰腰带	8	6	5	4~0		
		放平床头、床尾支架,协助长者穿衣	8	6	5	4~0		
		搬运长者方法正确。一人法:一臂自长者腋下伸至对侧,一臂伸入长者大腿下,长者双手环抱搬运者颈部,协力移动	10	8	6	4~0		
		二人法:一人一手托长者颈肩部,另一手托住腰部;另一人一手托住长者的臀部,另一手托腘窝部,协力移动	10	8	6	4~0		
		三人法:第一人托头、肩背部,第二人托腰部、臀部,第三人托大腿、小腿部,协力移动	10	8	6	4~0		
		将长者放于转运辅具上,平稳推行	4	3	2	1~0		
总体评价	10	动作轻、稳、熟练	4	3	2	1~0		
		关爱长者,与长者有很好的沟通	3	2	1	1~0		
		灵活处理有关情况	3	2	1	1~0		
注意事项	25	注意保暖、防受凉	5	4	3	2~0		
		长者身上有导管时,要先固定好导管,防止脱落	5	4	3	2~0		
		使用辅具注意先踩刹车,系好安全带,避免长者跌出辅具	5	4	3	2~0		
		一人搬运适合体重较轻的长者和力量较大的照护者。多人搬运注意步调一致,防长者摔伤。照护者系腰带保护腰部,操作时遵循节力原则	5	4	3	2~0		
		脊柱受伤长者,在医护人员指导下整体搬运,避免脊柱扭曲	5	4	3	2~0		
计0分		长者跌倒或损伤						
合计得分:								

三、翻身

项目	分值	操作步骤及要求	评分等级 A	B	C	D	得分	备注
准备工作	10	仪容仪表整洁、大方	4	3	2	1~0		
		备齐用物：软枕 2 个、翻身枕 1 个、护腰腰带，必要时备干净衣裤、床单	3	2	1	1~0		
		关门窗，调节室温	3	2	1	1~0		
操作过程	50	向长者解释，说明目的	5	4	3	2~0		
		放平床头、床尾支架	5	4	3	2~0		
		协助长者仰卧，屈膝	5	4	3	2~0		
		协助长者侧卧：照护者一手托长者颈肩部，另一手托腰部，将长者上半身抬起、移向近侧；然后一手托腰部，另一手托大腿，将长者的下半身抬起、移向近侧，拉起床档；照护者转至对侧，一手扶长者肩部，另一手扶髋部，将长者轻轻翻身至照护者侧	12	10	7	5~0		
		观察长者背部皮肤，整理衣服	8	6	5	4~0		
		在长者的背部置翻身枕，胸前放一软枕，上侧腿略向前方屈曲，下垫软枕	10	8	6	4~0		
		整理床单位，根据需要支起床头、床尾支架	5	4	3	2~0		
总体评价	10	动作轻、稳、熟练	4	3	2	1~0		
		关爱长者，与长者有很好的沟通	3	2	1	1~0		
		灵活处理有关情况	3	2	1	1~0		
注意事项	30	注意遮盖长者，冬天注意保暖，防受凉，保护隐私	5	4	3	2~0		
		长者身上有导管时，要先固定好导管，防止脱落	5	4	3	2~0		
		长者肢体活动无禁忌者，移位时嘱长者做相应的协助	5	4	3	2~0		
		翻身时要注意保持床褥整洁、干燥、平整，预防压疮，翻身的同时叩背，促进肺部血液循环	5	4	3	2~0		
		注意朝向照护者侧翻身，严防坠床	5	4	3	2~0		
		遵循节力原则	5	4	3	2~0		
计 0 分		长者坠床						
合计得分：								

四、协助移向床头

项目	分值	操作步骤及要求	评分等级				得分	备注
			A	B	C	D		
准备工作	10	仪容仪表整洁、大方	4	3	2	1～0		
		必要时备干净衣裤、床单	3	2	1	1～0		
		关门窗,调节室温	3	2	1	1～0		
操作过程	50	向长者解释,说明目的	5	4	3	2～0		
		放平床头、床尾支架	5	4	3	2～0		
		一手托颈肩,一手移枕竖于头顶与床头之间	8	6	5	4～0		
		协助长者仰卧屈膝,双手拉床头栏杆,双足蹬床面	10	8	6	4～0		
		一手托长者肩背,另一手托腰骶,与长者同时用力,协同移向床头,用力适当	10	8	6	4～0		
		移枕于头下,整理衣被,观察受压皮肤	8	6	5	4～0		
		根据需要支起床头、床尾支架	4	3	2	1～0		
总体评价	10	动作轻、稳、熟练	4	3	2	1～0		
		关爱长者,与长者有很好的沟通	3	2	1	1～0		
		灵活处理有关情况	3	2	1	1～0		
注意事项	30	注意遮盖长者,冬天注意保暖,防受凉,保护隐私	5	4	3	2～0		
		长者身上有导管时,要先固定好导管,防止脱落	5	4	3	2～0		
		移位时头与床之间置枕头,用力适当,防头部撞伤	5	4	3	2～0		
		半卧位时,可适当抬高床尾,以防止下滑	5	4	3	2～0		
		长者不可用力过度,有心血管疾病的长者慎用力,可两人协同帮助移位,注意步调一致	5	4	3	2～0		
		照护者系腰带保护腰部,操作时遵循节力原则	5	4	3	2～0		
计0分	长者撞伤							
合计得分:								

五、轮椅助行

项目	分值	操作步骤及要求	评分等级				得分	备注
			A	B	C	D		
准备工作	10	仪容仪表整洁、大方	4	3	2	1~0		
		备齐物品:轮椅、护腰腰带,必要时备毛毯。检查轮椅,特别注意轮胎、刹车、脚踏板、安全带是否完好	6	5	4	2~0		
操作过程	55	推轮椅至床旁,使轮椅与床呈40°左右或椅背与床尾平齐,拉起车闸,固定轮椅。系好腰带	8	6	5	4~0		
		与长者沟通、评估、解释,将盖被扇形折叠于床尾。协助长者卧于床边,屈膝	7	6	4	3~0		
		照护者一手置长者颈肩处,一手置长者远侧膝外侧,将长者扶起,使长者双腿下垂坐于床缘,一手扶长者,一手帮助穿好鞋子	8	6	5	4~0		
		照护者面对长者双脚分开,让长者双手环抱照护者的颈部,照护者的两手合抱长者的腰部,双脚和双膝抵住长者双脚、双膝的外侧(或一脚伸入长者双膝之间),协助长者站立,旋转身体,坐于轮椅上	8	6	5	4~0		
		调整坐姿,翻下踏脚板,系好安全带,根据需要盖上毛毯。松刹车,推轮椅	8	6	5	4~0		
		轮椅上台阶:向长者解释,轮椅正对台阶,踩下后倾杆,轮椅后倾、前推;轮椅下台阶:调转轮椅方向,用腿贴扶椅背倒退稳步下行	8	6	5	4~0		
		轮椅上斜坡:长者靠后坐稳,向前推轮椅。轮椅下斜坡:调转轮椅方向倒退下行,随时观察身后情况	8	6	5	4~0		
总体评价	10	动作轻、稳、熟练	4	3	2	1~0		
		关爱长者,与长者有很好的沟通	3	2	1	1~0		
		灵活处理有关情况	3	2	1	1~0		
注意事项	25	扶牢扶手站立,动作宜慢,防直立性低血压	5	4	3	2~0		
		长时间坐轮椅者,垫气垫,每隔1小时,用双手支撑身体,使臀部离开片刻,防压疮	5	4	3	2~0		
		上下轮椅先拉车闸以固定轮椅	5	4	3	2~0		
		上下台阶、上下斜坡时,先嘱长者坐稳	5	4	3	2~0		
		上台阶时先上前轮、后上后轮,下台阶时先下后轮、后下前轮,下坡倒退行进,严防跌倒意外	5	4	3	2~0		
计0分		长者跌倒						
合计得分:								

六、手杖助行

项目	分值	操作步骤及要求	A	B	C	D	得分	备注
准备工作	20	仪容仪表整洁、大方	5	4	3	2～0		
		准备物品:手杖	7	6	4	3～0		
		检查手杖有无损坏,拐杖胶头是否完好	8	6	5	4～0		
操作过程	50	向长者解释,调整手杖高度,以手臂下垂时手腕到地面的距离为宜	8	6	5	4～0		
		手杖使用:站立,手杖置健侧上肢。重心在健脚上,手杖向前拄出一步,患脚向前迈出一步,重心转移到患脚与手杖上,健脚跟上。遵循"手杖、患脚、健脚"的顺序前行	10	8	6	4～0		
		上楼梯时,健脚先上,手杖与患脚跟上	12	10	7	5～0		
		下楼梯时,手杖先放在下一个台阶上,患脚先下,再下健脚	12	10	7	5～0		
		站于长者患侧,指导练习,给予必要的帮助	8	6	5	4～0		
总体评价	10	照护者指导长者练习方法正确、有效	4	3	2	1～0		
		关爱长者,与长者有很好的沟通	3	2	1	1～0		
		灵活处理有关情况	3	2	1	1～0		
注意事项	20	选择合适手杖	5	4	3	2～0		
		手杖使用在健侧上肢,先移动手杖,调整好重心后再移动脚步	5	4	3	2～0		
		高龄长者行走鼓励使用手杖,防跌倒	5	4	3	2～0		
		未熟练使用前,应有人扶持或陪伴,防止跌倒	5	4	3	2～0		
计0分		长者跌倒						
合计得分:								

七、腋杖助行

项目	分值	操作步骤及要求	评分等级 A	B	C	D	得分	备注
准备工作	15	仪容仪表整洁、大方	5	4	3	2~0		
		准备物品：腋杖	5	4	3	2~0		
		检查腋杖胶垫和胶头是否完好	5	4	3	2~0		
操作过程	55	与长者沟通，评估、解释。选择腋杖，调整高度	7	6	4	3~0		
		患脚不着地的行步方法：双侧腋杖同时放前一步，患脚腾空，健脚跟上	8	6	5	4~0		
		四点步：右拐前移，迈左脚，移左拐，右脚跟上	8	6	5	4~0		
		三点步：两侧腋杖与患脚同时向前，健脚跟上	8	6	5	4~0		
		二点步：右腋杖与左脚同时移动，左腋杖与右脚同时移动	8	6	5	4~0		
		上楼梯，健脚先上，然后患脚与左右腋杖同时上	8	6	5	4~0		
		下楼梯，两腋杖同时先下，患脚下移，健脚跟上	8	6	5	4~0		
总体评价	10	照护者指导长者练习方法正确、有效	4	3	2	1~0		
		关爱长者，与长者有很好的沟通	3	2	1	1~0		
		灵活处理有关情况	3	2	1	1~0		
注意事项	20	腋杖适用于身体情况较好且上肢力量良好的长者	5	4	3	2~0		
		使用腋杖要用手臂支托身体的重量，上端接触腋窝部位要有软垫，避免用腋窝支撑重量	5	4	3	2~0		
		腋杖胶头要保持完好，避免滑倒	5	4	3	2~0		
		未熟练使用前，应有人扶持或陪伴，防止跌倒	5	4	3	2~0		
计0分		长者跌倒						
合计得分：								

八、助步器助行

项目	分值	操作步骤及要求	A	B	C	D	得分	备注
准备工作	15	仪容仪表整洁、大方	5	4	3	2～0		
		周围地面平整无障碍物	5	4	3	2～0		
		备合适的助步器,检查各部件是否完好	5	4	3	2～0		
操作过程	50	与长者沟通,评估、解释	6	5	4	3～0		
		协助长者平稳站起	6	5	4	3～0		
		双手放在扶手上协助站立,身体略向前倾	6	5	4	3～0		
		无轮助步器:举起助步器放前约15厘米,放稳,患脚前行,健脚跟上	10	8	6	4～0		
		有轮助步器:向前推进助步器约15厘米,放稳,患脚前行,健脚跟上	10	8	6	4～0		
		指导长者循序渐进行走	6	5	4	3～0		
		整理用物,记录	6	5	4	3～0		
总体评价	15	指导长者练习,动作协调、有效	5	4	3	2～0		
		关爱长者,与长者有很好的沟通	5	4	3	2～0		
		灵活处理有关情况	5	4	3	2～0		
注意事项	20	有效沟通,争取长者的积极配合	6	5	4	3～0		
		带轮子的助步器移动方便,但稳定性差,要注意陪护,防止意外	7	6	4	3～0		
		未熟练使用前,应有人扶持或陪伴,防止跌倒	7	6	4	3～0		
计0分		长者跌倒						
合计得分:								

九、平车助行

项目	分值	操作步骤及要求	评分等级 A	B	C	D	得分	备注
准备工作	10	仪容仪表整洁、大方	4	3	2	1~0		
		关门窗,调节室温	3	2	1	1~0		
		备平车、垫被、盖被、枕头等	3	2	1	1~0		
操作过程	55	与长者沟通,评估、解释	5	4	3	2~0		
		推平车至床尾,头端与床成钝角	5	4	3	2~0		
		踩下刹车	8	6	5	4~0		
		放平床头、床尾支架,协助长者穿衣	8	6	5	4~0		
		搬运长者(一人法、二人法、三人法)方法正确,平稳搬运长者于平车上	10	8	6	4~0		
		安置体位,盖棉被,拉起扶手,松刹车	5	4	3	2~0		
		一人在前把住方向,一人在后平稳推动平车,上坡时头在前,下坡时头在后	10	8	6	4~0		
		平稳推平车,不碰撞	4	3	2	1~0		
总体评价	10	动作轻、稳、熟练	4	3	2	1~0		
		关爱长者,与长者有很好的沟通	3	2	1	1~0		
		灵活处理有关情况	3	2	1	1~0		
注意事项	25	注意保暖、防受凉	5	4	3	2~0		
		长者身上有导管时,要先固定好导管,防止脱落	5	4	3	2~0		
		上下平车注意先踩刹车,运行时长者拉好平车两侧扶手,避免长者跌出平车	5	4	3	2~0		
		一人搬运适合体重较轻,照护者力量较大者。多人搬运注意步调一致,防长者摔伤,照护者系腰带保护腰部,操作时遵循节力原则	5	4	3	2~0		
		脊柱受伤长者,在医护人员指导下整体搬运,避免脊柱扭曲	5	4	3	2~0		
计0分		长者跌出平车或撞伤						
合计得分:								

第五节　饮食与排泄照护操作评分标准

一、协助进食、进水

项目	分值	操作步骤及要求	评分等级 A	B	C	D	得分	备注
准备工作	15	仪容仪表整洁、大方,洗手	5	4	3	2~0		
		半小时前协助长者如厕、洗手	5	4	3	2~0		
		备齐物品:餐具及膳食、必要的辅具、围兜	5	4	3	2~0		
操作过程	55	与长者沟通,评估、解释	7	6	4	3~0		
		尽量扶长者到餐厅,卧床者摇高床头、坐起或半坐卧位	8	6	5	4~0		
		提供合适的辅具:床上置小桌;高背轮椅支撑颈部无力者;吸盘固定碗以方便手部活动不协调者;加长、加粗的汤勺和筷子,方便手功能不良者;围上围兜以保持衣被清洁等	8	6	5	4~0		
		放好膳食,方便长者取用	8	6	5	4~0		
		嘱细嚼慢咽,固体、流质食物交替食用	8	6	5	4~0		
		进食环境安静,不催促,进食过程中作必要的协助	8	6	5	4~0		
		进食结束,清理环境与餐具,协助清洁口腔,记录	8	6	5	4~0		
总体评价	10	动作轻、稳、熟练	4	3	2	1~0		
		关爱长者,与长者有很好的沟通	3	2	1	1~0		
		灵活处理有关情况	3	2	1	1~0		
注意事项	20	尊重长者的习惯与喜好,尽量创造条件鼓励长者自行进食。进食过程中不催促长者,小口进食,细嚼慢咽,预防进食意外	5	4	3	2~0		
		吞咽困难的长者,不宜选择球形、滑溜或黏性强的食物,食物去骨、切细、煮软,必要时将食物加工成糊状	5	4	3	2~0		
		进食前半小时结束室内清洁、铺床等工作,半小时前协助如厕,开窗通风,保持室内空气清新、环境整洁	5	4	3	2~0		
		少食多餐,平时多饮水,避免仰卧位进食进水,防误吸、噎食	5	4	3	2~0		
计0分		引起误吸、噎食或损伤						
合计得分:								

二、喂食

项目	分值	操作步骤及要求	评分等级 A	B	C	D	得分	备注
准备工作	15	仪容仪表整洁、大方,洗手	5	4	3	2~0		
		关门窗,避免对流,防受凉	5	4	3	2~0		
		备齐物品:餐具(碗、汤匙、筷子)及食物、小毛巾、餐巾、吸管、刷牙或漱口用物、洗手用物	5	4	3	2~0		
操作过程	40	向长者解释,评估,沟通	6	5	4	3~0		
		扶长者坐起或半坐卧位。手边放清洁小毛巾,胸前围餐巾	6	5	4	3~0		
		先喂适量温水以湿润口腔,再小口喂固体食物,偏瘫者送食入口腔健侧	6	5	4	3~0		
		小口喂食,固体、流质食物交替喂,防噎食	6	5	4	3~0		
		流质食物可用吸管饮用	5	4	3	2~0		
		进食完毕,协助刷牙或漱口	6	5	4	3~0		
		安置长者于半卧位或右侧卧位,整理用物	5	4	3	2~0		
总体评价	10	动作轻、稳、熟练	4	3	2	1~0		
		关爱长者,与长者有很好的沟通	3	2	1	1~0		
		灵活处理有关情况	3	2	1	1~0		
注意事项	35	尊重长者的习惯与喜好,尽量创造条件鼓励长者自行进食	5	4	3	2~0		
		进食过程中不催促长者,小口进食,细嚼慢咽	5	4	3	2~0		
		对视力障碍的长者,喂食时主动告知食物的名称	5	4	3	2~0		
		注意食物温度,预防烫伤	5	4	3	2~0		
		吞咽困难的长者,不宜选择球形、滑溜或黏性强的食物,食物去骨剔刺、切细、煮软,必要时将食物加工成糊状	5	4	3	2~0		
		进食前半小时结束室内清洁、铺床等工作,半小时前协助如厕,开窗通风,保持室内空气清新、环境整洁	5	4	3	2~0		
		少食多餐,平时多饮水,避免仰卧位进食进水,防误吸、噎食	5	4	3	2~0		
计0分		喂食不当引起误吸						
合计得分:								

三、鼻饲

项目	分值	操作步骤及要求	A	B	C	D	得分	备注
			\multicolumn{4}{c}{评分等级}		
准备工作	10	仪容仪表整洁、大方,洗手	4	3	2	1~0		
		鼻饲液准备:常用有牛奶、豆浆、果汁、汤类及配制的营养液等,固体药物碾成粉状,加温开水调成混悬液。鼻饲液温度在38℃左右	3	2	1	1~0		
		备齐物品:灌注器、餐巾、碗、温开水、纱布、牛皮筋、别针	3	2	1	1~0		
操作过程	50	与长者沟通、评估、解释,摇高床头支架,取半坐卧位	6	5	4	3~0		
		倒好鼻饲液和温开水,测试温度	6	5	4	3~0		
		餐巾垫于鼻饲管末端下,检查鼻饲管刻度,打开包扎的纱布,用灌注器连接鼻饲管末端,回抽,如有胃液抽出即可确认其在胃内	7	6	5	4~0		
		先缓慢注入5毫升温开水,观察无咳嗽反应,再缓慢注入鼻饲液,最后注入少量温开水冲洗鼻饲管。每次200毫升左右,每2~3小时1次	7	6	5	4~0		
		鼻饲结束,反折鼻饲管末端或塞紧管端,用纱巾包好,用牛皮筋扎紧,用别针固定于合适位置	6	5	4	3~0		
		安置长者于舒适体位,尽量能半卧位半小时	6	5	4	3~0		
		整理用物,清洗灌注器	6	5	4	3~0		
		记录鼻饲量和时间	6	5	4	3~0		
总体评价	10	动作轻、稳、熟练	4	3	2	1~0		
		关爱长者,与长者有很好的沟通	3	2	1	1~0		
		灵活处理有关情况	3	2	1	1~0		
注意事项	30	每次鼻饲前注入少量温开水后观察长者反应,如无异常再进行喂食,鼻饲后注入少量温开水冲洗鼻饲管,以防管内食物残留变质引起胃肠炎	5	4	3	2~0		
		每次鼻饲前要测试鼻饲液温度,可滴少量于前臂内侧皮肤,以不烫手为度。严防高温灌入而引起食道、胃黏膜损伤	5	4	3	2~0		
		每次200毫升左右,灌注前回抽时如发现胃内食物残留较多,可考虑延长间隔时间	4	3	2	1~0		

续表

项目	分值	操作步骤及要求	评分等级				得分	备注
			A	B	C	D		
注意事项	30	灌注器每次用后清洗,每日煮沸消毒	4	3	2	1~0		
		灌注速度要慢,避免快速灌入致反射性呕吐,引起长者不适	4	3	2	1~0		
		忌将药物与牛奶、茶水一起灌入,新鲜果汁与牛奶应分开注入	4	3	2	1~0		
		每日清洁口腔2次,如遇呕吐、鼻饲管堵塞、滑出等,及时联系护士,长期鼻饲者定期更换鼻饲管	4	3	2	1~0		
计0分(任一条)		未行鼻饲液温度测试,烫伤黏膜						
		未确认鼻饲管是否在胃内,引发误吸意外						
合计得分:								

四、协助如厕

项目	分值	操作步骤及要求	评分等级				得分	备注
			A	B	C	D		
准备工作	15	仪容仪表整洁、大方,戴口罩	5	4	3	2~0		
		卫生间地面干燥、防滑,开启排气扇	5	4	3	2~0		
		备齐物品:卫生纸,视需要准备拐杖或轮椅	5	4	3	2~0		
操作过程	45	与长者沟通、评估、解释,搀扶长者或帮助长者使用助行器到卫生间	9	7	5	4~0		
		松裤带,身体稍前倾坐于便器上,卫生纸放于长者手旁	9	7	5	4~0		
		门外挂如厕标识,不倒锁房门,嘱长者耐心排便,避免过于用力,可用手按摩腹部协助排便	9	7	5	4~0		
		便毕,协助长者慢慢站立,系好裤带,扶长者回房	9	7	5	4~0		
		冲洗便器,开窗通风,洗手,记录	9	7	5	4~0		
总体评价	10	动作轻、稳、熟练	4	3	2	1~0		
		关爱长者,与长者有很好的沟通	3	2	1	1~0		
		灵活处理有关情况	3	2	1	1~0		

项目	分值	操作步骤及要求	评分等级				得分	备注
			A	B	C	D		
注意事项	30	尽量让长者入卫生间如厕。长者宜坐位如厕,避免蹲位排便	6	5	4	3～0		
		卫生间地面干燥、防滑,扶手稳固	6	5	4	3～0		
		长者坐稳,起身要慢,以防跌倒	6	5	4	3～0		
		长者单独如厕时,卫生间的门不能锁住,以防意外情况下延误时机	6	5	4	3～0		
		养成定时排便的习惯,平时多食新鲜蔬果,保持大便通畅	6	5	4	3～0		
计0分		长者摔倒						
合计得分:								

五、便盆使用

项目	分值	操作步骤及要求	评分等级				得分	备注
			A	B	C	D		
准备工作	15	仪容仪表整洁、大方,戴口罩	5	4	3	2～0		
		关门窗,调节室温	5	4	3	2～0		
		备齐物品:便盆、卫生纸、中单或一次性尿巾、一次性手套	5	4	3	2～0		
操作过程	55	向长者解释,拉床帘遮挡	8	6	5	4～0		
		协助平卧,松裤带,将裤子褪至膝下,屈膝卧位	8	6	5	4～0		
		臀下垫中单或一次性尿布	7	6	5	4～0		
		照护者一手托长者腰骶部,一手将便盆放入长者臀下	8	6	5	4～0		
		戴手套,用卫生纸擦净肛周皮肤,一手托长者腰骶部,一手取出便盆,便盆用卫生纸遮盖	8	6	5	4～0		
		取出臀下中单或垫布,安置长者于舒适体位,整理床单位,开窗通风	8	6	5	4～0		
		处理便盆,洗手	8	6	5	4～0		
总体评价	10	动作轻、稳、熟练	4	3	2	1～0		
		关爱长者,与长者有很好的沟通	3	2	1	1～0		
		灵活处理有关情况	3	2	1	1～0		

续表

项目	分值	操作步骤及要求	评分等级 A	B	C	D	得分	备注
注意事项	20	注意遮盖长者,防受凉,保护隐私	5	4	3	2～0		
		男性长者可嘱其先用尿壶排尿,会阴部上方盖卫生纸,以防尿湿棉被	5	4	3	2～0		
		便盆须清洁、无破损。冬天可先用热水温暖便盆	5	4	3	2～0		
		取放便盆,托起长者臀部,避免擦伤皮肤	5	4	3	2～0		
计0分		尾骶部皮肤擦伤						
合计得分:								

六、尿壶使用

项目	分值	操作步骤及要求	评分等级 A	B	C	D	得分	备注
准备工作	15	仪容仪表整洁、大方	5	4	3	2～0		
		关门窗,调节室温	5	4	3	2～0		
		备齐物品:卫生纸、尿壶	5	4	3	2～0		
操作过程	55	与长者沟通,评估、解释,拉床帘遮挡	5	4	3	2～0		
		松裤带,将裤子褪至臀下	6	5	4	3～0		
		男性长者侧卧位,下侧腿伸直,上侧腿略屈曲前倾,壶身置于下侧腿与腹部之间,靠床,底下垫卫生纸,尿壶接口接阴茎,嘱长者排尿。仰卧位时则抬高床头,壶身置会阴部	10	8	6	4～0		
		女性长者使用女性尿壶,平卧位:双下肢屈曲稍外展或伸直自然分开,以能放入尿壶为宜,臀下垫卫生纸,根据女性尿壶接口的不同结构调整放置部位,接住尿道口,稍用力按压使之紧贴会阴皮肤,嘱长者排尿	10	8	6	4～0		
		尿毕,用卫生纸吸干局部尿液,或用毛巾清洁	8	6	5	4～0		
		整理长者衣裤和床单位,安置长者于舒适卧位	8	6	5	4～0		
		倒除尿液,冲洗尿壶,整理用物,洗手	8	6	5	4～0		

项目	分值	操作步骤及要求	评分等级 A	B	C	D	得分	备注
总体评价	10	动作轻、稳、熟练	4	3	2	1~0		
		关爱长者,与长者有很好的沟通	3	2	1	1~0		
		灵活处理有关情况	3	2	1	1~0		
注意事项	20	注意遮盖长者,防受凉,保护隐私	5	4	3	2~0		
		嘱长者自行扶住尿壶接口,避免尿液溢出	5	4	3	2~0		
		尿壶专人专用,及时倒除尿液,保持清洁,定期消毒	5	4	3	2~0		
		使用尿壶时,注意压力适当,特别是使用女性尿壶时,过轻易致尿液外溢,过重易致局部组织受压损伤	5	4	3	2~0		
计0分		会阴部皮肤擦伤						
合计得分:								

七、简易通便

项目	分值	操作步骤及要求	评分等级 A	B	C	D	得分	备注
准备工作	15	仪容仪表整洁、大方	5	4	3	2~0		
		关门窗,调节室温	5	4	3	2~0		
		备齐物品:卫生纸、开塞露或甘油栓、一次性手套	5	4	3	2~0		
操作过程	55	与长者沟通,评估,解释,拉床帘遮挡	10	8	6	4~0		
		松裤带,将裤子褪至臀下,协助左侧屈膝卧位	12	10	8	6~0		
		取下开塞露瓶盖(无盖者剪去头端),挤出少量液体润滑开口处。如使用甘油栓,则剥去外包装,浸水湿润	12	10	8	6~0		
		戴一次性手套,一手分开长者臀裂露出肛门,一手将开塞露插入肛门,挤入全部药液,退出开塞露瓶。如是甘油栓则捏住底部,将细端朝内插入肛门3~4厘米。清洁肛门,保留5~10分钟	12	10	8	6~0		
		协助排便,整理用物,洗手	9	7	5	4~0		

续表

项目	分值	操作步骤及要求	评分等级 A	B	C	D	得分	备注
总体评价	10	动作轻、稳、熟练	4	3	2	1～0		
		关爱长者,与长者有很好的沟通	3	2	1	1～0		
		灵活处理有关情况	3	2	1	1～0		
注意事项	20	注意遮盖长者,防受凉,保护隐私	5	4	3	2～0		
		开塞露瓶盖打开时要检查开口是否平整,封口用剪刀剪者要注意修剪平整,防止损伤肛周皮肤和直肠黏膜	5	4	3	2～0		
		挤入开塞露后,嘱长者放松、深呼吸,保留5～10分钟后再排便。挤入甘油栓后,抵住肛门处轻轻按摩	5	4	3	2～0		
		养成定时排便的习惯,协助长者多食富含膳食纤维的食物,多食新鲜蔬果,保持大便通畅	5	4	3	2～0		
计0分		直肠黏膜或肛周皮肤损伤						
合计得分:								

八、更换纸尿裤

项目	分值	操作步骤及要求	评分等级 A	B	C	D	得分	备注
准备工作	15	仪容仪表整洁、大方	5	4	3	2～0		
		关门窗,调节室温	5	4	3	2～0		
		备齐物品:纸尿裤、毛巾、水盆、热水、卫生纸、一次性手套	5	4	3	2～0		
操作过程	55	与长者沟通,评估、解释,拉床帘遮挡	4	3	2	1～0		
		准备好新的纸尿裤,松裤带,将裤子褪至臀下	5	4	3	2～0		
		松开纸尿裤胶贴,放下会阴部的纸尿裤部分,清洗会阴部	8	6	5	4～0		
		协助长者侧卧,取下湿的纸尿裤,清洗臀部	8	6	5	4～0		
		将新的纸尿裤摊开,后部放在长者尾骶部,两侧贴腰部,前部置于两腿之间	8	6	5	4～0		
		协助长者平卧,两腿中间的纸尿裤往上拉到下腹部,把两侧胶贴对准后片两侧腰围部分,分别撕开贴牢	8	6	5	4～0		
		调整腰部和腿部的褶边,避免卡住皮肤	5	4	3	2～0		
		整理衣裤,整理床单位,安置舒适卧位	5	4	3	2～0		
		整理用物,洗手	4	3	2	1～0		

项目	分值	操作步骤及要求	评分等级 A	B	C	D	得分	备注
总体评价	10	动作轻、稳、熟练	4	3	2	1~0		
		关爱长者,与长者有很好的沟通	3	2	1	1~0		
		灵活处理有关情况	3	2	1	1~0		
注意事项	20	注意遮盖长者,防受凉,保护隐私	5	4	3	2~0		
		选择合适型号的纸尿裤,注意不要粘贴得太紧,以能放入一指为度	5	4	3	2~0		
		防止尿液漏出,纸尿裤大头女性长者朝后,男性长者朝前	5	4	3	2~0		
		如有大便,则先用卫生纸擦净,撤离纸尿裤再清洗。如局部皮肤发红,可涂凡士林或鞣酸软膏保护	5	4	3	2~0		
计0分		尾骶部、会阴部皮肤破损						
合计得分:								

第六节　协助治疗与康复护理操作评分标准

一、协助口服给药

项目	分值	操作步骤及要求	评分等级 A	B	C	D	得分	备注
准备工作	15	仪容仪表整洁、大方,洗手	5	4	3	2~0		
		核对医嘱,查对药名、剂量、姓名、床号及用法等	5	4	3	2~0		
		物品准备:服药卡、药杯、水杯、温开水等	5	4	3	2~0		

长者服务规范
ZHANGZHE FUWU GUIFAN

续表

项目	分值	操作步骤及要求	A	B	C	D	得分	备注
操作过程	50	与长者沟通、评估、解释,了解长者身体情况、用药情况,语言表述自然、内容贴切	6	5	4	3~0		
		检查药物的质量、有效期、服用方法等	10	8	6	4~0		
		正确取药,服药前再核对	6	5	4	3~0		
		协助坐位或半卧位,倒温开水,协助正确服用	6	5	4	3~0		
		再饮水200毫升左右,保持坐位或半卧位10~15分钟	10	8	6	4~0		
		收回药杯,再次核对	6	5	4	3~0		
		对长者进行服药健康教育,观察服药效果及不良反应,整理用物	6	5	4	3~0		
总体评价	10	动作轻、稳、熟练	4	3	2	1~0		
		关爱长者,与长者有很好的沟通	3	2	1	1~0		
		灵活处理有关情况	3	2	1	1~0		
注意事项	25	遵嘱服药,核对正确	5	4	3	2~0		
		正确取药:固体药用药匙取,必要时研碎;液体药先摇匀,用量杯取后倒入药杯;配油剂时,先在药杯倒少量水,再用滴管吸取药物	5	4	3	2~0		
		协助坐位或半卧位,服药后保持10~15分钟	5	4	3	2~0		
		逐片分次吞服,用温开水送下,服药后饮水200毫升左右。不可用茶水、咖啡或牛奶送服	5	4	3	2~0		
		协助长者保管药物,失智长者代为管理药物,避免误服药物	5	4	3	2~0		
计0分		错服药物						
合计得分:								

278

二、皮肤贴剂使用

项目	分值	操作步骤及要求	评分等级				得分	备注
			A	B	C	D		
准备工作	15	仪容仪表整洁、洗手	5	4	3	2~0		
		核对医嘱,查对用法及使用部位	5	4	3	2~0		
		备齐物品:皮肤贴剂,清洁毛巾或纸巾	5	4	3	2~0		
操作过程	45	与长者沟通,评估、解释,询问长者病情	5	4	3	2~0		
		核对医嘱,检查贴剂	5	4	3	2~0		
		清洁局部皮肤	10	8	6	4~0		
		贴剂平整贴于局部皮肤上,按压2分钟	10	8	6	4~0		
		再次核对医嘱,对长者进行健康教育,观察局部皮肤及病情变化	10	8	6	4~0		
		整理用物,记录	5	4	3	2~0		
总体评价	10	动作轻、稳、熟练	4	3	2	1~0		
		关爱长者,与长者有很好的沟通	3	2	1	1~0		
		灵活处理有关情况	3	2	1	1~0		
注意事项	30	遵医嘱用药,用药前核对医嘱,检查贴剂	5	4	3	2~0		
		使用皮肤贴剂前清洁皮肤,评估局部皮肤情况。除了伤口使用的贴剂外,避免贴于破损、感染、皮疹等部位,避免贴于皮肤皱褶处	5	4	3	2~0		
		使用皮肤贴剂时应使药膜平整,充分与皮肤接触,并按压2分钟,必要时可用胶带加固,以免药膜因活动而卷曲、脱落。如贴剂较大,可先撕开保护膜一端,平整贴于皮肤,再慢慢撕下保护膜,边撕边将贴剂粘在皮肤上	5	4	3	2~0		
		保持贴剂处干燥,避免潮湿致脱落	5	4	3	2~0		
		注意观察局部皮肤及全身反应,如出现局部红、肿、痛、痒等症状或全身异常症状,应立即停止,及时与医护人员联系	5	4	3	2~0		
		贴皮肤贴剂时,注意遮挡,保护长者隐私	5	4	3	2~0		
计0分		损伤皮肤						
合计得分:								

三、协助服用中药汤剂

项目	分值	操作步骤及要求	评分等级 A	B	C	D	得分	备注
准备工作	15	仪容仪表整洁、大方,洗手	5	4	3	2～0		
		核对医嘱,查对药名、剂量、姓名、床号及用法等	5	4	3	2～0		
		物品准备:袋装中药汤剂、剪刀、水杯、温开水、热水及大水杯	5	4	3	2～0		
操作过程	45	与长者沟通,评估,解释,了解长者身体情况、用药后情况,语言表述自然、内容贴切	8	6	5	4～0		
		检查药物有效期、服用方法、注意事项等	6	5	4	3～0		
		药袋放入大水杯,倒入热水加温,准备温开水	6	5	4	3～0		
		协助长者坐位或半卧位	5	4	3	2～0		
		剪去药袋一角,倒中药于杯中,测试温度。协助饮服中药,服后饮少量温开水或温开水漱口	8	6	5	4～0		
		保持坐位或半卧位10～15分钟	6	5	4	3～0		
		对长者进行健康教育,观察服药效果及不良反应,整理用物	6	5	4	3～0		
总体评价	10	动作轻、稳、熟练	4	3	2	1～0		
		关爱长者,与长者有很好的沟通	3	2	1	1～0		
		灵活处理有关情况	3	2	1	1～0		
注意事项	30	遵嘱服药,核对正确,检查保质期	5	4	3	2～0		
		一般于两餐之间服用,特殊服用方法遵医嘱执行	5	4	3	2～0		
		协助坐位或半卧位,服药后保持10～15分钟	5	4	3	2～0		
		不可用茶水、咖啡或牛奶同服。服药期间忌烟酒,忌食辛辣、生冷、油腻等不易消化食物	5	4	3	2～0		
		服用前测试温度,避免烫伤或者过冷引起胃肠不适	5	4	3	2～0		
		嘱长者勿大口饮服,预防误吸。同时备温开水,中药服后饮少量温水或进行温水漱口,消除口中不适味道	5	4	3	2～0		
计0分		错服药物、引起误吸或烫伤						
合计得分:								

四、滴眼药

项目	分值	操作步骤及要求	A	B	C	D	得分	备注
准备工作	15	仪容仪表整洁,洗手	5	4	3	2～0		
		核对医嘱,查对用法	5	4	3	2～0		
		备齐物品:药液,清洁毛巾或纸巾。检查药物是否过期、浑浊、变色	5	4	3	2～0		
操作过程	45	与长者沟通、评估、解释,了解长者身体情况、用药后情况,语言表述自然、内容贴切	5	4	3	2～0		
		用清洁毛巾洗净眼部,观察眼睛情况	5	4	3	2～0		
		协助长者平卧或坐位。取坐位时后仰,背靠椅背或床头,颈肩部垫软枕。核对药物	10	8	6	4～0		
		站在长者左侧,左手拇指和食指轻轻分开上下眼睑,嘱长者眼睛向上看,右手持眼药水距离眼睑2厘米左右,将药液滴入下眼睑和眼球之间的间隙(下穹隆)1～2滴	10	8	6	4～0		
		将上眼睑轻轻提起后松开,轻轻闭眼,同时按压内眦(内眼角稍下方)2～3分钟	10	8	6	4～0		
		用毛巾或纸巾擦干面部外溢的药水,再次核对药物,整理用物,洗手	5	4	3	2～0		
总体评价	10	动作轻、稳、熟练	4	3	2	1～0		
		关爱长者,与长者有很好的沟通	3	2	1	1～0		
		灵活处理有关情况	3	2	1	1～0		
注意事项	30	遵医嘱用药,用药前检查药液,如有沉淀、浑浊等变质现象,不宜使用。药液用后妥善保管,忌与滴鼻药、滴耳药等混放,以免用错	5	4	3	2～0		
		滴眼药水时滴管应距眼2厘米左右,避免触及睫毛污染滴管或碰伤眼球	5	4	3	2～0		
		需滴两种及以上眼药时,至少应间隔3分钟	5	4	3	2～0		
		滴完后压迫内眦2～3分钟,防药液经鼻泪管流入鼻腔	5	4	3	2～0		
		冬天可将眼药水捏在手心片刻进行加温,减少冷刺激	5	4	3	2～0		
		如有异常情况,及时与医护人员联系	5	4	3	2～0		
计0分		滴药时滴管碰到眼睛或用错药物						
合计得分:								

长者服务规范
ZHANGZHE FUWU GUIFAN

五、滴鼻药

项目	分值	操作步骤及要求	评分等级 A	B	C	D	得分	备注
准备工作	15	仪容仪表整洁、大方,洗手	5	4	3	2~0		
		核对医嘱,查对用法	5	4	3	2~0		
		备齐物品:滴鼻液、消毒棉签、毛巾或纸巾。查对用法,检查药液是否过期、变色,有无沉淀、异味	5	4	3	2~0		
操作过程	55	与长者沟通、评估、解释,了解长者身体情况、用药后情况,语言表述自然、内容贴切	5	4	3	2~0		
		嘱长者擤去鼻涕,必要时用消毒棉签清洁鼻腔,观察鼻腔情况	8	6	5	4~0		
		取坐位或仰卧位,头后伸,核对药物	10	8	6	4~0		
		操作者一手扶长者头部,另一手持滴药管,距离鼻孔2厘米左右,将药液滴入鼻腔3~5滴	10	8	6	4~0		
		滴后轻捏鼻翼数次,使药液充分和鼻腔黏膜接触	10	8	6	4~0		
		用毛巾或纸巾擦干面部外溢的药水,再次核对	6	5	4	3~0		
		整理用物,洗手	6	5	4	3~0		
总体评价	10	动作轻、稳、熟练	4	3	2	1~0		
		关爱长者,与长者有很好的沟通	3	2	1	1~0		
		灵活处理有关情况	3	2	1	1~0		
注意事项	20	遵医嘱用药,给药前应仔细查对药名与用法	5	4	3	2~0		
		不可使用已变色、浑浊、过期的药液	5	4	3	2~0		
		向鼻内滴药时,滴管头不碰到鼻部,以免污染	5	4	3	2~0		
		不能擅自依靠滴鼻液来改善鼻腔症状,避免长期用药	5	4	3	2~0		
计0分		用错药物,或动作粗暴,或滴鼻药管伸入鼻腔,损伤鼻腔黏膜						
合计得分:								

282

六、滴耳药

项目	分值	操作步骤及要求	评分等级 A	B	C	D	得分	备注
准备工作	15	仪容仪表整洁、大方,洗手	5	4	3	2～0		
		核对医嘱,查对用法	5	4	3	2～0		
		备齐物品:药液、消毒棉签、毛巾或纸巾。检查药液是否过期,有无变色、沉淀、浑浊等	5	4	3	2～0		
操作过程	50	与长者沟通、评估、解释,了解长者身体情况、用药后情况、语言表述自然、内容贴切	5	4	3	2～0		
		用消毒棉签擦净外耳道分泌物,观察外耳道情况	5	4	3	2～0		
		取侧卧位,患耳向上;也可取坐位,头侧向一侧肩部,使长者外耳道口朝上。核对药物	10	8	6	4～0		
		操作者一手将长者的耳郭向后上方牵拉,使耳道变直,另一手持滴耳药将药液顺外耳道壁滴入3～5滴	10	8	6	4～0		
		滴后按压耳屏数次,休息片刻再改变体位	8	6	5	4～0		
		用毛巾或纸巾擦干面部外溢的药水,核对药物	6	5	4	3～0		
		整理用物,洗手	6	5	4	3～0		
总体评价	10	动作轻、稳、熟练	4	3	2	1～0		
		关爱长者,与长者有很好的沟通	3	2	1	1～0		
		灵活处理有关情况	3	2	1	1～0		
注意事项	25	遵医嘱用药,用药前应仔细查对药名、用法,不可使用已过期、变色、有沉淀、浑浊的药液	5	4	3	2～0		
		滴耳药的温度应与体温接近,避免过冷刺激耳膜,引起不适	5	4	3	2～0		
		滴耳药的管头不要碰到耳郭及外耳道口,滴药时让药液沿外耳道壁注入耳道深部,按压耳屏数次,最好保持在原位5分钟,切忌将药液直接滴在鼓膜上	5	4	3	2～0		
		软化耵聍时,每次药量可适当增加,最好在睡前滴药	5	4	3	2～0		
		几种药物同时应用时,应间隔1～2小时交替滴入	5	4	3	2～0		
计0分		用错药物或损伤耳部组织						
合计得分:								

七、管道照护(以留置导尿管照护为例)

项目	分值	操作步骤及要求	评分等级 A	B	C	D	得分	备注
准备工作	15	仪容仪表整洁、大方	5	4	3	2~0		
		关门窗,调节室温	5	4	3	2~0		
		备齐物品:消毒棉签、尿杯、一次性手套、会阴清洁用物	5	4	3	2~0		
操作过程	55	与长者沟通,评估、解释,用床帘遮挡,洗手	5	4	3	2~0		
		检查引流管是否通畅,观察尿液颜色、量	5	4	3	2~0		
		松裤带,将裤子褪至臀下	5	4	3	2~0		
		按会阴清洁法清洁会阴部,清除尿管表面的污迹	8	6	5	4~0		
		清洁尿道口周围污垢,用消毒棉签以尿管为中心向外消毒尿道口及周围	8	6	5	4~0		
		整理长者衣裤和床单位,安置长者于舒适卧位,必要时更换内裤	6	5	4	3~0		
		将尿袋底部盖子拉下放尿液于尿杯中,放毕盖紧盖子	5	4	3	2~0		
		协助翻身:夹闭尿管,将尿袋放于对侧,将长者翻身于对侧,挂尿袋于床栏底部,开放尿管并检查,保持通畅	8	6	5	4~0		
		倒除尿液并记录尿量,洗手	5	4	3	2~0		
总体评价	10	动作轻、稳、熟练	4	3	2	1~0		
		关爱长者,与长者有很好的沟通	3	2	1	1~0		
		灵活处理有关情况	3	2	1	1~0		
注意事项	20	注意遮盖长者,防受凉,保护隐私	5	4	3	2~0		
		会阴清洁和尿道口消毒方法正确,保持尿管清洁,尿道口每天消毒2次。尿袋定期更换,由护士执行	5	4	3	2~0		
		翻身、活动时先放好尿袋,防止拉出尿管	5	4	3	2~0		
		卧床长者尿袋挂于床栏底部,约使尿袋低于身体30厘米。活动时先夹闭尿袋,活动结束及时放开,防逆流	5	4	3	2~0		
计0分		会阴及尿道口损伤,尿管意外拔出						
合计得分:								

八、叩背

项目	分值	操作步骤及要求	评分等级 A	B	C	D	得分	备注
准备工作	10	仪容仪表整洁、大方、洗手	5	4	3	2~0		
		关门窗,防对流	5	4	3	2~0		
操作过程	40	与长者沟通,做好解释,评估	6	5	4	3~0		
		协助取坐位或侧卧位,胸前抱一小枕,坐位时可靠在床上小桌或椅背前,使身体有较好的支撑	6	5	4	3~0		
		操作者立于长者一侧,一手扶住长者肩胸部,另一手叩击背部	6	5	4	3~0		
		手呈背隆掌空状态,即拇指紧靠食指,掌指关节稍屈曲,手背隆起,手掌中空,以手腕力量有节奏地自下而上、由外向内叩打3分钟左右	10	8	6	4~0		
		鼓励长者有效咳嗽,指导多饮水	6	5	4	3~0		
		安置长者于舒适卧位,整理床单元,洗手	6	5	4	3~0		
总体评价	10	动作轻、稳、熟练	4	3	2	1~0		
		关爱长者,与长者有很好的沟通	3	2	1	1~0		
		灵活处理有关情况	3	2	1	1~0		
注意事项	40	叩击的力量不宜过重,操作中注意询问长者感受,调整叩击力度	8	6	5	4~0		
		不可在脊柱、伤处叩击;避免用手指叩击,以防损伤	8	6	5	4~0		
		注意遮盖长者,防受凉,保护隐私	8	6	5	4~0		
		如长者痰液多,应鼓励长者多饮水,在稀释痰液的基础上叩背	8	6	5	4~0		
		避免在进餐前后叩背,长者剧烈咳嗽时暂停叩背	8	6	5	4~0		
计0分		动作粗暴,造成长者组织损伤						
合计得分:								

九、呼吸道管理

项目	分值	操作步骤及要求	评分等级				得分	备注
			A	B	C	D		
准备工作	10	仪容仪表整洁、大方、洗手	4	3	2	1~0		
		关门窗,防对流	3	2	1	1~0		
		准备物品:水杯、温水、家用吸氧机及管道等	3	2	1	1~0		
操作过程	45	与长者沟通,做好解释,评估呼吸情况	5	4	3	2~0		
		保持室内空气相对湿度在60%左右协助长者饮水,指导一天饮水量在2000毫升左右	8	6	5	4~0		
		按叩背法叩背,指导有效咳嗽	8	6	5	4~0		
		指导腹式呼吸、缩唇呼吸锻炼	8	6	5	4~0		
		遵医嘱持续低流量吸氧	8	6	5	4~0		
		协助戒烟,指导适宜体育锻炼	8	6	5	4~0		
总体评价	10	动作轻、稳、熟练	4	3	2	1~0		
		关爱长者,与长者有很好的沟通	3	2	1	1~0		
		灵活处理有关情况	3	2	1	1~0		
注意事项	35	保持呼吸道通畅,在稀释痰液的基础上叩背助咳	7	6	5	4~0		
		遵医嘱用药和吸氧,COPD长者不宜随意使用安眠药和随意增加氧流量	7	6	5	4~0		
		天气变化及时增减衣服,呼吸道疾病流行时不去公共场合,呼吸道感染者不探视长者,防长者呼吸道感染	7	6	5	4~0		
		呼吸功能锻炼视个性情况进行,平时参与适宜的体育锻炼	7	6	5	4~0		
		适当食用一些滋阴润燥的食物,如梨汤、木耳汤等	7	6	5	4~0		
计0分		动作粗暴,造成长者组织损伤						
合计得分:								

十、压疮预防

项目	分值	操作步骤及要求	评分等级				得分	备注
			A	B	C	D		
准备工作	15	仪容仪表整洁、大方	5	4	3	2～0		
		关门窗,调室温,洗手	5	4	3	2～0		
		备齐物品:翻身枕、软枕、气垫、翻身卡、笔等	5	4	3	2～0		
操作过程	45	与长者沟通、解释	5	4	3	2～0		
		放平床头、床尾支架,查看是否需要更换纸尿裤	6	5	4	3～0		
		按翻身法协助长者卧于一侧,观察尾骶部、背部、肩胛部等受压部位皮肤情况	8	6	5	4～0		
		整理衣被,保持平整,清理床上渣屑	8	6	5	4～0		
		背垫翻身枕,按侧卧法在胸前、上侧腿膝下垫软枕,身体空虚处可垫小气垫,分散压力	8	6	5	4～0		
		牵引、约束者,检查局部皮肤,放松片刻,约束部位垫棉垫	5	4	3	2～0		
		建翻身卡,每2小时翻身一次并记录	5	4	3	2～0		
总体评价	10	动作轻、稳、熟练	4	3	2	1～0		
		关爱长者,与长者有很好的沟通	3	2	1	1～0		
		灵活处理有关情况	3	2	1	1～0		
注意事项	30	若受压部位有红肿,或者水肿、低蛋白血症等皮肤情况差者,增加翻身次数。必要时使用水床垫或气床垫	5	4	3	2～0		
		半卧位时,适当摇高床尾支架,以减少尾骶部、背部皮肤的剪切力	5	4	3	2～0		
		保持皮肤清洁干燥,体位移动避免拖拉推,避免损伤皮肤	5	4	3	2～0		
		加强长者营养,在护士指导下按摩受压部位和背部,增强皮肤抵抗力	5	4	3	2～0		
		下肢截瘫坐轮椅,臀下垫气垫,利用上肢力量每隔1小时抬起上身让臀部放松片刻。牵引或约束者,注意局部受压皮肤垫棉垫,每隔1小时观察并放松片刻,骨折牵引者在护士指导下操作	5	4	3	2～0		
		交接班时交接皮肤,若皮肤出现红肿、水疱,甚至破损,及时按不良事件上报流程上报处理,并按压疮护理常规处理	5	4	3	2～0		
计0分		发生皮肤受损						
合计得分:								

十一、主动运动

项目	分值	操作步骤及要求	评分等级 A	B	C	D	得分	备注
准备工作	15	仪容仪表整洁、大方	5	4	3	2～0		
		关门窗,调室温	5	4	3	2～0		
		备齐物品:根据长者情况提供合适的辅具	5	4	3	2～0		
操作过程	45	与长者沟通、解释,评估身体状况与功能,讨论运动计划和运动安排	5	4	3	2～0		
		指导、督促、协助做好运动准备,喝水	6	5	4	3～0		
		协助开展合适的运动:有氧运动,20～30分钟/次,避免饱餐和空腹运动。失能长者根据具体情况制订运动强度	8	6	5	4～0		
		监测运动量:运动后即时心率＝170－年龄,根据长者情况增减。有条件者使用穿戴式设施监测心率	8	6	5	4～0		
		询问运动后感受,开展运动健康教育	8	6	5	4～0		
		定期评估体能和身体功能,跟进后续计划,不断反馈跟进	5	4	3	2～0		
		记录	5	4	3	2～0		
总体评价	10	动作轻、稳、熟练	4	3	2	1～0		
		关爱长者,与长者有很好的沟通	3	2	1	1～0		
		灵活处理有关情况	3	2	1	1～0		
注意事项	30	参与长者评估,参与长者运动计划的制订,有条件者根据运动处方执行	5	4	3	2～0		
		结合长者兴趣,因地制宜,共同讨论每周、每天的活动安排,提供必要的辅具,督促、协助参与各类活动	5	4	3	2～0		
		传播理念,营造氛围,发挥长者的主观能动性,坚持运动,尽可能长地维持生活自理能力	5	4	3	2～0		
		集体活动与个性化功能训练相结合,创新运动方式,使用不同辅具,使不同功能状态的长者都能开展合适的主动运动	5	4	3	2～0		
		做好运动前准备,检查设施,避免空腹和饱餐后运动。长者运动注意度,避免剧烈的、屏气爆发式的、容易跌倒的运动。每次运动时间不宜过长,以20～30分钟为宜,可分阶段进行,避免疲劳。有条件者在运动过程中监测心率,防运动意外	5	4	3	2～0		
		发挥志愿者作用,帮助不同程度失能长者进行个性化的活动	5	4	3	2～0		
计0分		运动意外、跌倒等						
合计得分:								

十二、被动运动

项目	分值	操作步骤及要求	评分等级 A	B	C	D	得分	备注
准备工作	10	仪容仪表整洁、大方	4	3	2	1～0		
		关门窗,调室温	3	2	1	1～0		
		有条件者准备物理治疗床	3	2	1	1～0		
操作过程	50	与长者沟通、解释,评估肌力和身体状况	5	4	3	2～0		
		做好运动前准备,协助喝水。照护者温暖双手	6	5	4	3～0		
		长者取仰卧位,揉、拿、拍等按摩手法放松肢体	8	6	5	4～0		
		上肢被动运动:①肩关节运动:前屈、外展、内收、外旋、旋转,拍法放松上肢。②肘关节运动:屈曲、伸展、旋前旋后运动。③腕关节运动:屈曲、背伸、外展、内收、旋转。④掌指关节运动:屈曲、伸直、旋转	10	8	6	4～0		
		下肢被动运动:①髋关节运动:前曲、外展、内收、旋转;②膝关节运动:屈曲、伸直,内旋、外旋;③踝、趾运动:背屈、跖屈、转动,五趾屈伸、旋转运动	10	8	6	4～0		
		每个关节每种运动重复3～5次,每天2～3次。运动后抖法、拍法放松肌肉	6	5	4	3～0		
		定期评估肌力和运动状况,记录	5	4	3	2～0		
总体评价	10	动作轻、稳、熟练	4	3	2	1～0		
		关爱长者,与长者有很好的沟通	3	2	1	1～0		
		灵活处理有关情况	3	2	1	1～0		
注意事项	30	照护者需要学习并考核通过后方可在医嘱和护士指导下为长者进行被动运动	6	5	4	3～0		
		运动前后配合揉、拿、拍、抖等手法放松肌肉	6	5	4	3～0		
		活动顺序由大关节到小关节;活动幅度从小到大,动作宜轻柔缓慢,避免损伤	6	5	4	3～0		
		运动时一手固定其近端关节以防止代偿性运动,另一手尽量做接近正常范围的关节运动	6	5	4	3～0		
		为偏瘫长者进行被动运动,照护者应指导长者活动时不能憋气;督促长者配合主动运动,用健肢带动患肢进行锻炼	6	5	4	3～0		
计0分		运动幅度过大导致损伤						
合计得分:								

十三、物理降温

项目	分值	操作步骤及要求	评分等级 A	B	C	D	得分	备注
准备工作	15	仪容仪表整洁、大方,剪指甲	5	4	3	2~0		
		关门窗,调节室温	5	4	3	2~0		
		备齐物品:根据具体的方法选择物品	5	4	3	2~0		
操作过程	45	向长者解释,用屏风或床帘遮挡,评估病情,测量体温	5	4	3	2~0		
		协助多饮水,可饮用新鲜果汁	5	4	3	2~0		
		根据体温情况选择物理降温的办法:降室内温度、增加通风、少盖被、少穿衣、冷敷、温水擦浴等	10	8	6	4~0		
		遵医嘱协助服药,出汗多者及时换衣服,监测血压	10	8	6	4~0		
		寒战怕冷者注意保暖。物理降温时头部冷敷、足底放热水袋,可增强散热效应	10	8	6	4~0		
		降温半小时后测量体温,记录	5	4	3	2~0		
总体评价	10	动作轻、稳、熟练	4	3	2	1~0		
		关爱长者,与长者有很好的沟通	3	2	1	1~0		
		灵活处理有关情况	3	2	1	1~0		
注意事项	30	物理降温的同时注意长者全身情况,如长者出现寒战,应立即停止操作	6	5	4	3~0		
		畏寒怕冷时注意保暖,监测体温变化	6	5	4	3~0		
		卧床休息,轻度发热者配合医嘱对因治疗即可	6	5	4	3~0		
		长者使用退热药要减量,避免虚脱	6	5	4	3~0		
		多饮水,多食蔬果,饮食清淡易消化	6	5	4	3~0		
计0分		冻伤、烫伤						
合计得分:								

十四、协助理疗服务

项目	分值	操作步骤及要求	评分等级 A	B	C	D	得分	备注
准备工作	10	仪容仪表整洁、大方	5	4	3	2~0		
		预约时间,准备物品	5	4	3	2~0		
操作过程	50	与长者沟通,询问长者病情,解释	5	4	3	2~0		
		喝水,清洁局部皮肤,理疗前如厕	5	4	3	2~0		
		按约定时间,协助长者去理疗室,安排合适卧位	10	8	6	4~0		
		协助理疗师提供规范的理疗服务。在理疗过程中随时与长者沟通,征询长者是否合适	10	8	6	4~0		
		在理疗过程中观察长者反应,如有不适及时停止理疗	10	8	6	4~0		
		对长者进行相应的健康教育	5	4	3	2~0		
		询问理疗后感受,评估病情,做好记录	5	4	3	2~0		
总体评价	10	动作轻、稳、熟练	4	3	2	1~0		
		关爱长者,与长者有很好的沟通	3	2	1	1~0		
		灵活处理有关情况	3	2	1	1~0		
注意事项	30	设专人管理,制订理疗服务目录和服务规范,照护者协助理疗	6	5	4	3~0		
		按服务规范提供理疗服务。理疗过程中观察长者反应,随时沟通,避免理疗过程中因用力过度、温度过高等因素导致意外受伤	6	5	4	3~0		
		严格遵守消毒隔离制度,接触皮肤的共用设施设备做到一人一用一消毒,或者使用一次性外套,一人一用	6	5	4	3~0		
		理疗有局限性和适用性,注意预防不良反应,使用过程中如出现不适症状及时停止	6	5	4	3~0		
		服务结束征求长者意见,建立反馈跟进机制	6	5	4	3~0		
计0分		服务不周到,长者因焦急、赶路等引发意外						
合计得分:								

十五、中药泡脚

项目	分值	操作步骤及要求	评分等级 A	B	C	D	得分	备注
准备工作	15	仪容仪表整洁、大方	5	4	3	2~0		
		关门窗,调节室温	5	4	3	2~0		
		准备物品:泡脚桶、热水、中药、毛巾、水温计	5	4	3	2~0		
操作过程	45	与长者沟通,评估长者病情、足部情况,解释	5	4	3	2~0		
		协助长者如厕,坐于舒适位置	5	4	3	2~0		
		将中药和热水倒入泡脚桶内,用水温计测试温度	5	4	3	2~0		
		协助长者脱去鞋袜,再次用手拭温,长者用脚尖试温后双脚泡入水中	10	8	6	4~0		
		浸泡20~30分钟,若中途加热水,先移出双脚	10	8	6	4~0		
		在泡脚过程中观察长者反应,如有不适及时停止	5	4	3	2~0		
		结束后用干毛巾擦干,半小时内不外出,记录	5	4	3	2~0		
总体评价	10	动作轻、稳、熟练	4	3	2	1~0		
		关爱长者,与长者有很好的沟通	3	2	1	1~0		
		灵活处理有关情况	3	2	1	1~0		
注意事项	30	泡脚桶专人专用,若非专用,使用一次性专用薄膜,一人一用,预防交叉感染	5	4	3	2~0		
		不宜在空腹或饱餐时泡脚,泡脚前协助长者如厕	5	4	3	2~0		
		水温不宜过高,夏天低些,冬天稍高,以38~42℃为宜。水面以达踝关节上10厘米为宜	5	4	3	2~0		
		配合按摩三阴交、涌泉穴,增进疗效	5	4	3	2~0		
		泡脚后饮温开水一杯,半小时内不外出,防受凉感冒	5	4	3	2~0		
		皮肤破损者不宜泡脚	5	4	3	2~0		
计0分		发生烫伤等意外						
合计得分:								

第七节　冷热使用及其他护理操作评分标准

一、热水袋使用

项目	分值	操作步骤及要求	评分等级 A	B	C	D	得分	备注
准备工作	10	仪容仪表整洁、大方	5	4	3	2～0		
		备齐物品：热水袋、布套、50～55℃热水、水温计	5	4	3	2～0		
操作过程	45	向长者解释，说明目的	5	4	3	2～0		
		倒热水，用水温计测量水温，操作者一手持热水袋袋口边缘，另一手将热水灌入袋内约1/2处，排出热水袋内气体，拧紧袋口塞子	10	8	6	4～0		
		擦干热水袋表面的水渍，将热水袋倒提检查有无漏水，确定无漏水后装入布套	10	8	6	4～0		
		将热水袋放入长者所需部位（足下或身旁），离皮肤约10厘米，不可直接接触皮肤	10	8	6	4～0		
		为长者整理好盖被，记录	10	8	6	4～0		
总体评价	10	动作轻、稳、熟练	4	3	2	1～0		
		关爱长者，与长者有很好的沟通	3	2	1	1～0		
		灵活处理有关情况	3	2	1	1～0		
注意事项	35	热水袋温度不宜过高，以50℃为宜，预防烫伤，及时更换	10	8	6	4～0		
		热水袋使用中经常观察和询问长者感受	5	4	3	2～0		
		使用前认真检查热水袋，保证完好无损	5	4	3	2～0		
		截瘫或意识不清的长者使用热水袋时要特别注意对局部皮肤的观察，放置热水袋应离身体约10厘米或置于毛毯外面间接给热，以免烫伤，并做好记录	10	8	6	4～0		
		热水袋使用结束，将水倒出倒挂晾干，向袋内灌入适量空气后拧紧袋塞，存放备用	5	4	3	2～0		
计0分		烫伤						
合计得分：								

二、冰袋使用

项目	分值	操作步骤及要求	评分等级				得分	备注
			A	B	C	D		
准备工作	10	仪容仪表整洁、大方	5	4	3	2~0		
		备齐物品：冰袋、布套、冰块、脸盆、水	5	4	3	2~0		
操作过程	50	向长者解释，说明目的	5	4	3	2~0		
		取小冰块适量，用水冲去冰棱角，将冰块及少量的水装入冰袋至1/2~2/3（或灌冷水至1/2~2/3）	10	8	6	4~0		
		排除袋内气体，夹紧袋口，擦干冰袋上水渍，倒提冰袋检查有无漏水，确定无漏水后装入布套	10	8	6	4~0		
		将冰袋置于所需部位，用于降温时置于长者头部及大血管处，如颈部、腋下、腹股沟处等	10	8	6	4~0		
		观察冷疗效果及局部皮肤情况，询问长者感受。视情况更换冰袋	10	8	6	4~0		
		整理用物，做好记录	5	4	3	2~0		
总体评价	10	动作轻、稳、熟练	4	3	2	1~0		
		关爱长者，与长者有很好的沟通	3	2	1	1~0		
		灵活处理有关情况	3	2	1	1~0		
注意事项	30	冰袋应置于头部或体表大血管处，忌置于后项部、胸前、腹部、足底等处	6	5	4	3~0		
		用于降温时，冰袋使用30分钟后复测体温，体温降至38℃时可停止使用	6	5	4	3~0		
		随时观察长者的反应，如长者畏寒应及时撤除冰袋	6	5	4	3~0		
		长者发热时如无冰袋，可用冷水毛巾放置于长者前额以助降温	6	5	4	3~0		
		避免冰袋直接与皮肤接触，应外包布套，冷敷部位垫毛巾	6	5	4	3~0		
计0分		冻伤						
合计得分：								

三、晨间护理

项目	分值	操作步骤及要求	A	B	C	D	得分	备注
				评分等级				
准备工作	15	仪容仪表整洁、大方	5	4	3	2~0		
		关门窗,调室温	5	4	3	2~0		
		备齐物品:清洁衣裤、梳洗用物、水杯、温开水、润肤霜	5	4	3	2~0		
操作过程	50	与长者沟通、解释,评估天气,选择合适的衣裤	5	4	3	2~0		
		协助穿上干净衣裤和美观外衣	6	5	4	3~0		
		协助刷牙、洗脸,喝一杯温开水	8	6	5	4~0		
		协助如厕,便秘者嘱耐心排便,勿过于用力	8	6	5	4~0		
		协助梳头,涂润肤霜,鼓励化淡妆,鼓励"老来俏"	8	6	5	4~0		
		整理床单位,铺成暂空床,清洁地面,开窗通风半小时	5	4	3	2~0		
		协助进餐,开展营养指导	5	4	3	2~0		
		商议一天活动安排,等待医生或护士查房	5	4	3	2~0		
总体评价	10	动作轻、稳、熟练	4	3	2	1~0		
		关爱长者,与长者有很好的沟通	3	2	1	1~0		
		灵活处理有关情况	3	2	1	1~0		
注意事项	25	根据长者习惯及天气情况选择合适的衣裤,保持清洁美观,鼓励化淡妆,保持良好的精神状态	5	4	3	2~0		
		提供合适的辅具,尽量让长者自行梳洗、穿衣、进食、如厕,促进康复	5	4	3	2~0		
		通风时避免对流,防长者受凉	5	4	3	2~0		
		尽可能地提供辅具让长者自行进食,享受进食过程,少食多餐勿过饱	5	4	3	2~0		
		尽量根据长者情况安排合适的活动,增进健康和促进康复	5	4	3	2~0		
计0分		发生跌倒等意外						
合计得分:								

四、晚间护理

项目	分值	操作步骤及要求	评分等级 A	B	C	D	得分	备注
准备工作	15	仪容仪表整洁、大方	5	4	3	2～0		
		关门窗,调室温	5	4	3	2～0		
		备齐物品:清洁用物、水杯、温开水、润肤霜	5	4	3	2～0		
操作过程	50	与长者沟通、解释,评估	5	4	3	2～0		
		通风半小时,调节室内温度,关电视和其他音响设备	6	5	4	3～0		
		协助长者用热水泡脚 15～20 分钟	8	6	5	4～0		
		协助如厕、刷牙、洗脸,涂润肤霜,准备一杯晚间喝的温开水	8	6	5	4～0		
		铺好被筒,冬天可用热水袋温被窝,入睡时取出	5	4	3	2～0		
		协助脱衣裤,根据长者习惯拉好床档	5	4	3	2～0		
		呼叫铃放在可及之处,长者确认	8	6	5	4～0		
		拉好窗帘、床帘,关灯,保持环境安静	5	4	3	2～0		
总体评价	10	动作轻、稳、熟练	4	3	2	1～0		
		关爱长者,与长者有很好的沟通	3	2	1	1～0		
		灵活处理有关情况	3	2	1	1～0		
注意事项	25	按时就寝,维持良好的作息习惯	5	4	3	2～0		
		提供合适的辅具,尽量让长者自行如厕、清洗,促进康复	5	4	3	2～0		
		呼叫器、尿壶等放在便于长者取用的位置	5	4	3	2～0		
		入睡 1 小时前喝一杯水,睡前如厕。晚间适当减少饮水量,避免起夜影响睡眠。但对于有脑血栓病史的长者,为其准备温开水,建议晚间起夜时喝水	5	4	3	2～0		
		避免睡前饮用咖啡、浓茶等刺激性饮料,避免晚餐过饱,白天适当活动,促进睡眠	5	4	3	2～0		
计 0 分		发生跌倒等意外						
合计得分:								

第八节　常用消毒隔离技术操作评分标准

一、洗手

项目	分值	操作步骤及要求	评分等级 A	B	C	D	得分	备注
准备工作	10	仪容仪表整洁、大方,修剪指甲	5	4	3	2~0		
		备齐物品:洗手液或肥皂,毛巾或干手器等设备,流动自来水	5	4	3	2~0		
操作过程	60	冲湿双手	6	5	4	3~0		
		取肥皂将手抹遍	6	5	4	3~0		
		掌对掌搓手,十指交叉揉搓	6	5	4	3~0		
		右手掌盖在左手背上十指交叉揉搓,然后左右手交换	6	5	4	3~0		
		十指相扣,揉搓指背	6	5	4	3~0		
		右手指尖在左手掌中来回揉搓,然后左右手交换	6	5	4	3~0		
		右手掌握住左手拇指旋转揉搓,然后左右手交换。揉搓手腕和前臂	6	5	4	3~0		
		用流水冲净	6	5	4	3~0		
		用一次性纸巾或干净的毛巾擦干,或者用干手器吹干双手	6	5	4	3~0		
		关闭水龙头:尽量不用清洁的手接触水龙头,可用擦过的纸巾包住再关。脚踩的开关在冲洗后即放松关闭,节约用水	6	5	4	3~0		
总体评价	10	动作轻、稳、熟练	5	4	3	2~0		
		灵活处理有关情况	5	4	3	2~0		
注意事项	20	修剪指甲,锉平甲缘	5	4	3	2~0		
		完成整个洗手过程至少40~60秒,洗手时每个洗手动作重复做数次	5	4	3	2~0		
		洗手后擦干的毛巾每天更换,可用一次性纸巾代替或使用干手器,尽量减少再次污染。开关水龙头也易导致重复污染,尽量采用脚踩水龙头或感应水龙头	5	4	3	2~0		
		饭前、便手及操作前后洗手	5	4	3	2~0		
合计得分:								

二、布类物品清洁消毒

项目	分值	操作步骤及要求	评分等级 A	B	C	D	得分	备注
准备工作	10	仪容仪表整洁、大方,修剪指甲	5	4	3	2~0		
		备齐物品:布类物品、洗涤剂、洗衣机	5	4	3	2~0		
操作过程	50	按消毒隔离规范执行布类物品清洗消毒	7	6	5	3~0		
		将布类物品分类	5	4	3	2~0		
		清除异物、纸屑等,明显污渍先用专用清洁剂搓洗再机洗	6	5	4	3~0		
		先洗清洁物品,后洗污染物品	7	6	5	3~0		
		被病原微生物污染的物品先消毒后清洗,消毒可在护士指导下用浸泡法或煮沸法消毒。有条件者采用热力清洗法(洗衣机的水温设置为70℃,洗涤时间调为25分钟)进行清洁消毒	7	6	5	3~0		
		清洗后于日光下晒干,注意让各面都能被阳光晒到,分类整理	7	6	5	3~0		
		于清洁、干燥的柜内分类储存,长者确认签字,协助存放于衣柜内	6	5	4	3~0		
		记录	5	4	3	2~0		
总体评价	10	动作轻、稳、熟练	4	3	2	1~0		
		严格遵守操作流程	3	2	1	1~0		
		灵活处理有关情况	3	2	1	1~0		
注意事项	30	机构内一般布类物品采用清洁剂清洗后,于日光下晒干即可	5	4	3	2~0		
		布类物品分类清洗,内衣裤、袜子、外衣、洗脸毛巾与洗脚毛巾、不同长者衣物等分开清洗	5	4	3	2~0		
		有加热功能的洗衣机可用热力清洗法消毒	5	4	3	2~0		
		长者毛巾专人专用,公用餐巾等宜一人一用一清洗消毒,可用煮沸消毒法(煮沸5~10分钟)	5	4	3	2~0		
		洗后于日光下晒干,分类整理。注意晾晒环境清洁,避免被风吹落、吹走	5	4	3	2~0		
		不适宜水洗的外衣,根据条件为入住长者提供外送服务,送到专门的机构内清洗。外送服务时做好标识和记录,避免丢失	5	4	3	2~0		
计0分		物品丢失或严重损坏						
合计得分:								

三、地面消毒

项目	分值	操作步骤及要求	A	B	C	D	得分	备注
准备工作	10	仪容仪表整洁、大方,修剪指甲	5	4	3	2～0		
		备齐物品:清洁干拖把 2 把、消毒液、防滑标识、手套	5	4	3	2～0		
操作过程	50	按消毒隔离制度执行地面清洗消毒	8	6	5	3～0		
		每天用清洁拖把清洁居室地面 1～2 次。放防滑标识,防长者滑倒	5	4	3	2～0		
		厕所、公共走廊、污染的居室地面用含氯消毒液消毒。戴手套,配消毒液:含有效氯 500～1000 毫克/升的 84 消毒液或 500 毫克/升的二氧化氯消毒液	8	6	5	3～0		
		清洁干拖把于含氯消毒液中浸湿,拖洗地面,1 个单间一更换,大房间里 3 个清洁单元一更换,公共区域 100 平方米一更换	8	6	5	3～0		
		保持湿润消毒 30 分钟,放防滑标识	8	6	5	3～0		
		消毒后用清水拖净,开窗通风 30 分钟	8	6	5	3～0		
		记录	5	4	3	2～0		
总体评价	10	动作轻、稳、熟练	4	3	2	1～0		
		严格遵守操作流程	3	2	1	1～0		
		灵活处理有关情况	3	2	1	1～0		
注意事项	30	养老公寓长者居室,每日用清水拖净地面保持清洁即可,定期使用洗涤剂擦洗,然后用清水擦净,如有污染随时清洁	5	4	3	2～0		
		厕所、公共场合使用的拖把放固定位置,贴上明显的标识	5	4	3	2～0		
		厕所、走廊、居室地面被排泄物或分泌物污染时应进行消毒处理。临终长者去世后、传染病患者离开后,居室地面进行消毒。老年护理院病室按卫生系统消毒隔离制度执行	5	4	3	2～0		
		含氯消毒液易挥发,应现用现配	5	4	3	2～0		
		拖把使用后先消毒,用含有效氯 1000 毫克/升的消毒液浸泡 30 分钟,再用清水冲洗干净,悬挂于阳光下晒干备用	5	4	3	2～0		
		消毒、清洁地面时,注意放防滑标识,并及时用干拖把拖干,防长者滑倒	5	4	3	2～0		
计 0 分		长者滑倒						
合计得分:								

四、厕所、便器清洁消毒

项目	分值	操作步骤及要求	A	B	C	D	得分	备注
准备工作	10	仪容仪表整洁、大方,修剪指甲	5	4	3	2~0		
		备齐物品:厕所用拖把、消毒液、标识牌、抹布、便器清洁专用刷子等	5	4	3	2~0		
操作过程	50	设专人管理,制定消毒隔离规章制度,定期检查设施。定保洁员,做好培训	5	4	3	2~0		
		张贴标识,提示便后冲洗。配备专用的清洁用具,贴好标签,按无菌操作原则使用	6	5	4	3~0		
		门外挂厕所"清洁中"标识牌	5	4	3	2~0		
		保洁员戴手套,每天于长者离开居室时清洁、消毒厕所、便器,每天1次	5	4	3	2~0		
		清洁厕所:抹布蘸清洁剂或其水溶液擦拭,去除污垢,再用清水清洁。清洁顺序:先清洁镜子、墙面,再清洁扶手、洗手盆及台面,最后清洁便器	8	6	5	3~0		
		便器清洁、消毒方法:①一冲:冲去便池内污物,向厕坑或抽水马桶内壁喷洒去污清洁剂,持有柄的专用刷子或者专用拖布擦拭,除去污垢,用清水冲净;②二擦:用湿抹布蘸清洁剂擦洗便池外立面、马桶盖、座垫圈,去除污垢,用清水擦净;③三消毒:专用干抹布于配好的含氯消毒液中浸湿,擦拭便器外立面、座垫圈,干拖把浸消毒液进行厕所地面的消毒,30分钟后用清水擦净、拖净;④四抹干:用干抹巾、干拖把擦干、拖干	8	6	5	3~0		
		开窗、开排气扇通风,排除异味	8	6	5	3~0		
		做好巡视、检查及清洁消毒的记录	5	4	3	2~0		
总体评价	10	动作轻、稳、熟练	4	3	2	1~0		
		严格遵守操作流程	3	2	1	1~0		
		灵活处理有关情况	3	2	1	1~0		

项目	分值	操作步骤及要求	评分等级				得分	备注
			A	B	C	D		
注意事项	30	保洁员戴手套,做好皮肤保护	5	4	3	2~0		
		厕所清洁按照从上到下、从清洁区到污染区顺序进行	5	4	3	2~0		
		厕坑清洁刷子、便池外立面抹布、清洁地面拖把、洗手池及台面、墙面抹布等,贴好标签,固定放置,分别清洗,不互用	5	4	3	2~0		
		厕坑内面清洁用具不得使用于其他地方	5	4	3	2~0		
		平时定时巡视,并根据使用情况调整巡视时间,保持厕所整洁、无异味以及地面干燥状态	5	4	3	2~0		
		定期检查排气扇、冲水设施、水龙头、扶手	5	4	3	2~0		
计0分		长者滑倒						
合计得分:								

图书在版编目(CIP)数据

长者服务规范 / 王洪林,陈雪萍总主编. —杭州:
浙江大学出版社,2019.9
ISBN 978-7-308-19387-0

Ⅰ.①长… Ⅱ.①王… ②陈… Ⅲ.①老年人—社会
服务—规范 Ⅳ.①C913.6-65

中国版本图书馆 CIP 数据核字(2019)第 193664 号

长者服务规范

总主编　　王洪林　　陈雪萍

策划编辑	阮海潮	
责任编辑	阮海潮(1020497465@qq.com)	
责任校对	陈静毅　　陈　欣	
封面设计	杭州绮美文化传播有限公司	
出版发行	浙江大学出版社	
	(杭州市天目山路 148 号　邮政编码 310007)	
	(网址:http://www.zjupress.com)	
排　　版	浙江时代出版服务有限公司	
印　　刷	浙江省良渚印刷厂	
开　　本	787mm×1092mm　1/16	
印　　张	19.5	
字　　数	439 千	
版 印 次	2019 年 9 月第 1 版　2019 年 9 月第 1 次印刷	
书　　号	ISBN 978-7-308-19387-0	
定　　价	86.00 元	